U0335875

一本书看透
财报

我是腾腾爸 · 著

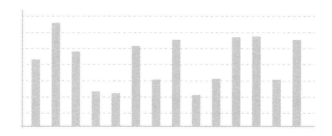

机械工业出版社
CHINA MACHINE PRESS

《一本书看透财报》是一本定位于价值投资中筛选企业的工具书。

价值投资者最重要的工作，就是找到商业模式好、天生好赚钱、市场前景广阔的行业与企业。从普通投资者的角度，怎样才能做到这一点呢？最好的方式就是阅读和分析企业的财报。本书共分三篇：上篇以一家精选的企业财报为例，从零开始看财报，重在普及相关基础知识；中篇对三张报表中最关键、最重要，也是最常用的财务指标，进行更深入的分析和讲解；下篇是精选的财报分析实战，从多角度对上篇和中篇分享的相关知识点进行了解析和细化。本书力求帮助投资者找到优质企业，排除不良企业，在投资的路上多一分顺遂，实现稳定的盈利。

图书在版编目（CIP）数据

一本书看透财报/我是腾腾爸著 . —北京：机械工业出版社，2023. 4
ISBN 978-7-111-73182-5

Ⅰ.①一… Ⅱ.①我… Ⅲ.①会计报表–基本知识 Ⅳ.①F231. 5

中国国家版本馆 CIP 数据核字（2023）第 086863 号

机械工业出版社（北京市百万庄大街22号 邮政编码100037）
策划编辑：李 浩 责任编辑：李 浩
责任校对：贾海霞 李宣敏 责任印制：单爱军
北京联兴盛业印刷股份有限公司印刷
2023 年 7 月第 1 版第 1 次印刷
145mm×210mm · 12 印张 · 3 插页 · 290 千字
标准书号：ISBN 978-7-111-73182-5
定价：88.00 元

电话服务 网络服务

客服电话：010-88361066 机 工 官 网：www.cmpbook.com

010-88379833 机 工 官 博：weibo. com/cmp1952

010-68326294 金 书 网：www.golden-book.com

封底无防伪标均为盗版 机工教育服务网：www.cmpedu.com

推荐序

从求胜到求不败

北京金石致远投资管理有限公司 CEO　杨天南

巴菲特公布了最新年度的股东信，根据通用会计准则，伯克希尔在 2022 年亏损 228 亿美元，但巴菲特和芒格看中的运营利润指标却创下 308 亿美元的历史新高。这个世界真的是"你打你的，我打我的"，由此也可以看出，在一个各说各话的财经世界中，学一点财报分析的知识还是有必要的。

一直以来，有不少读者说《巴菲特之道》固然好，可是缺乏"术"。学完了巴菲特的投资思想，到底怎么具体分析公司呢？正好这本《一本书看透财报》可以满足大家对于公司财报分析技术的需求。

该书作者"我是腾腾爸"是财经圈里的知名大 V。在实际生活中，他工作在"为人民服务"的岗位上，并非财经界人士。他喜欢投资，喜欢写作，写的速度还挺快；他热心肠，乐于分享，有话憋不住；他心态好，看得开，遇见"坏人"直接"硬刚"，绝不为难自己。

《一本书看透财报》延续了作者一贯"接地气"的行文风格，穿插在严肃财经知识之间的是日常的诙谐与幽默。此次新书书如其名，讲的是上市公司财报分析。全书分为上、中、下三篇，分别对应初学、精进和实战的知识架构。该书既有严谨的上市公司实例，以及手把手、一条一目的解说，又不同于刻板严肃的教科书，读起来就像跟坐在对面的老朋友聊天。

上篇为财报新人量身打造，从零开始学财报。内容从初识报表与企业到五看资产负债表；从厘清利润表到细查现金流量表；从两大基础性逻辑到三大关键看点，从趋势分析到投资价值分析。

中篇旨在用财报中的关键指标选择企业。讲到轻资产与重资产，各式各样的应收款、负债的讲究，所有者权益的妙用，毛利率与净利率、净收比与净现比、利润质量分析以及自由现金流、资本开支等重要的财务分析指标及其应用。

下篇为财报分析结合具体公司的实战应用，以 12 家上市公司的实例进行分析。对于想直接要答案的朋友，这里也有例如对现在很便宜的公司的研判方法。

我在大学给 MBA 班讲授投资学也有六七年了，一直希望给同学们找一本理论与实践相结合，且通俗易懂的关于"财报分析"的书，《一本书看透财报》的出版可以说是同学们的福音。

当今世界在动荡中颠簸前行，越来越多的人感到赚钱不易，到底还要不要学习？答案是调整好心态继续学习，这种学习心态包括从求胜到求不败。不败会一直在，只有一直在，将来才有成功的可能。今天，《一本书看透财报》可以列在我们求不败的学习清单上。

寻找最优秀的商业模式

一个人能否长得高一点，主要取决于两个方面的因素：一是来自先天父母的基因遗传，二是来自后天的营养供应。父母遗传好，后天的营养供应只要不是太差，个头就能长得高一点。父母遗传不好，后天的营养供应再充足，也只能在有限条件下尽量改善身高增长的空间。这个常识，也能很好地影射企业的经营。

商业模式好、天生好赚钱的企业，只要经营不是太差，就能取得不俗的价值创造。商业模式不好、天生不好赚钱的企业，哪怕有很强的管理层，经营强度跟得上，可能也很难给股东带来特别好的价值创造。

巴菲特的商业头脑和经营能力不可谓不强，当年几经努力，也败走伯克希尔的纺织业务，最后大刀阔斧地予以改革与切割，跟纺织业务说再见，才最终缔造出自己的商业帝国。由此可见，找到好的商业模式，并在一个天生相对好赚钱的赛道里创业与投资，才是赚钱与盈利的真谛。

价值投资者最重要的工作，就是找到商业模式好、天生好赚钱、市场前景广阔的行业与企业。从普通投资者的角度，怎样才能做到这一点呢？最好的方式就是阅读和分析企业的财报。

那些一向很赚钱、好赚钱的企业，一定具有某种天然的或独特的商业模式。而那些一向不赚钱、不好赚钱的企业，一定存在某种商业逻辑上的缺陷。它过往的经营业绩无论好坏，都会储存在它们过往的财报数据里。

反过来想，这些已经成为过去式的财务报表，也忠实、客观地记录着企业天然的、独特的商业优势或缺陷。哪怕是那些经过财务粉饰、造假的公司，也是在以特别的方式记录着过往。通过分析企业过去的财报数据，我们可以更清楚、更深刻、更详细地了解企业、熟悉企业、把握企业。掌握过去是为了更好地洞悉未来，看财报的最大价值就在于此。

市场上普及财务知识的文章和书籍可谓汗牛充栋，真正站在普通投资者和财务小白角度写作的文章和书籍却凤毛麟角。这让很多希望学习阅读财报的朋友常常不知所措，如坠云里雾里。很多人对财报中密密麻麻的数字和云山雾罩的数据逻辑分析望而却步。

我在最初学习股市投资时，也曾长期受困于此。但在一点一滴的学习与积累中，逐渐从懵懂走向开窍，由最初的恐惧、退缩，到之后的了解、熟悉、热爱，再到今天的欣喜和享受，经历了一轮完整的否定之否定周期。

在学习、阅读和分析财报的过程中，我做了大量的笔记、分析、思考、总结和提炼，也在近20年的股市投资中，进行了大量的实践性应用。自2015年开始现身网络世界以来，我写作的关于财报分析的文章有二百余篇、百余万字，涉及知识普及、案例分析、前景预测等方方面面。

因为我本身就是从财务小白一路走来的，深悉普通投资者的阅读障碍在哪里，所以在写作财报分析文章时，我力求用最通俗直白的语言进行表达。为了增加趣味性，我在很多财报分析的文章中，采用了设疑、推理、解惑的方式，让大家在充满趣味的阅读中恍然大悟。就连一向不太喜欢阅读的腾腾妈，也非常喜欢我写的企业财报分析文章，言：像读侦探小说一样有意思。

腾腾妈是基层财务人员出身，对上市企业财报分析不是特别精通，但又不是一无所知。这样的身份定位，对我而言恰到好处：她既能发现我文章中的缺点和不足，又能检验我文章的通俗阅读性。腾腾妈的肯定和嘉许，让我信心倍增。每每有财报分析的文章完成，我会先给她阅读，她能读下来，读出兴趣，我才会放到公众号上公开发表。

时间久了，积累多了，就有网友不断地恳求：把你写的这些财报阅读与分析的文章整理成书吧，我们想好好地、系统性地阅读和学习一下。所以，写一本可以让投资小白、财务小白也能读得懂、读得通、读得透的财报阅读与分析的工具书，成了我最近几年来一直念念不忘的心事。

我有自己的工作，而且相当繁忙。工作中的我，勤奋、敬业、争强、好胜，工作劲头不输任何人。股市投资只是业余玩票性质，是天生的性格特质和后天的世界观养成，误打误撞地决定了我的投资之路与投资体系。写作财报分析文章、普及财报阅读知识，也是在玩票中自然而然派生出的一个业务分支。

当我决定写作这本书时，我是慎重的、认真的、严肃的、愉悦的，我必须同时解决好时间的问题、精力的问题、专业的问题和趣味的问题。因此，夙愿多年却迟迟未能、未敢贸然动笔。

2022年底，疫情高峰以惊人的速度降临小城，我也被奥密克戎击倒。而且，我在一个半月的时间内居然连续两次感染。我有了连续一个月的居家时间。

在机械工业出版社李浩老师的鼓励和督促下，我开始着手整理已在心底盘算多年的书稿。我就按照我的思路、我的方式来进行梳理、归纳、写作。基础是我这些年在公众号、网络上公开发表过的文章、发言、辩论、解答，它们在我的精心编排和整理下，变得更加精简和系统。以前散布各处的一颗颗珍珠，终于被我翻拣出来，串成更有精神寄托的项链。我重新赋予这些文章以新的灵魂。

白天吃药打针，晚上修书撰稿，生病的这一个月，我亦没有虚度。这中间也发生了一些其他的事，给了我很大的精神打击。但修书撰稿的快乐，让我暂时忘记了烦恼。当我工作时，当我为梦想奋斗时，那点误解和诋毁又算得了什么呢？我清清白白地做人做事，清清白白地写书、投资，只愿百年之后留一点洁净的痕迹在人间。

古人讲：著书都为稻粱谋。庆幸我生活在当今盛世，庆幸我通过自己的努力、天赋和一点好运气，不需要再为一把米、一箪食而辛苦著述。当我努力时，我只为自己的兴趣、爱好、志向而活。

真心享受这一个月的整理与写作，它帮我战胜了病痛，也帮我疗愈了精神的创伤。当我重新走向工作和生活的时候，我变得更加冷静和理性、包容和坚强、乐观和勇毅。我就在这里，纯净地做着纯净的自己。

我知道自己的很多文章，被一些投资理财学校直接拿去当教案，被一些网站直接冒名转载，对此网友多有反馈。也曾有大学教授联系我，直言多向学生推荐我的公众号和财报分析文章。更有一些我叫得上名和叫不上名的机构，希望跟我合作开办讲座。

我把这些正面的和反面的信息，都当成认可和激励。我以前对网络上、生活中的各种或明或暗的侵权行为视若无睹，概因见怪不怪、精力有限。现在我把这些过往的文章、理念、观点、分析整合到一本书中，让那些被偷抢、拐骗到别处的孩子，重新聚于我的麾下。我保证本书里的每一个字、每一个章节，都出自本人之手。李逵在此，李鬼散去。

本书共分三篇、十二章、四十九节。

上篇以一家精选的企业财报为例，夹叙夹议，详细讲解了如何整体性地阅读和分析一家企业的财报——从零开始，重在普及基础知识。

中篇以上篇为基础进行延伸和细化，对三张报表中最关键、最重要，也是最常用的财务指标，进行更深入的分析和讲解——厘清报表与数据间的逻辑关系，尽量让大家知其然，更要知其所以然。

下篇是精选的财报分析实战——站在不同的角度，对上篇和中篇的相关知识点进行了解析和细化。

我真心希望这些内容，都能让大家读得懂。这是我的心愿期望所在，也是我的用力方向所在。我自认为，我能完得成这项任务。不信大家可以翻书看看。

有相识的长者，曾当面向我感叹：腾腾爸干什么像什么，真是天才啊。我忍不住哈哈大笑：这世上哪有什么天才？唯热爱与勤奋。无论工作、生活，还是投资、写作，只因热爱与积累，才能取得一点小小的成功。

此时，将这本书呈现在大家面前，我必须实事求是地提醒朋友们：我只是一名普通投资者，非财务专业人士，没有任何金融从业资质。我只是从一名普通投资者的身份定位出发，写了一本我认为应该如此的书。

我不能保证书里的所有观点和数据都是正确的，但我可以保证我是认真的。书中所提的具体企业，也只是为说事阐理的需要，并非投资荐股。希望大家在阅读本书时，能对此有清醒的认识。

2023 年 2 月

目录

12

上 篇

——

一切从零开始

第一章

初识报表与企业

第一节　财报其实很简单

股市投资很重要的一项功课，就是阅读企业的财报。通过阅读财报来分析企业的经营情况，判断企业的投资价值。但是大多数人一看到"财报"两个字就头大，一看到财务报表上那些密密麻麻的数字就眼花缭乱——还没有看，自己先灰心了，把阅读财报看成了多么高大上的事情。其实，你错了。

财报看似复杂，实则有一些简单的基础逻辑暗藏其中，尤其是上市公司的财报，编写时不仅要遵守这些基础的逻辑，还必须遵守固定的格式。因为监管层有监管，会计师事务所也得有审核，固定的逻辑、固定的格式是必需的。就像螺丝生产企业，必须按照标准来。不按标准生产，质检过不了关，也卖不出去。

只要搞清楚这其中的基础逻辑和固定格式，并形成一套自己的阅读方式，我们就会在阅读财报的过程中逐渐发现，会计是这个世界上最简洁、最优美、最能实事求是反映问题（包括好坏两个部分）的一种语言。

苦于大家对专业书籍的艰涩难以理解，腾腾爸好为人师的老毛病又犯了，所以决定用大白话的方式来给大家讲讲如何深入而又快速地看懂一份企业财报。

从投资者的角度，我们阅读财报，主要目的是搞清楚以下三个大的问题。

（1）这家企业是干什么的？

（2）这家企业的品质如何？

（3）现阶段我们能不能投资这家企业？

这三个问题是层层递进的关系，最终的目的还是为了给我们的投资决策提供参考。我希望朋友们通过对本篇章的阅读,能达到以下四个目的。

(1) 让大家粗略地知道一份财报的要点是什么。

(2) 碰到一个新的投资标的,知道如何快速地进行财报分析,即为大家提供一套简单的分析模板。

(3) 让大家感觉到财报阅读不是一件多么困难的事情,从而激发出进一步深入学习的兴趣。

(4) 对于股市投资来说,财报分析不是万能的。

为了更轻松形象地表述问题,我们需要选择一份企业财报作为案例,为大家进行深度分析。夹叙夹议始终是我的行文风格,这样让大家阅读起来不是那么枯燥。

根据上边的目的要求,我们要选择的这家企业一定不能是知名的大企业,否则对大多数人来说,就不能算"新"。同时,最好是一家生产性企业,这样能最大可能地介绍有关财报的基础性知识。最后,这份财报所反映的问题,应该具有一定的典型性。满足上述三个条件,才能成为我们的标的和样板。

当然,凭着我对大多数人阅读理解能力的极度不信任,我在此特别强调一点:**我选择案例企业的时候,主要参考标准是财报反映问题的典型性,并没有考虑企业的质量问题——有一些劣质企业的财报,在说明某一方面问题时,可能恰好是优质企业财报做不到的。**比如,你为了说明财务造假的问题,找优质企业通常是做不到的。

这段话的意思是:本篇各章只是找了家企业做案例,以它的财报数据为参考进行分析和说明,绝对没有推票或为这家企业的质量做背书的含义存在。

基于上述考虑,我选择了劲嘉股份 2017 年度的财报,作为研究和分析的标的。之所以选择这家企业,主要原因是这家企业小、新、不知名。图 1-1 来源于同花顺，数据未必十分准确，但用于毛估一定是不会犯错的：截至 2022 年 12 月 10 日，劲嘉股份约有 7.34 万股东。这个数据与 A 股市场 2 亿注册用户相比，占比不到 0.04%，与市场上 5000 万左右的活跃用户相比，占比也仅为 0.15% 上下。这就说明，市场上 99.9% 以上的股民是不持有、不熟悉这家企业的。

指标\日期	2022-12-10	2022-11-30	2022-11-18	2022-11-10	2022-10-31	2022-10-20
股东总人数(户)	7.34万	7.29万	7.39万	7.47万	7.56万	7.34万
较上期变化	+0.64%	-1.34%	-1.09%	-1.19%	+2.98%	+3.89%
行业平均(户)	-	-	-	-	-	-
人均流通股(累)	1.94万	1.95万	1.93万	1.90万	1.88万	1.94万
人均流通变化	-0.64%	+1.36%	+1.10%	+1.21%	-2.90%	-3.74%
人均持股金额(元)	15.10万	15.08万	15.13万	14.61万	13.57万	14.59万

图 1-1　劲嘉股份的股东数据

在动笔之前，腾腾爸对这家企业也不熟悉，这样在解剖它的过程中，大家都会有一点新鲜感，符合我们"如何深入而快速地阅读一家新认识企业的财报"这一主要目的和要求。同时，在阅读它的财报时，我突然发现它在其他方面，尤其是在突出某些关键指标时，也是一个非常好的教学案例，所以我就选择了它。

有兴趣学习的朋友，可以到网上下载一份劲嘉股份 2017 年度的财报，我们一起学习探讨。下载财报的渠道有很多，可以到上交所或深交所官方网站，也可以到一些免费公开的财经网站，比如巨潮资讯网、雪球网等。

劲嘉股份是 2008 年上市的企业，截至完稿时已经公布从 2007—2021 年共 15 份年报。如果想全面深入地了解这家企业，我认为最好在你的电脑桌面上建个文件夹，把这 15 份年报都下载下来。

在本篇的最后几个章节里，我会专门搜集一些历史数据进行参考和分析。大家可以边阅读边对照相关数据。当然，大家嫌麻烦的

话，光下载 2017 年度的财报就行。毕竟，腾腾爸要展示的主要是
"如何深入而快速地阅读一份新认识企业的财报"。

至此，开篇结束——亲爱的朋友，你准备好了吗？

第二节　财报结构与数据粗览

在上一节中我们讲了，上市公司定期公开的财报是"标准件"，
必须按固定的格式进行书写和公布。所以所有 A 股上市公司的财报
结构都是大体相同的。比如，翻到劲嘉股份 2017 年财报的第 3 页，
我们就能看到它财报整体的框架目录（见图 1-2）。这张图应该好理
解：这份财报总共十二节，每一节的题目就是每一节重点讲述的内
容。几乎所有 A 股上市公司的财报目录大体都是相同的，财报新手

目录

图 1-2　2017 年劲嘉股份的财报目录

把上述目录看两遍，不要死记硬背，知道一个大体的框架就行，方便我们下边的讲解。

如果有时间，大家在研究一家新识企业时，逐行逐字地看完当然最好，但对大多数人来说，这是不可能的，我们首先要做的，是粗览一下这家企业的总体概况。所以，**财报第二节"公司简介和主要财务指标"就成了必看内容**。在这一节中，我们可以很容易找到下面这张表——企业的**"主要会计数据和财务指标"**（见表 1-1）。

表 1-1　2017 年劲嘉股份的主要会计数据和财务指标

	2017 年	2016 年	本年比上年增减	2015 年
营业收入（元）	2,945,293,524.27	2,776,954,820.51	6.06%	2,720,049,716.96
归属于上市公司股东的净利润（元）	574,411,233.05	570,721,416.87	0.65%	720,729,704.99
归属于上市公司股东的扣除非经常性损益的净利润（元）	547,399,781.03	439,452,495.62	24.56%	683,470,869.45
经营活动产生的现金流量净额（元）	819,829,106.31	918,185,877.98	-10.71%	799,618,445.17
基本每股收益（元/股）	0.43	0.44	-2.27%	0.56
稀释每股收益（元/股）	0.43	0.43	0.00%	0.55
加权平均净资产收益率	11.63%	13.30%	-1.67%	19.02%
	2017 年末	2016 年末	本年末比上年末增减	2015 年末
总资产（元）	8,123,780,067.72	6,680,677,124.70	21.60%	5,365,316,561.79
归属于上市公司股东的净资产（元）	6,448,893,066.86	4,493,801,641.63	43.51%	4,147,309,221.16

这张表是这个章节的核心，因为通过看这张表，我们可以做到如下两点。

（1）对这家企业的整体财务状况有个大概的了解。

（2）通过分析，可以确定下步的财报阅读重点。

这张表罗列了企业当年及前两年的营业收入、归母净利润、扣非后归母净利润、经营性现金流净额、基本每股收益、总资产、净资产等主要会计数据及财务指标。可以说，这是三张主要财务报表的核心数据的大汇总。

（1）总资产、净资产是资产负债表主要体现的数据和指标。

（2）营业收入、净利润、基本每股收益等是利润表主要体现的

内容。

（3）经营性现金流净额（经营活动产生的现金流量净额）则是现金流量表中一个主要的数据和指标。

我们看这张表时，要有一个基本的大概的逻辑，即：**正常情况下，营业收入、净利润、经营性现金流净额、总资产、净资产的增长率应该是大体相配的。**用白话说就是，多大的营收增长会带来多大的利润增长，同时会带来多大的现金流增长，亦会带来相应的资产和净资产增长。

正常的逻辑是这样，如果报表上体现的不是这样呢？发现"异样"，就是我们下步财报阅读中需要重点解决的问题。**这里先说明一点：正常情况下，各项数据的变化趋势应该是大体相当的，发生趋势不一致时，也并不一定就说明企业在财报上造假。**只要能找到合理的解释，就是没问题的。数据的趋势一致性，可以为我们提供阅读的重点和方向，关注数据趋势是否一致的意义就在于此。

根据上述思路，我们分析一下劲嘉股份：2017 年相对 2016 年，营收增长 6.06%，归属于上市公司股东的净利润增长 0.65%，扣非后净利润增长却高达 24.56%，经营性现金流量净额下降了 10.71%，总资产增长了 21.60%，归属于上市公司股东的净资产竟然增长了 43.51%！几项主要数据的增长曲线完全不在一个频道上。这几项数据给我们勾勒出了企业这样一个基本的画面。

（1）近两年的营收及净利增长不佳，经营上可能遇到了困难。

（2）企业的资产和净资产增长明显高于营收和净利润增长。

为什么会出现这种情况呢？

第一条是财报展示给我们的关于企业经营及财务指标的总体印象，第二条则是我们下一步阅读财报时需要关注和解决的问题。

很多朋友可能一看到这两年营收和净利增长不佳，就会打心眼里对企业充满不屑：这样的企业还有翻拣的必要吗？可能真没有翻拣的必要，也可能因此错失大牛股。

（1）从企业经营的角度看。一两年的营收、净利增长不佳，这太正常不过了。牛股如茅台，在受到塑化剂和政策影响时，也曾出现过增长停滞。所以用一两年的数据，看不出企业的好坏。

（2）从股市投资的角度看。优秀的企业在营收和净利停滞时，股价往往会受到市场大幅的冲击，这时反而可能为投资提供很好的机会。

所以，还是先耐下心，让我们继续阅读财报吧。

到现在为止，我们对这家企业有了一个大概的印象，产生了一个需要解决的疑问，对这家企业到底是干什么的、竞争力及前景如何，还一无所知。所以我们面临着阅读财报需要搞清楚的第一个大问题——这家企业究竟是干什么的？

第三节　判断企业究竟是干什么的

在阅读财报需要解决的三大问题中（也可以称为三项任务），这可能是最简单的一项。因为我们只要详细阅读财报的第三节"**公司业务概要**"，就能够解决大部分问题（见图1-3）。

我们不用花太多时间，顶多三五分钟就能读明白，**原来劲嘉股份是一家生产"烟标"的企业**。烟标是什么？用俗话说就是烟纸盒子。很明显，这是烟草行业链条上的一个细分行业。很自然地，我们可以大致判断出，这就是一个利基行业。

什么是利基行业？不知道的朋友可以去百度搜，这里不做过多的名词解释工作。**我唯一要提醒的是：不要小看利基行业，小行业大产业，小行业里的龙头企业，有时候也能有出其不意的好业绩存在**。比如，伟星股份这家企业，主营就是纽扣和拉链，虽然不起眼，却给长期投资者带来了不菲的回报。

第三节 公司业务概要

一、报告期内公司从事的主要业务

公司是否需要遵守特殊行业的披露要求

否

（一）主要业务、主要产品及其用途、经营模式

1、主要业务

公司主营业务定位为高端包装印刷品和包装材料的研究生产，为知名消费品企业提供品牌设计和包装整体解决方案，前述为公司目前的主要业务，也是公司利润的主要来源，此外，公司正大力发展大健康产业，并积极推进成为公司的第二主业。

2、主要产品及其用途、经营模式

公司主要产品是高技术和高附加值的烟标、中高端知名消费品牌包装及相关镭射包装材料镭射膜和镭射纸等。

（1）烟标产品及其用途、经营模式

烟标俗称"烟盒"，是烟草制品的商标以及具有标识性包装物总称，用于卷烟包装，主要是强调其名称、图案、文字、色彩、符号、规格，使之区别于各种烟草制品并具有商标意义。报告期内，公司继续发挥烟标龙头企业的优势，不断推进设计创新能力，不断优化和提升产品结构，更好地满足客户多样化、个性化的需求。

对于烟标制品，公司采用的经营模式为订单式销售模式。烟标是为卷烟提供配套的产品，中烟公司为公司烟标制品的唯一客户端，烟标为特殊产品，每种烟标均只向特定的客户直接供应，生产时间、生产数量均服从客户的需要，一般不作产品储备。因而烟标生产企业往往需要预留一定的产能，以满足客户需求。由于烟标产品的特殊性，采用直接销售有效且经济，可以为卷烟生产企业提供直接技术支持服务，并可以直接快速获得客户的意见反馈，以加强对市场动态的掌握。

（2）中高端纸质印刷包装产品及其用途、经营模式

中高端纸质印刷包装产品以原纸为主要原材料，通过印刷、黏合、拼装等加工程序后制成用于保护和说明及宣传被包装物的一种产品，公司此类产品主要运用于电子产品包装、化妆品包装、消费类产品个性化定制包装及精品烟酒外包装。在现有的新型包装产业基础上，公司积极探索技术多元化路径，力求通过在包装产品中应用更多前沿的RFID、大数据物联网等

图1-3　劲嘉股份的公司业务概要

在这一节里，我们还可以看到企业对自己的"**核心竞争力分析**"——对初次看这家企业财报的朋友来说，这也是一项必看的内容。看看企业对自己核心竞争力的分析，你再站在旁观者的角度进行思考，可能会得出一些基本的印象。**但我更关心的是这家企业的主营业务分析。**所以，我们迅速进入第四节"企业经营情况讨论与分析"中。

第四节　企业经营情况讨论与分析

在这一节里，有企业对财报年度行业和企业经营情况的总体分析。初次阅读这家企业财报的朋友，也应该认真地看一下。但这一节中，最重要的一张表格是"**营业收入构成**"。

表 1-2 是对劲嘉股份 2016 年和 2017 年的营业收入进行了详细的解析，主要从三个维度进行。

表 1-2　2016 年、2017 年劲嘉股份的业务和营业收入构成数据

单位：元

	2017 年		2016 年		同比增减
	金额	占营业收入比重	金额	占营业收入比重	
营业收入合计	2,945,293,524.27	100%	2,776,954,820.51	100%	6.06%
分行业					
包装印刷	2,690,855,033.20	91.36%	2,573,627,108.29	92.68%	4.55%
激光包装材料	581,583,694.56	19.75%	468,537,853.75	16.87%	24.13%
物业管理	12,771,728.69	0.43%	12,077,727.33	0.43%	5.75%
其他行业	278,134,885.00	9.44%	132,203,968.46	4.76%	110.38%
行业之间抵消	-618,051,817.18	-20.98%	-409,491,837.32	-14.75%	50.93%
分产品					
烟标	2,375,023,556.03	80.64%	2,342,070,188.02	84.34%	1.41%
激光包装材料	581,583,694.56	19.75%	468,537,853.75	16.87%	24.13%
彩盒	267,130,747.00	9.07%	187,262,413.10	6.74%	42.65%
其他产品	339,607,343.86	11.53%	188,576,202.96	6.79%	80.09%
产品之间抵消	-618,051,817.18	-20.98%	-409,491,837.32	-14.75%	50.93%
分地区					
华东地区	1,346,687,702.69	45.72%	1,183,403,099.29	42.62%	13.80%
华南地区	274,922,163.43	9.33%	227,607,485.16	8.20%	20.79%
西南地区	871,482,246.97	29.59%	1,028,620,977.99	37.04%	-15.28%
其他	452,201,411.18	15.35%	337,323,258.07	12.15%	34.06%

注：其他行业同比增长 110.83% 主要系劲嘉供应链的材料销售及蓝莓文化的设计服务收入大幅增长。

（1）从行业上看。主要有包装印刷、激光包装材料、物业管理和其他四个方面。其中包装印刷业务创造了总营收的90%多。

（2）从产品上看。主要有烟标、激光包装材料、彩盒及其他。其中烟标创造了总营收中的80%多。

（3）从地区上看。主要营业范围在华东、华南和西南三个地区，其中华东与西南两个营业区创造了总营收的70%多。

所以，表1-2很直观地告诉我们，这家企业主要生产的产品是烟标，主要从事的是包装印刷业务，而且主要的经营地区在华东和西南等烟厂集中产区。80%多的营收来自于烟标，由此可见，烟草行业的好与坏，能直接决定这家企业的经营成果——至少在上述阶段是这样的。

因为经营单一，经营业绩受制于人，本身又处于利基行业，所以该企业的增长进入了瓶颈区。企业正是基于这样的考虑，所以才明确提出"大包装+大健康"双轮驱动战略。同时，为了改变烟标在营收中占垄断地位的现状，劲嘉股份在2017年还加大了对酒标企业的投资，主要是收购了申仁、丽兴、润伟等公司全部或部分的股权，并与茅台技开公司（茅台集团下属企业）签订战略协议，希望直接切入高端白酒等快消品的包装领域。

但是在大健康领域，公司到目前为止是"光打雷未下雨"：一方面，说明新业务的开展困难；另一方面，也说明企业管理层对进入新领域的谨慎与小心。总体上给我们的感觉是：企业在一个利基行业里，正在努力地寻求营业领域的突破。当然，到2017年底为止，该企业在传统的大包装领域还是有真实具体动作的。

在阅读企业的经营分析部分时，我们还顺带着解决了上一节产生的一个疑问：为什么企业在营收及净利润增长不多的情况下，净资产反而有超过40%的大幅增长？原来，企业在报告期内（即2017年内）有过一次非公开发行股票行为。所谓的"非公开发行股票", 也就是我们平常说的"定增"——向提前商定好的认购方定向发行新股。

通过这个提示, 我们可以在财报里自带的搜索引擎里输入"**募集资金使用**", 就能搜索到劲嘉股份在当年下半年发布的定增及资金使用情况: 定增 1.89 亿新股, 募资约 16.5 亿元, 并有详细的投入项目及资金分配情况。"新股募资 16.5 亿元+当年扣非净利润 5.5 亿元", 共约 22 亿元。而企业净资产由 2016 年底的 44.9 亿元, 上升至 2017 年底的 64.5 亿元, 差额约 20 亿元。考虑到 2016 年度的分红因素, 数据增量就能对应上了。

因为是新识企业, 我们在了解它的基本情况时, 一定会对它的股权结构和实际控制人有所关注。从目录中, 我们能很容易辨识出这一问题应该到财报的第六节"股份变动及股东情况"中去找。或者直接在财报内搜索"控股股东", 我们也可很快翻阅到相关内容。我在财报第 79 页, 截下了下面这张实际控制人与公司的股权关系图 (见图 1-4)。

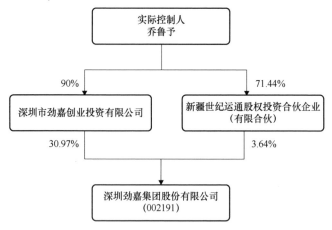

图 1-4　2017 年劲嘉股份的股权关系图

实际控制人乔鲁予先生通过两家绝对控股公司间接持股的方式，实际控制了上市公司超过 34% 的股权。不是绝对控股，但是已经实现了相对控股，可以说公司控制权还是比较集中和稳固的。

至此，我们对劲嘉股份有了如下初步的判断：这是一家身处烟草行业细分领域的企业，主营产品为烟标，在营收占比中高达 80% 以上；过去两年，受制于烟草行业的低迷，公司营收及净利增长受到了决定性的影响；企业在努力进行业务扩张与突破，为此还通过定增筹资，加大了对外投资。

以上看起来好像很复杂，其实主要做了以下三个步骤。

第一步：浏览和分析了企业的主要会计数据和财务指标，掌握了企业的基本财务情况，并确定了阅读的重点和方向。

第二步：阅读和分析了公司的业务概要、核心竞争力分析及公司的营业收入构成，并通过营业收入构成，明晰了企业的主营业务和主打产品。

第三步：大概掌握了企业的基本情况及主要股东情况。

其实，主要是阅读了财报本身提供的两个统计表格，一个是"**主要会计数据和财务指标**"，另一个是"**营业收入构成**"。这两个表格通过财报本身自带的搜索功能进行直接搜索，我们就可以直接找到，其他的内容都是在分析这两张表格后的展开搜索和阅读。

如果看财报熟练的话，不超过五分钟就能搞定——搞定了以上内容，我们就完成了阅读财报所要实现的第一大功能，即：知道财报背后的这家企业是干什么的及其基本运营情况。尽管看起来很复杂，但只要学会，操作和总结起来还是很简单的。

第一章至此结束。从下一章开始，我们进入阅读财报最重要最关键的一个环节——通过阅读三张财务报表，来完成阅读财报需要解决的第二个问题，或者说需要完成的第二项任务：评估一下这家企业的品质到底怎么样。

第二章

看透资产负债表

从现在起，我们开始着手完成阅读财报的第二项大的任务，即**评估这家企业的质量到底如何**。依据主要是三张财务报表及其附注，也就是财务报告中的最后两节——第十一节与第十二节中的内容。这两节是财报的核心内容，通常会占到总篇幅的一半以上。比如，劲嘉股份 2017 年的财报有 190 余页的篇幅，100 页以上是这两部分内容。所谓的看财报，实际上主要看这两节内容。可以肯定地说，企业要是造假的话，通常也是在这两节上做手脚，这两节内容的重要性不言而喻。

第一节　核心地位的资产负债表

我们平常爱说，财报共有三张报表。严格来说，这种说法是错的，因为所有正常公告出来的企业财报，一定包含着**资产负债表、利润表、现金流量表、所有者权益变动表**四类表格。

因为上市公司通常还有控股或联营的子公司、孙公司，所以每类报表还有合并报表与母公司报表之分。比如，资产负债表一定会有"合并资产负债表"与"母公司资产负债表"。因此，这四类表格通常会演化出八张表格。不信随便找份企业财报翻翻，在"财务报告"一节中，一定是包含着八张表，而不是通常说的"三张表"。

那为什么我们常常说是三张表呢？"三张表"是一种简称，因为其中有三张表是重中之重。如果你是企业的老板，一定会非常重视母公司的四张报表，因为通过母公司报表与合并报表的对比，你可以了解和掌握整个企业很多内部运转和经营情况。**而我们是二级市场的投资者，最关心的是上市公司合并之后整体的运转和产出情况，所以合并报表才是我们重点关心和关注的目标。**

同时，在四张报表中，**所有者权益变动表只是对股东权益增减变化的客观记录和描述，它是无法造假，也是没有必要造假的。**因此，大多数情况下会被投资者漠视。

经过这么两层分解，八张表最终变成了三张表，即**合并的资产负债表、利润表和现金流量表**。这就是"三张表"的由来。要想看懂这三张表，必须明白这三张表的作用和产生过程。应该说，这三张表和企业的创立与运营息息相关，三张表的合体就是反映企业的创立和运营过程的。

一家企业到底是怎么创立和运营的呢？老板得先出资，经营过程中还可能增资。出资和增资后，钱还不够用，那就得想办法对外筹资，可以向银行贷款，可以向社会发行优先股或债券。在经营的过程中，还可以占压上下游的钱款，比如买原料先赊账不给钱，这就形成了"应还账款"，先收钱不发货，这就形成了"预收账款"。

有了钱之后，买地、盖厂房、雇用工人、购买设备和原材料，然后开始生产，卖出的产品又转化成现金，一时收不回来的现金，又转化成了"应收票据"或"应收账款"，卖不出去的产品或正在生产的产品或刚买来的原材料，就以"存货"的形式存在于企业之内。

企业通过上述经营活动，赚来的钱构成了企业的利润，利润一部分会按照《公司法》的规定提取出来，作为"盈余公积"，用于企业再生产，剩下的会有一部分被分掉，回馈给股东。最后剩下的部分，会作为"未分配利润"留存在企业内部，参与到新的生产周期中去。

整个过程是从现金开始，再到现金结束，然后循环往复下去。"出资+企业盈利"后的留存利润（包括盈余公积和未分配利润），这是股东拿出的钱，会计叫"股东权益"，也是我们平常说的"企业净资产"。筹资（包括银行贷款、债券、优先股）+对外占压款

（包括预收账款和应付账款及其他应付款项等），这是企业以企业的名义对外承担的负债，会计上就叫"负债"。**"负债+股东权益"构成了企业的总资产**。

总资产在经营过程中，会分别以现金、应收票据、应收账款、存货、无形资产、固定资产等不同的资产形式存在，所以会根据经营的需要形成特定的资产结构。**为了反映这个经营过程最终形成的资产结构，聪明的会计师们就制作出了资产负债表。**

如上文所述，企业通过经营赚来了利润，除了分给股东的那一部分之外，剩余的部分会以盈余公积和未分配利润的形式留存在企业。也就是说，每一年或每一个经营周期之后，资产负债中属于"股东权益"的这两部分——盈余公积和未分配利润——一定是会发生变动的，而变动的原因就是因为利润的产生。

为了说明这两部分变动（即利润产生的过程），会计师们又制作了利润表。大家看，**利润表其实是对资产负债表中"盈余公积"和"未分配利润"这两个科目变动情况的展开与说明**。

企业在生产和经营的过程中，不断有现金往外流出，又不断有现金往内流入，造成资产负债表中的现金项会不停地发生变化。为了详细记录和说明企业现金的变化情况，会计师们又制作了"现金流量表"。大家看，**现金流量表，其实是对资产负债表中资产项目下第一项"货币资金"变动情况的展开与说明**。

从上边的叙述和说明中，大家可以看到，**三张报表中最核心的是资产负债表**，其他两张表则是对资产负债表中某项或某部分变动情况的展开与说明。三张表是以资产负债表为核心逐渐展开和生成的。

需要强调的是：资产负债表反映的是企业某个时点上的经营情况。比如，我们选择的是劲嘉股份 2017 年财报，它的资产负债表下标注着"2017 年 12 月 31 日"字样。这就是说，表格所反映的是到 2017 年 12 月 31 日这一天的资产负债情况。**利润表和现金流量表则反映的是一个时期（通常是一年或一个经营周期）内的企业经营情况。**比如劲嘉股份这两张表，表现的就是公司 2017 年全年（整整一个年度）的利润生成与现金变化情况。

以上叙述是为了说明三张报表形成过程及三张报表间的逻辑关系，是完全给财报小白准备的。对了解三张报表勾稽关系的人来说，完全可以不用看的。在实际阅读财报的过程中，我们知道大概的脉络就行了，也不必要字斟句酌。

在阅读财报的过程中，经常会有人纠结三张报表到底哪张最重要，投资者应该先看哪张？其实，哪一张报表都很重要，不重要辛辛苦苦编制它们干吗？而且财报给你提供的顺序，就是你的阅读顺序！

你要知道，这些报表的生成、规则、顺序，本身就是百年来无数人通过无数次正反两方面的经验和教训总结凝练出来的。它的生成，它遵守的规则，它的排列顺序，都是有着深刻道理的。我们静下心来，逐张表格看下去就行了。

从现在开始，我们先了解资产负债表。资产负债表看起来很复杂，其实基本结构很简单。传统的资产负债表是左右结构的：**左边反映的是钱从哪里来的，包括负债和股东权益两个部分，右边则反映的是钱是怎么花掉的，即钱以什么样的形式作为资产沉淀下来。**但是自从有了网络和电子表格以后，为了记述的方便，资产负债表的左右结构逐渐转化成了上下结构：最上边记载的是企业的资产，中间是企业的负债，最下边才是股东权益。其基本的结构如图 2-1 所示。

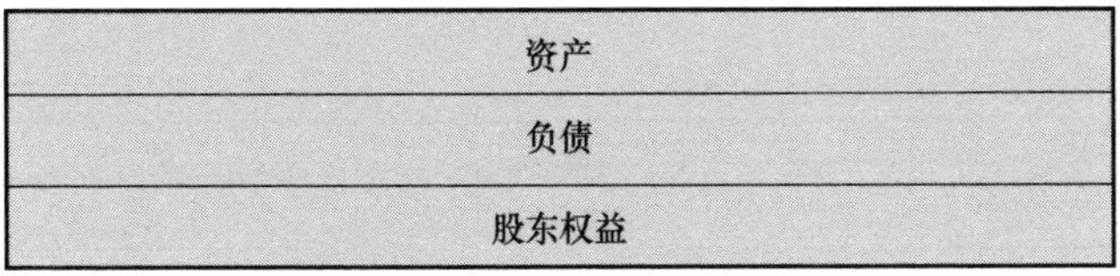

资产
负债
股东权益

图 2-1　资产负债表的结构草图

所以资产负债表的基本逻辑，又称为会计恒等式的是：**资产 = 负债+股东权益**。资产负债表从上到下有三大块：资产、负债、股东权益。从上到下，我们就把这张表格分为三大块，一块一块地切割开来看。

第二节　资产负债表的五大看点

看资产负债表如何下手？纯粹从投资者的角度，我总结出了"五看"原则，即：**一看规模、二看结构、三看异常、四看风险、五看趋势**。这五点是我们看表下手的入口，也是看表的意义和目的。

一、看规模

拿到一张资产负债表（当然，这里是特指合并报表，下同），我们先粗览一下，就能知道企业的总资产是多少，总负债是多少，总的股东权益是多少。比如劲嘉股份：2017 年资产总计为 81.24 亿元，负债总计为 14.33 亿元，所有者权益（即股东权益、净资产）为 66.91 亿元。同时，报表还给出了 2016 年底的相关数据：资产总计为 66.81 亿元，负债总计为 18.69 亿元，所有者权益为 48.12 亿元。这样表述起来，一头雾水，也看不出什么。我制作了一张小表格，看起来就形象清晰得多（见表 2-1）。

表 2-1　劲嘉股份的资产负债数据

单位：亿元

年　份	2017 年	2016 年
资产	81.24	66.81
负债	14.33	18.69
股东权益	66.91	48.12

劲嘉股份 2017 年底的资产、负债、净资产情况通过这张表就一目了然了。同时，跟 2016 年底的数据一对比，我们发现资产总计增长了 14.43 亿元（81.24-66.81），所有者权益增长了 18.79 亿元（66.91－48.12），而负债反而下降了 4.36 亿元（14.33－18.69）。资产和股东权益发生了大幅变动。

我们在上一节粗览报表时已经知道，2017 年底该企业通过定增的方式，募资 16.5 亿元。很明显，这是因为新募资金导致了上述两个数据出现大幅变动。当然，还有新增利润和当年兑现的现金分红因素的影响。但主要还是定增资金产生的影响。

上述分析过程就是看规模，资产负债表能给我们提供的第一块内容，就是看透企业的规模。

二、看结构

接下来，我们翻看资产负债表的第二大块内容——资产及其构成。我把劲嘉股份的主要资产项目罗列如下（见表 2-2）。

表 2-2　劲嘉股份的资产构成数据

单位：亿元

年　　份	2017 年	占　比	2016 年	占　比
流动资产				
货币资金	12.27	15.10%	7.86	11.76%
应收票据	1.20	1.48%	1.14	1.71%
应收账款	6.69	8.23%	8.13	12.17%
预付款项	0.11	0.14%	0.15	0.22%
应收利息	0.04	0.05%	0	0
应收股利	0.88	1.08%	0.15	0.22%
其他应收款	0.40	0.49%	0.61	0.91%
存货	7.12	8.76%	6.35	9.50%

（续）

年　份	2017 年	占　比	2016 年	占　比
其他流动资产	6.53	8.04%	0.19	0.28%
流动资产合计	35.24	43.38%	24.57	36.78%
非流动资产				
长期股权投资	10.19	12.54%	0.44	0.66%
投资性房地产	3.19	3.93%	1.61	2.41%
固定资产	16.81	20.69%	20.06	30.03%
在建工程	1.34	1.65%	2.09	3.13%
无形资产	2.93	3.61%	3.76	5.63%
商誉	9.89	12.17%	13.07	19.56%
长期待摊费用	0.28	0.34%	0.27	0.40%
递延所得税资产	0.39	0.48%	0.37	0.55%
其他非流动资产	0.98	1.21%	0.57	0.85%
非流动资产总计	46.00	56.62%	42.23	63.22%
资产总计	81.24	100%	66.81	100%

在目前会计通则下，按照转化成现金的难易程度，资产项被格式化地分成两类：**流动资产和非流动资产**。按实际功能划分，也可以把诸多资产项大致划分为**投资性资产和经营性资产**。所谓经营性资产，就是资产的功能主要用于主业的经营；所谓投资性资产，就是指企业对外进行投资、与自身经营无关的资产。

按照这个划分方法，我们可以先确定投资性资产，因为项目相对较少。汇总出投资性资产后，剩余的部分就是经营性投资。也就是说，我们先计算出投资性资产，然后用资产总额减除投资性资产就能得出经营性资产。

按上述思路，**投资性资产主要包括三大类：可供出售金融资产、持有至到期投资和长期股权投资**。说白了，凡是投资于金融市场的资产，都是投资性资产，除投资性资产之外的资产，都是经营性资产。

以劲嘉股份为例，通过看其 2017 年的资产负债表可知，可供出售资产、持有至到期投资都不存在，只有 10.19 亿元的长期股权投资。也就是说，劲嘉股份的投资性资产=可供出售资产+持有至到期投资+长期股权投资=0+0+10.19=10.19（亿元）。而经营性资产=总资产-投资性资产=81.24-10.19=71.05（亿元）。

看到这里，可能有朋友会有疑问：辛辛苦苦区分和计算投资性资产与经营性资产有什么意义呢？**意义非常大：通过计算和分析投资性资产与经营性资产，我们可以分析和判断企业的基本资产结构，通过资产结构来倒推资本的流向，从而看清企业的经营模式和盈利模式。**

在劲嘉股份 80 多亿元的总资产中，投资性资产只有 10 多亿元，约占总资产的 12.54%上下，而经营性资产约占总资产的 87.46%。这说明，劲嘉股份的主要经营重心和盈利模式在生产主业上，而不是对外投资。

我们翻翻同时期雅戈尔的财报，640 多亿元的总资产中，约有 320 亿元的投资性金融资产，显然经营的重心和盈利模式，一半在投资一半在经营。这和劲嘉股份明显不同。

按照投资性资产和经营性资产的比例不同，我们大体上可以把企业分为三类：**投资型企业、经营型企业、投资经营并重型企业。**显然，劲嘉股份属于经营型企业，而雅戈尔属于投资经营并重型企业。我国 A 股中，投资性资产明显超过经营性资产的企业还很鲜见，至少我还没有翻到过。

资产结构对企业经营者的重要性不言而喻。如果你是企业老板，通过资产结构分析，马上能知道自己公司的钱大体都流向了哪里，跟企业的经营目标和发展战略是否相符，从而可以决定加强或调整经营方向。

对我们这些二级市场的股市投资者来说，区分资产结构同样意义重大，因为经营型企业和投资型企业的股价表现，具有重大的区别。经营型企业的股价表现，更依赖于主营业绩的好坏，与金融市场行情的关联度则居次要地位。而投资型企业的股价表现，更依赖于金融市场行情的好坏。股价弹性通常很大：行情好时，盈利暴增，股价会上涨得很高，涨幅远远超过市场本身的涨幅；行情转衰，盈利骤减，股价又会下跌得很深，表现出很强的"反身性"。

我一直强调"牛市越涨越卖，熊市越跌越买"，原因就在于此。如此，对股市投资者来说，分析企业的资产结构，重要不重要？以上所述，就是**看结构**。我们可以通过看结构，来掌握企业的经营重心与盈利模式，并大致推测它的股性表现，为我们的投资决策服务。

三、看异常

看完结构之后，下面需要做的就是**看异常**。无论资产负表，还是利润表，抑或现金流量表，都有一些重要的数据和指标，需要投资者在阅读财报时，格外关注一下。那么哪些数据是我们必须关注的重点呢？请大家回看表 2-2，也就是详细统计了劲嘉股份资产明细的表格。这张表格有两个特点：一是不仅统计了 2017 年的数据，还统计了 2016 年的相关数据；二是不单纯地统计了数据，还做了同型分析。

所谓同型分析，就是拿单个项目的数据，和总数据进行对比，计算出单个数据在总量中的占比。比如，货币资金一项，2017 年为 12.27 亿元，与总资产 81.24 亿元相比，占比为 15.10%。2016 年的货币资金是 7.86 亿元，当年总资产是 66.81 亿元，占比为 11.76%。

这种统计分析就叫同型分析。同型分析的最大好处是，能比较直观地反映各项目资产在总量中的比重，从而能比较直观地让我们进行观察和比对。根据上述统计，我把劲嘉股份 2017 年占比超过5%的资产项目单独罗列如下。

（1）货币资金：12.27 亿元，占比 15.10%。

（2）应收账款：6.69 亿元，占比 8.23%。

（3）存货：7.12 亿元，占比 8.76%。

（4）长期股权投资：10.19 亿元，占比 12.54%。

（5）固定资产：16.81 亿元，占比 20.69%。

（6）商誉：9.89 亿元，占比 12.17%。

罗列出上述六项占比较大的资产后，我又粗略地将其划分为两类：一类是货币资金、长期股权投资、固定资产；另一类是应收账款、存货、商誉。**通常而言，应收账款、存货、商誉三个科目是最容易隐藏"猫腻"的地方。**而恰恰劲嘉股份这三项科目在总资产中的占比都很大，非常具有典型性——这也是我当初决定选择劲嘉股份为参照的重要原因之一。

不仅在这三个科目上，在以后的报表中，在很多关键的科目上，这家企业都非常具有典型性。我想写财报分析文章久矣，迟迟找不到一份合适的财报作为剖析的标本，无意间读到劲嘉股份 2017年的这份财报时，突然眼前一亮。原来冥冥之中，有这样一份财报在等着我——不谦虚地说——是腾腾爸之福，也是读者之福。

闲言少叙，言归正传。把上述六项资产分为两类后，我先大致观察和分析了风险相对较小的第一类资产分别是货币资金、长期股权投资和固定资产。

（1）货币资金。说白了就是现金。除了通胀因素之外，在正常环境下，没有其他损失风险。所以从这个角度上讲，企业中的现金越多越好。当然，从效率的角度讲，现金并非多多益善。因为现金过多，不及时进入经营流通，为企业赚取利润，也是一种浪费。我们看到，劲嘉股份 2017 年的货币资金比 2016 年从总量上整整多出了 4.41 亿元，增幅高达 56.11%。我们知道，2017 年公司的净利润增速并不大，这么大的增幅显然应该跟 2017 年底的定增有关——筹的资金可能还没有及时地花出去。无论怎样，钱多了不是坏事，另外还能说得清。所以没有什么好担心的。

（2）长期股权投资。在这一科目中，2017 年不仅总量高达 10.19 亿元，在资产中占比 12.54%，而且相比 2016 年的 4.37 亿元，大幅增加了 5.82 亿元。这说明，公司在 2017 年大幅增加了对外投资。

那么它投了什么项目呢，有没有风险呢？我用财报自带的搜索功能输入"长期股权投资"，向下进行搜索，最终在财报第 144～145 页中，查找到了劲嘉股份进行长期股权投资的详细名录：主要是重庆宏劲印务、重庆宏声印务、深圳华大北斗科技、贵州申仁包装印务和青岛嘉泽包装五家公司，其中贵州申仁包装印务为 2.26 亿元、深圳华大北斗科技为 0.4 亿元是新追加的投资。

从这份名录上，我们可以得到如下信息：劲嘉股份的对外投资对象都不是上市公司，都是和自己主营业务有密切关系的企业，其中新增的贵州申仁包装印务的投资，符合企业在经营探讨中交代的"向酒标业务拓展业务空间"经营方向。所以，总体上分析，它的这块资产质量还是比较有保证的，风险性不大。

（3）固定资产。固定资产通常包含厂房、机器设备等，对生产性企业来说，在资产中的占比通常不会太低。正常经营的企业，一般风险性不大。因此没有多少研究和关注的价值，有兴趣的朋友，可以自己通过搜索功能认真地研究。

第二类资产是通常认为风险最大、隐患最多的一类，下面我们分别搜索和分析。

（4）应收账款。简言之，应收账款就是企业卖出了产品，但是没有及时收回的货款，也就是俗称的"打白条""欠账"。你是做生意的，别人欠你钱多了，当然不是好事。一是占压你的款项，大家都知道，随着时间的推移，钱会越来越不值钱；二是有可能确定性地要不回来了，欠款变成了永久损失。所以应收账款多，通常不是好事。但也不是绝对，我们阅读财报的过程中，碰到这样的情况要具体情况具体分析。

劲嘉股份的应收账款，从表面上看有喜有忧。喜的是2017年底相比于2016年底，应收账款从8.13亿元下降到了6.69亿元，说明2017年要账回款的力度是比较大的。忧的是，即便如此，应收账款还是高达近7亿元，对一个年利润不及6亿元的企业来说，这个比例还是太高了。所以，我们就应高度关注它的应收账款质量。同样是用搜索功能，在财报第137页查到了应收账款的分类披露。

看表2-3最后一行左边三个框注的数字：约7.11亿元是应收账款的原值，坏账计提总体比率约为5.90%，计提损失后的账面值约为6.69亿元。也就是说，我们在资产负债表上看到的应收账款，是扣除坏账损失之后的净值。

表2-3 劲嘉股份的应收账款数据

单位：元

类别	期末余额					期初余额				
	账面余额		坏账准备		账面价值	账面余额		坏账准备		账面价值
	金额	比例	金额	计提比例		金额	比例	金额	计提比例	
按信用风险特征组合计提坏账准备的应收账款	703,875,917.37	99.05%	35,193,795.87	5.00%	668,682,121.50	856,295,738.70	98.39%	42,814,786.96	5.00%	813,480,951.74
单项金额不重大但单独计提坏账准备的应收账款	6,739,304.49	0.95%	6,739,304.49	100.00%		13,988,180.86	1.61%	13,988,180.86	100.00%	
合计	710,615,221.86	100.00%	41,933,100.36	5.90%	668,682,121.50	870,283,919.56	100.00%	56,802,967.82	6.53%	813,480,951.74

那么，管理层计提坏账的比例可靠吗？这一点，我们得看应收账款的账龄——劲嘉的财报没有公布全部款项的账龄统计，但在表2-4中，我们还是能有个大概的参考——在财报第139页中，公司公布了单笔账款最大的前五名客户的欠账数据。

表 2-4　劲嘉股份的前五大客户欠账数据

单位：元

单位名称	与本公司关系	金额	年限	占应收账款总额的比例（%）	坏账准备-年末余额
第一名公司	非关联方	88,976,111.75	1年以内	12.52	4,448,805.59
第二名公司	非关联方	60,193,493.45	1年以内	8.47	3,009,674.67
第三名公司	非合并范围内关联方	59,328,738.35	1年以内	8.35	2,966,436.92
第四名公司	非关联方	56,287,242.04	1年以内	7.92	2,814,362.10
第五名公司	非关联方	37,738,187.96	1年以内	5.31	1,886,909.40
合计		302,523,773.55		42.57	15,126,188.68

从表2-4中，我们可以得到的信息是：劲嘉股份的债务人非常集中，前五名即占了全部账款的42%以上——这和劲嘉的服务对象有关，它主要服务于各大烟草公司；前五名的欠款，账龄全部在1年以内！想一想它的服务对象，烟草公司一定是"拖而必还"的，同时，绝大部分的账款拖欠的时间都还不长。根据劲嘉股份应收账款的结构、账龄、服务对象、行业特性等综合分析，我们大致可以判断，它的应收账款多，是经营特点，质量总体较高，坏账损失不大。

这里重点提醒一下，在分析应收账款质量时，行业特性和账龄是两个关键点。同时，企业确定的计提损失比例，也要高度关注，在分析时必须紧紧围绕这三个点进行。劲嘉股份的应收账款通常单笔数额较大，账龄通常又较短，所以管理层采取的是单笔审核风险，无风险的情况下统一计提5%的损失。应该说，这还是比较中肯和可靠的，所以这里我没有展开细讲。

（5）存货。通常存货多了，不是好事。但存货有两种性质，一种是为了扩大再生产而必备的原材料、在产品、产成品；另一种是因为销售不出去而被动库压品。**所以，存货多了要警惕、要关注，但不要一棍子打死，一看存货多，就判断企业必有猫腻。**

劲嘉股份 2016 年底存货为 6.35 亿元，2017 年底存货为 7.12 亿元，在总资产中占比 8.76%。那么它的存货质量如何，风险大不大呢？我同样使用搜索功能，在财报第 143 页寻找到了劲嘉股份的存货分类（见表 2-5）。这张表很容易分析。一是劲嘉股份的存货主要分类为原材料、在产品、库存商品、周转材料、发出商品与委托加工物资六类，期末与期初数字相比，都变化不大；二是六类存货中，仅发出商品就高达 4.37 亿元，占总存货 7.37 亿元的 59.29%！

表 2-5 **2017 年劲嘉股份的存货分类**

单位：元

项目	期末余额			期初余额		
	账面余额	跌价准备	账面价值	账面余额	跌价准备	账面价值
原材料	120,329,753.29	6,010,975.98	114,318,777.31	144,047,450.36	5,868,094.39	138,179,355.97
在产品	92,191,310.31		92,191,310.31	100,815,755.10		100,815,755.10
库存商品	78,520,247.07	7,106,817.25	71,413,429.82	95,934,260.76	11,631,788.30	84,302,472.46
周转材料	988,643.26		988,643.26	2,553,399.86		2,553,399.86
发出商品	437,147,240.80	11,534,920.96	425,612,319.84	319,508,396.64	14,167,421.45	305,340,975.19
委托加工物资	7,659,210.94		7,659,210.94	3,622,308.40		3,622,308.40
合计	736,836,405.67	24,652,714.19	712,183,691.48	666,481,571.12	31,667,304.14	634,814,266.98

什么是"发出商品"呢？举个简单的例子，我是卖东西的，你是买东西的，我们商定，我在 7 月 1 日前，把商品送给你，9 月 1 日之后你付我钱，以约定中你付钱的日子作为交易完成的日子。我在 7 月 1 日把商品给你送去了，在 9 月 1 日前，按合同你还没付我钱，交易还没有完成。所以这段时间，商品虽然已经发出去了，所有权还没有转移，法律上商品还是我的，在财务报表上，我只好把它放在资产项下的存货科目中。

我为什么同意这样做呢？因为你是做烟草生意的，现金流好，我信任你顶多拖欠一段时间，一定会还钱的。大家看明白了吗，劲嘉股份的存货科目中，近60%的存货都是这类货。

它是事实上已经卖出去的，且未来很快就会带来营收的产成品，所以这类存货是不存在贬值毁损风险的。同时，其他几类存货和期初数据相比，没有任何异常，且占比不大，应是正常经营需要。所以看过劲嘉股份的存货结构后，腾腾爸马上放下了一颗悬着的心。没问题的!

(6) 商誉。商誉是在企业对外开展购并业务时产生的一个会计科目。举个简单的例子，我花100元钱买了一家企业，而这家企业账面上的资产净值是40元钱。那么购买后，在并表时为购买企业比其资产产多花出的那60元钱，就作为商誉资产存在。**商誉多了，就有巨额贬值的风险，所以商誉通常也是雷区多发地段。**

商誉的质量取决于购买资产的质量。劲嘉股份2016年底商誉为13.07亿元，2017年底为9.89亿元，本身占比较大，占总资产12.17%，又有大幅下降。我们需要重点分析。

在附注中，我们搜索到了劲嘉股份商誉原值的详细名录，在财报第151~152页中有详细记载。原值期初为13.38亿元，期末为10.20亿元，之所以有3亿元的减少，是因为在重庆宏声印务身上发生了3.18亿元的减值。

然后我继续搜索"重庆宏声印务"，在财报第48页中，看到了公司的特别交代：2017年1月4日，劲嘉股份把原有的关于重庆宏声印务的表决权委托给宏声印务的管理层，自此不再对宏声印务并表处理，改为权益法核算下的长期股权投资。也就是说，当初购买并表重庆宏声印务产生的商誉"消失"，改头换面在"长期股权投资"科目下出现。

单纯从财会上说，它是把资产从左口袋拿出来，放到了右口袋，并没有发生我们担心的减值损失。我粗审了下劲嘉购并的企业，基本上都是与本身业务紧密相连的企业，可以说是为了扩大主业经营而进行的必要购并，与市场上比较担心的多元扩张不同性质。上述分析应该是有质量保证的，但这毕竟是猜测的成分。无论如何，劲嘉的资产中有一成以上的商誉存在，这是一个减分项。

在资产项目下，还有一个科目，投资者也应该多看一下，叫**"其他应收款"，这个科目有时候会藏着大雷。**比如，公司老板把公司的钱借给其他公司使用了，因为无关乎企业的经营，所以这笔债权性资产就放在"其他应收款"里了。因为劲嘉股份的这个科目数额较小，所以我没有详细分析。有兴趣的朋友，可以自行搜索、翻查附注相关内容。

至此，我们详细看完了资产负债表的第一大块——资产部分，并在看异常中，顺带着分析了企业的部分风险。也就是在看异常中，顺带着开展了看风险的部分工作。

四、看风险

下面，我们再关注资产负债表的第二大块内容——负债部分，在资产负债表中居于中间位置（见表2-6）。

表2-6 劲嘉股份的负债结构数据

单位：亿元

年　　份	2017 年	2016 年
流动负债		
短期借款	0.10	2.96
应付票据	1.71	2.66
应付账款	6.60	6.50
预收款项	0.10	0.09
应付职工薪酬	0.67	0.59
应交税费	0.60	0.46

（续）

年　　份	2017 年	2016 年
应付股利	0.43	0.81
一年内到期的非流动负债	0	0.45
其他应付款	3.74	3.52
流动负债合计	13.95	18.04
非流动负债		
长期借款	0	0
应付债券	0	0
长期应付职工薪酬	0.15	0.15
递延收益	0.10	0.08
递延所得税负债	0.13	0.42
非流动负债合计	0.38	0.65
负债合计	14.33	18.69

　　从统计报表上看，劲嘉股份 2017 年的长期借款为 0，一年内到期的非流动负债为 0，应付债券为 0，仅有短期借款为 1000 万元，这点有息负债相对于 80 多亿元的总资产来说，略近于无。负债中应付职工薪酬、应交税费都是正常经营所致的短期负债，数量上也无异常，没有关注和分析的必要。

　　应付票据为 1.71 亿元、应付账款为 6.60 亿元。其总负债为 14.33 亿元，应付款项占了近 60%。**总体上说，应付款项尤其是应付账款多，不是坏事**。这说明企业对它的上游企业议价能力较强，在进原材料或购买印务等服务时，有较强的议价能力。对比一下前边资产项下的"应收账款"，可以看到两者在数额上基本持平。

　　看到负债部分，有一个很重要的指标可以计算出来了：**企业的负债率**。用企业的总负债除以企业的总资产。劲嘉股份的负债率为 17.64%（14.33÷81.24）。如果把应付账款部分去掉，劲嘉股份的真实负债率实际上就非常低了。

分析上述资产、负债中主要科目及其总的负债率的过程，就是所谓的**看风险**。在异常中，我们就可以寻找到风险点，并充分利用附注的解说、标注功能，一路追去，层层推进。另外，大家看到，在制作负债表时，我没有使用同型分析。那是因为对快速粗览报表者来说，完全没有必要。我们乍一看，就能看出哪个科目数据特别大，占比相对高。

在统计资产表时，我之所以使用同型分析方法，是因为初次涉及占比问题，为了把道理讲明白，所以才精确化地制作了同型表格。实际上，对大多数人来说，略微一看，哪个科目上的数字大一些，占比高一些，也是能一目了然的事。我是为了说理的需要，特别制作的。平时看财报，若非为精确分析，我也很少用计算器一个小数点、一个小数点抠。

资产负债表的最后一块——**所有者权益**——又称为股东权益，很简单，主要就四项（见表2-7）。

表2-7 劲嘉股份的所有者权益结构数据

单位：亿元

年 份	2017年	2016年
股本	14.95	13.15
资本公积	16.52	2.50
盈余公积	4.36	3.79
未分配利润	28.79	26.11
归母股东权益合计	64.49	44.94

股本来源于股东的原始投入资本，好理解，不多说。资本公积是怎么形成的呢？形成的途径主要有两条。

（1）在企业上市时，新募集的资金超过新增股本的部分。例如，企业上市，新增股份10亿股，每股3元掉卖，募资30亿元，因为股本的面值为1元，故新募来的30亿元，有10亿元计入股本，多出的 20 亿元，计入资本公积。

（2）来源于定增。例如，企业想扩张，决定通过定增的方式，再发行些新股，卖给市场。发行了 10 亿股，卖了 80 亿元。其中 10 亿元计入股本，多出的 70 亿元，计入资本公积。

由此可见，股本和资本公积都是股东出的资。而盈余公积呢，我们在本节的前半部分也讲了。企业盈利后，从盈利中提取一部分，它是用于企业扩大再生产的钱。本质上，它的来源是利润。

未分配利润，也不用多说了，顾名思义是未分配的利润，当然也来源于利润。也就是说，在所有者权益项下的四个科目中，股本和资本公积代表着股东为经营企业而投入的原始资本，而盈余公积和未分配利润，则是通过股东投入的资本实打实地赚来的钱。

由此，我们看看劲嘉股份归母股东权益共计为 64.49 亿元，盈余公积和未分配利润共计为 33.15 亿元，有一半的钱是企业通过经营赚来的。再加上长期以来的现金分红，可以说，这家企业在过去的经营中是为股东赚到了钱的。

这段话的意思是告诉大家：**看资产负债表的所有者权益这一块，是可以通过盈余公积和未分配利润在所有者权益中的占比，来毛估企业过往经营业绩的。比例占得越大，说明盈利能力越强。**比如，劲嘉股份在 2017 年底刚刚新募 16 亿元，如果去掉这部分，它的盈余公积和未分配利润在股东权益中的占比更大。

到这里，资产负债表基本上就被我们从头到尾检查完了——不过，不是"五看"资产负债表吗？还少一看呢？问得好，最后一看是**看趋势**，这里先卖个关子，我们在后边的第五章里再详解。

第三节　四步看透资产负债表

为了把事情交代清楚，本章做了许多基础知识介绍。我们实际看资产负债表时是非常简单的，无非以下四个步骤。

第一步：拿到一张资产负债表，先看看该企业的总资产、总负债、总股东权益，知道它大概的规模。

第二步：看看资产中几个主要科目的数据及质量情况，包括应收账款、存货、商誉、其他应收款。通过同型分析，看谁的占比大，就重点分析谁。答案多在附注中找，别忘了搜索功能。

第三步：负债部分就看有无长期借款、短期借款、应付账款等项，计算企业的总的负债率，分析经营中的还债风险。

第四步：计算所有者权益中盈余公积和未分配利润的占比，对企业过往的盈利能力有个大概的了解。

希望大家认真地看，我相信都能看懂。看不懂的多看两遍，一定能看懂。看懂后，我们再继续下边的内容。在下一章中，我来详解大家都很感兴趣的利润表。但在我眼里，利润表里知识点并不多，所以下一章的内容不多，也很好理解。

第三章

快速有效阅读利润表

现在我们专门介绍一下，如何快速有效阅读利润表。在切入主题之前，腾腾爸先为财报小白们普及一下利润表的基本框架。

第一节　利润表的基本框架

一、利润表的构成要素

表面上，利润表是由一堆科目和一堆数字堆砌而成的，看起来有些杂乱无章。实际上，它有着一套非常清晰简单的逻辑框架，展示了从营业收入到营业利润，从税前利润再到净利润的全过程。也就是说，它是为我们描述企业利润产生全过程的一张表。为了更直观地说明问题，我制作了一张利润表的框架简表（见表3-1）。

表3-1　利润表的框架简表

营业总收入
营业总成本 （包括营业成本、税费及附加、三项费用、研发费用、减值损失、投资收益等项）
营业利润
加：营业外收入 减：营业外支出
利润总额
减：所得税费
净利润 （包括归母净利润、少数股东权益两部分）
其他综合收益（税后净额）
综合收益总额
每股收益

上述简表包含着以下五个层层推进的公式。

（1）**营业总收入–营业总成本（并加减投资收益、汇兑收益等杂项）= 营业利润。**

（2）**营业利润+营业外收入–营业外支出=利润总额（即所谓的税前利润）。**

（3）**利润总额–所得税费=净利润。**

（4）**净利润+其他综合收益（税后净额）= 综合收益总额。**

（5）**归母净利润÷股东股数=每股收益。**

用文字描述的话就是，净利润和每股收益产生的全过程：企业的总营收减去营业的总成本，得到的就是企业的营业利润。营业利润加（减）与营业活动无关的其他收入和支出，就得到了利润总额，也就是我们平常说的税前利润。与营业活动无关的收入和支出应该好理解，比如政府的补助、来自社会上的捐赠等，或者企业对外的捐赠、行政罚款等，这些项目都能形成收入或支出。但很明显，这与营业活动无关，所以被定义为营业外收入或支出。

得到利润总额后，再扣掉企业的所得税，就得到了市场和投资者都非常关心的净利润。但我们看的是一张合并报表，所以净利润中包含着归母净利润和少数股东权益两个部分。如果企业有对外投资的话，这些投资公允价值发生的变化，还有可能带来企业利润的调整与变化。这部分变化的内容，被称为"其他综合收益"。一般的生产性企业中，这部分变动是不会太大的，所以我平时关注较少。

净利润叠加上这部分损益之后，得到的结果被称为"综合收益总额"。根据归母净利润和股东股数等数据，可以计算出每股收益。每股收益计算出来后，我们就可以根据市场报出的每股股价，为企业进行估值了。

总体上说，**从营收到净利润的过程，就是层层罗列和剥离相关费用的过程**。这个过程说起来有点儿复杂，其实在大的框架上很简单。我们把上述五个公式熟记于心，净利的产生过程就自然明白清楚了。

从（2）到（5），每个环节的科目都比较少，通过科目名称就能理解科目的内容。相对复杂一点的是从（1）到（2），因为营业总成本项下的科目相对较多，需要我们关注的点也多。为了重点说明，我把从营业总收入到营业利润的过程制作了一张表（见表3-2）。

表 3-2　营业利润的产生过程

营业总收入：
营业总成本： 其中： 　　1. 营业成本： 　　2. 税金及附加： 　　3. 销售费用： 　　4. 管理费用（包括研发费用）： 　　5. 财务费用： 　　6. 资产减值损失： 　　7. 投资收益： 　　8. 汇兑收益： 　　9. 资产处置收益：
营业利润：

营业总成本中，主要包含着表格中列示的 9 项科目，其中前五项，即营业成本、税金及附加、销售费用、管理费用（2018 年之后，研发费用从管理费用中单列出来）、财务费用，是任何企业在经营过程中都会产生的费用，我们可以称之为"必然费用"。

从第 6 项到第 9 项，即资产减值损失、投资收益、汇兑收益、资产处置收益，在经营过程中，要么不一定产生，要么产生的数额大小不定，所以不是必然产生的费用，我们可以称之为"或然费用"。如果是正数时，这几个项目是增加利润的，负数时才减少利润。

二、核心利润

我们在此引入一个重要的概念——**核心利润**，即营业总收入减去必然费用得到的利润值。公式为：

总营收-必然费用=总营收-营业成本-税金及附加-销售费用-管理费用(研发费用)-财务费用=核心利润

核心利润是由张新民教授和他的研究团队提出和推广的一个概念，其背后的支撑理念是：**企业核心的经营业务，应该带来核心的经营利润，核心的经营利润才是经营性现金流产生的根源。** 通过公式我们可以看到，**核心利润是排除了企业一切非经营性因素的影响，所产生的利润**。因为排除了一切与经营无关或关系不大的影响因素，所以核心利润是观察和分析企业经营活动质量的一个上佳指标。

我认为这个分析很有道理，所以把核心利润的概念纳入了自己的财报阅读与分析的体系中。从我个人的实践看，有效且实用。所以推荐给大家——请朋友们先记住"核心利润"的概念。

在核心利润之前，还有一个毛利润的概念，在通常的财报阅读和分析中，会经常性地用到。所谓毛利润，就是用总营收仅仅减去营业成本所得到的利润。举个例子：我们用 10 元钱进来一双袜子，15 元卖掉，15-10=5（元），这 5 元就是所谓的毛利润。毛利润和净利润还差着十万八千里，比如运费、房租费、水电费、所得税、人工费等都还没有扣除。但毛利润能最直观地体现出企业经营产品的竞争力，毛利润除以营收得到的百分比率，我们称之为毛利率。**毛利率越高，说明企业产品的创利能力越强。** 比如大家熟知的贵州茅台，毛利率可以高达 90% 以上，这就充分说明了其产品的竞争力。

在核心利润之后，包括营业利润之后的任何一个能影响最后净利润波动的项目，畸高畸低都应该引起我们的高度重视，并值得我们去认真分析一番。这句话说，看利润表时，我们如何才能确定观察和分析的重点，**即核心利润之外，任何一个项目的过大、造成净利润大增或大减，都应该引起我们的高度关注**。因为核心利润之下的费用或收入，都带有一定的"或然性"，既然是或然的，就是不可持续的——**尤其是在突然变化而增加净利润的时候，就有粉饰报表的可能。**

三、利润表的关键看点

综上，看利润表时，我们主要做以下三个方面的工作。

(1) 查看有无利润产生。有营收无利润是一件糟糕的事情，可以排雷。

(2) 计算出核心利润。核心利润不仅能表现出企业主营业务的盈利能力，还在下一步检验利润质量上具有重要作用（这一点，我们在下一篇的内容再讲）。

(3) 查看"或然科目"有无异常，并找到这种异常的原因。所有非持续性增加企业净利润的行为，都值得我们好好检验和审视一番。

介绍完基本知识，我们下面进入实战演练。

第二节　高效分析利润表

我继续以上文提到的劲嘉股份为例，为大家解读高效分析利润表的方法。表 3-3 是劲嘉股份 2016 年、2017 年财报的利润表。

表 3-3 2016 年、2017 年劲嘉股份的合并利润表数据

单位：亿元

年　份	2017 年	2016 年
营业总收入	29.45	27.77
营业总成本	22.17	21.93
其中：营业成本	16.46	16.29
税金及附加	0.42	0.37
销售费用	1.05	0.88
管理费用	3.91	4.06
财务费用	0.10	0.06
资产减值损失	0.23	0.28
投资收益	0.35	1.14
资产处置收益	0.01	0.01
其他收益	0.25	0
营业利润	7.89	6.98
加：营业外收入	0.01	0.29
减：营业外支出	0.01	0.01
利润总额	7.89	7.27
减：所得税费用	1.16	0.89
净利润	6.73	6.38
归母净利润	5.74	5.71
少数股东损益	0.98	0.67
基本每股收益	0.43	0.44

因为其他综合收益净值数额仅以万元计，我们关注的又是净利润的产生过程及其质量，所以报表中我只统计并制作到净利润生成。面对这张合并利润表，腾腾爸的分析如下。

（1）营收由 2016 年的 27.77 亿元上升到 2017 年 29.45 亿元，

升幅为 6.05%。净利润由 2016 年的 6.38 亿元上升到 2017 年的 6.73 亿元，升幅为 5.49%。给人什么印象呢？一是营收和净利都在增长，但增长不大；二是营收和净利润的增长趋势一致，似乎在从营收向净利润演化的过程中，没有异常的指标发生。无论怎么样，我们可以得出的放心结论是：劲嘉股份近两年的营收，实现了正的净利润。

（2）核心利润=营收-营业成本-税金及附加-销售费用-管理费用-财务费用=29.45-16.46-0.42-1.05-3.91-0.10=7.51（亿元）。核心利润占比=核心利润÷营业利润=7.51÷7.89×100%=95%；核心利润÷净利润=7.51÷6.73=1.12。

这两道计算说明劲嘉股份在 2017 年的经营中，95%的营业利润是由核心利润贡献的，而净利润则绝对由核心利润贡献。我们可以初步判断，利润表中的其他"或然科目"没有明显的影响——这是好的现象。

（3）根据从营收到净利润的"生成"流程，从上到下走一遍，重点检查"或然项目"。**我们应重点检查四个方面：有无重大资产减值情况、有无重大投资收益情况、有无重大资产处置情况、有无重大的营业外收支情况。**如果有，请做两方面的工作。一是把同类项目与去年乃至更之前的数据做对比，确定是否有生成的"必然性"，是否与经营特点有关，从而确定其合理性；二是用财报自带的搜索功能，搜索相关科目，追查附注明细，根据查询到的情况，再做具体的分析和判断。

通常说，资本结构中投资类资产占比大的企业，投资收益的数字相对占比会大一些。比如雅戈尔，投资收益经常与核心利润相近，甚至超越，这和它独有的经营模式和盈利模式相配。除此之外，以经营性资产为主的企业，核心利润是营业利润和净利润的产生主源，其他科目比重过大，都可视为有调节财报的嫌疑。

　　当然，我们分析查看的劲嘉股份在上述四个方面的数值都很小，在营业利润和净利润中的占比很小，所以我们没有继续深究的必要。至此，劲嘉股份的利润表就被解读完了。

第三节　看利润表的注意事项

　　利润表能够完整地展示从营业收入到净利润的产生过程，展示了其中每一个环节的费用和收入情况。这是利润表制作的逻辑基础。所以依据这个逻辑基础，我们可以详细分析利润生成过程中的异常数据，并从中发现企业有无调节或粉饰业绩数据的事实，从而帮助我们判断企业经营的质量。

　　在这个过程中，我们还引出了"核心利润"的概念。**通过核心利润与营业利润及净利润的占比，可以分析企业的经营质量。**同时，核心利润还可以与下章内容相结合，帮助我们分析企业的利润质量。

　　利润表是市场和投资者较为关注的一张表，因此也是企业财报造假的重灾区。企业的利润是否真实存在，是否为调节后的表象数字，这是投资者必须深究的问题。

　　另外，需要格外强调的一点是：**哪怕企业的利润确如财报所示，未经调节且都是由核心利润转化而来，也并不意味着企业就真赚到了钱。**为什么这样说呢？下一章，我们详解现金流量表，答案即可揭晓！

第四章

细察现金流量表

现金流量表是一张非常重要但又常常被投资小白忽视的表。在阅读财务报表的过程中，投资老手是绝对不会忽视这张看起来不显眼，但弄不好会"要人命"的重要报表的。

第一节　现金流量表为什么重要

在上一章末尾讲解如何阅读合并利润表时，腾腾爸专门谈到，哪怕利润表显示企业是有利润存在的，也并不能代表企业真的赚到了钱。这是什么意思呢？

先举个例子：假如你是开企业的，准备卖掉一批价值 1000 万元的产品，腾腾爸是到你这里来买产品的。但我手里没有现金，只是向你承诺，购买产品后，六个月内补齐剩余的货款。因为你想卖掉这批产品，又对我的诚信足够认可，于是达成了协议。在你把产品交给我的时候，产品的所有权转移到了我的身上，交易完成。这时，我获得了 1000 万元的产品，身负了 1000 万元的债务，而你付出了 1000 万元的产品，得到了 1000 万元的债权。

你在做利润表时，这 1000 万元会被正常记录为营收，去掉各种成本，最后会产生利润。但这时的利润只是纸面上的，因为你实际上还没有得到一分钱的现金！

在这个例子中，你确认营业收入的标准是：只要产品交付，交易完成，交易双方的权利义务关系确立，营收就得到了确认，能够记录到财务报表中。

这种营收确认方式，叫"**权责发生制**"。与权责发生制相对的，还有一种"**现金收付制**"——即光卖掉产品还不行，得收到现金才能确认交易完成，才能确认营收。**我们现在看到的上市公司的报表，都是采用的权责发生制。**所以，利润表虽然显示企业赚到利润了，但很可能赚的只是一个纸面上的数字，并没有真的拿到钱。

产品只往外赊欠，而不能及时地回收现金，对于企业来说，是非常危险的一件事情。我们以前说过，企业的经营就是一个从现金开始再到现金结束，并不断重复这个循环的过程。如果企业不能及时收回现金，意味着企业内原有的现金只往外流出而没有流入，这样现金早晚会用完的。历史上很多大企业的突然倒闭，就是因为企业内部的现金流枯竭了。

正因为这样，企业家经营企业时，在财务管理上，一定是"**追求有利润的营收、追求有现金的利润**"，只有实现这个目标，企业在经营上才是健康的和稳定的。企业家的经营标准，恰巧可以启发我们投资的思路。作为普通投资者，我们买股票也是买企业，我们寻找和选择的投资标的，也一定得符合这一特征和标准："**有利润的营收，有现金的利润**"。

如果只有利润而没收到现金或收到的现金不足，那么我们就说这种利润是"**没有质量的利润**"；如果又有利润又收到了现金，那么我们就说这种利润是"**有质量的利润**"。是"没有质量的利润"好呢，还是"有质量的利润"好呢？不多说，你懂的！

既然利润表只能体现出有没有利润，而无法让我们确知利润是否包含现金，那又该如何是好呢？不要着急，在看完资产负债表和利润表后，我们还得看第三张财务报表——现金流量表。在阅读现金流量表的过程中，我们就可以轻松解决"利润是否有质量"这个重要而敏感的问题。

投资者阅读企业财报，主要目的之一就是检验企业的经营质量。因为投资的过程中，会经常发生财务造假现象，所以找到造假的蛛丝马迹且及时避开雷区，就成了重中之重。

财务造假的方式方法千变万化，但再怎么造假，无非从两个方面入手：一个是资产端，另一个是盈利端。资产端造假就是虚报资产，告诉你"我多有钱"；盈利端造假就是虚报盈利能力，告诉你"我多能赚钱"。

财务造假的重灾区，一个是在资产负债表上，另一个是在利润表上。在实践中，这两张表即便没有造假，也经常存在各种各样的财务调节行为。原因有二：一是有需要，要有市场最热资产多寡和盈利能力高下等这些表面的东西；二是这两张表中的科目多，夹私藏奸方便些。

相对来说，三张报表中，现金流量表可能是最干净的一张表。企业在银行贷了多少钱，经营收入了多少钱，发行股票卖了多少钱，对外投资出了多少钱，股息收回多少钱，这些都是白花花的银子，是不太好造假的，也是不太好调剂的。尤其是放长周期看，现金流的造假几无可能，因为成本太高了，又没有多少意义。而这张相对干净的表，就成了我们检验企业财务质量相对可靠的一把标尺。

第二节　粗览现金流量表

现金流量表，是反映企业在经营管理过程中现金流入流出全貌的一张表。企业的经营管理通常包含着三个方面的活动：经营活动、投资活动、筹资活动。这三个方面的活动，都会伴随着正常的现金流入流出。

（1）在经营活动方面。把产品卖出去会得到销售收入，销售的产品价格中还包含着增值税等税收，这部分税是企业代税务机关收缴的，但首先会先流入企业；卖出产品的同时，还得采购原材料，支付工人工资，缴纳相关税款等，这样又会有一部分现金流出。

（2）在投资活动方面。企业会分为对内投资和对外投资两个部分，对内投资主要是指购建各种厂房、设备等；对外投资主要包括购买各种金融资产、股权、购并企业等。这部分主要是现金的流出。与之相对，一些用不着的厂房、设备需要处置掉，对外投资的部分，以及收到股息、处置后收到现金，又意味着现金的流入。

（3）在筹资活动方面。 现金流入的科目主要是各种债务筹资，如银行贷款、发行债券、优秀股等。另外还有股权筹资，如大家耳熟能详的新股 IPO、老股定增等。流出的方式主要是给以往债务性融资的还本付息、股权筹资的正常分红等。

表 4-1 可以简明地概括上述三种活动的现金流入流出情况。

表 4-1　企业的现金流入流出项目概要

	经营活动	投资活动	筹资活动
现金流入	销售、税收	处置资产、投资收入	债务筹资、股权筹资
现金流出	采购、人工、税收	购建、对外投资	还本付息、分红

熟悉了企业的经营活动、投资活动、筹资活动在哪些方面有现金的流入流出，我们再来了解一下一张规制的现金流量表的基本结构（见表 4-2）。

表 4-2　现金流量表的基本结构

一、经营活动产生的现金流量
经营活动现金流入
经营活动现金流出
经营活动现金流量净额
二、投资活动产生的现金流量
投资活动现金流入
投资活动现金流出
投资活动现金流量净额
三、筹资活动产生的现金流量
筹资活动现金流入
筹资活动现金流出
筹资活动现金流量净额

　　大家看，现金流量表的基本结构就如表 4-2 所示的那样简单！现金流量表总体上分为三部分，从上往下分别是经营活动的现金流量、投资活动的现金流量、筹资活动的现金流量。对于每个项目下的具体科目，大家可以在劲嘉股份的财报上找到合并现金流量表，翻查自学一下。再强调一下，本书的上篇旨在为大家提供一套阅读财报的流程和方案，除非必要的概念需要介绍之外，不会详细解读各个科目的具体含义。

　　作为投资者，要想快速阅览现金流量表，我认为首要的是抓住上表中列出的九个基础数据进行分析就行了。分别是经营活动、投资活动、筹资活动的现金流入流出及其合并净额。

　　这九个数据的组合，再加上我们自己计算出来的三项活动现金净额总值，共计十个基础数据，就可以大致为我们勾画出一张企业的基本现金流入流出脉络图。

第三节　看现金流量表的两大基础性逻辑和三大核心关键点

一、两大基础性逻辑

　　知道了框架，获得了数据，想阅读好现金流量表，我们还得知道现金流量表中蕴含的两大基础性逻辑。

　　第一个基础性逻辑：企业如果经营良好，一定的营收就会带来一定的核心利润，而一定的核心利润又会带来一定的经营性现金流。

　　也就是说，营收、核心利润和经营性现金流应该是相匹配的。**这个逻辑告诉我们，用经营性现金流净额和利润表中的核心利润相比，可以检验出核心利润的质量如何，即检验其是否为"有质量的利润"。** 通常情况下，经营性现金流净额应该大于或等于核心利润。

也就是说，经营性现金流净额与核心利润的比值越大越好，通常不应该小于1的。

在这里，腾腾爸忍不住多说几句：有些书籍没有讲到核心利润，在检测利润质量时，直接用经营性现金流净额除以净利润，得到的数值，美其名曰"净现比"或"净现值"。如果标的是经营型企业，这种方法是没多大问题的。因为我们上边讲过，经营型企业净利润的主要来源就是主业的经营。但如果是投资型企业或经营与投资并重型企业，净利润的来源主要或很大一部分极有可能就是企业的对外投资。而经营性现金流净额只包含企业的经营活动带来的现金流入，并不包含投资活动带来的现金流入。因此两者相除，比值是会严重失真的。

以雅戈尔为例，它的投资性资产每年为它带来的投资收益经常以10亿元量级计，约占净利润的40%，甚至更高。如果我们简单地用经营性现金流净额除以净利润得出的净现值，极有可能远远小于1。因为净现值小于1，而马上判定它的利润质量不好，显然是错谬的。

正因为这个原因，我才接受并引用了"核心利润"这个指标，核心利润是经营的成果，排除掉了其他所有非经营性因素的影响。引入这个指标后，我们再拿经营性现金流来检验利润质量时，才更精确和可靠。

第二个基础性逻辑：从长远看，一家健康的企业一定是只靠经营活动产生的现金流，就能支撑得起企业的投资发展。

这句话是什么意思呢？企业在生存期间，除了正常的经营管理运转，还需要对内对外进行投资，这样才能实现更好的发展。而加大投资的资金，必然来源于两个方面：一个是通过经营活动带来的现金，另一个是通过筹资活动带来的现金。筹资活动带来的现金早晚是得还的，而且在筹资过程中还会有利息、股息等筹资成本产生。所以从长期看，筹资活动带来的现金流量净额应该是趋向于0或是负数的。

因此，放长周期看，支撑企业投资和筹资成本的，一定是企业的经营性现金流。经营活动产生的现金流，相当于人类的自我造血功能。一个人如果没有自我造血功能，或者自我造血功能不强，总是需要外部的供血（对外筹资）才能支撑生存，这样的企业能是好的企业吗？

当然，一些优秀的企业在初创期，需要不断地加大对内对外投资，而经营活动又没有完全开展起来，是需要不断对外筹资的。正因为如此，我们才说判断和投资一家成长型企业时，投资成功的难度要远远大于投资一家成熟稳健型企业。但不论是成长型企业，还是成熟稳健型企业，如果企业真的优秀，只要把时间放长远一点，其经营性现金流净额总值一定可以覆盖掉投资活动造成的现金净流出总值，以及筹资成本产生的现金净流出总值。

如果经营性现金流净额总值不能实现有效覆盖，则意味着企业通过经营赚来的钱，还不能支撑企业自身生存和发展的需要。在这种情况下，企业要么停止投资，要么依赖对外筹资方能活命，这样的企业显然是难言优质的。

二、三大核心关键点

如果能明白上述两个基础性逻辑，阅读现金流量表时，我们就知道核心关键点在哪里了。

（1）通过粗览现金流量表数据，大概了解和掌握企业近两年来的现金增减情况，倒推企业的经营与投融资情况。

（2）通过经营活动现金流量净额与核心利润的比例关系，检验企业利润质量。

(3) 通过企业多年现金流量数据对比分析，检验企业长远以来的经营质量。

介绍完这些基础知识，下面我们就以劲嘉股份为例进行相应的实战分析。

第四节　现金流量表实战分析两大应用

表4-3是我根据劲嘉股份2017年度的合并现金流量表，抽出其中几个关键数据后计算和制作的，以下是我的分析。

表 4-3　2017 年劲嘉股份的现金流量数据

单位：亿元

年　　份	2017 年	2016 年
一、经营活动产生的现金流量		
现金流入小计	31.11	33.14
现金流出小计	22.91	23.96
经营活动产生的现金流量净额	8.20	9.18
二、投资活动产生的现金流量		
现金流入小计	−0.76	0.33
现金流出小计	12.25	5.48
投资活动产生的现金流量净额	−13.00	−5.15
三、筹资活动产生的现金流量		
现金流入小计	22.27	5.18
现金流出小计	12.68	7.39
筹资活动产生的现金流量净额	9.60	−2.21
现金流量净额总计	4.80	1.82

一、粗览报表

我们可以做出如下分析。

(1) 2016 年和 2017 年连续两年的经营性现金流量净额均为正数,说明企业的经营活动是实现了造血功能的。当然,从绝对值上看,2017 年的经营活动现金流量净额明显不如上一年好,少收入现金近 1 亿元。

(2) 2016 年和 2017 年连续两年实现了对外净投资,而且 2017 年对外净投资高达 13 亿元,比上一年度的投资额扩大了近 8 亿元。这说明,企业这两年的业务在持续扩张中。

(3) 2016 年的筹资活动现金流量净额是负数,说明企业主要是还本付息了。2017 年筹资活动现金流量净额近 10 亿元,这和我们上边提到的定增信息联系起来了。

(4) 2016 年企业在筹资活动现金流量净额为负的情况下,仅依靠经营活动带来的现金流量就完全覆盖了投资和经营活动带来的现金流出,而 2017 年对外净投资高达 13 亿元。企业通过经营活动和筹资活动的现金流入,也实现了对现金流出的有效覆盖,企业的现金总体上实现了净流入。

劲嘉股份给我们的基本印象是:**企业在加大对外投资力度,但总体现金充裕,经营良好,筹资功能正常。**

二、检验企业利润质量

结合上一章快速有效阅读利润表的内容,我们看到,2016 年劲嘉股份的经营活动现金流量净额为 9.18 亿元,核心利润为 6.11 亿元,两者比值为 1.5,这是非常出色的数字了。2017 年经营活动

现金流量净额为 8.20 亿元，核心利润为 7.51 亿元，两者比值约为
1.1。虽然较上年有所下降，但依然超过 1，所以其利润质量没问
题。通过上述分析，我们可以得出的结论是：劲嘉股份的经营活动
现金流超好，其营收和利润都是有现金支撑的，利润质量是绝对有
保障的。

劲嘉股份的现金流量表就分析到这了。此时有人会问，现金流
量表的关注点不是有三个吗，腾腾爸怎么才分析了前两个呢？

如果只是粗览劲嘉股份 2017 年一份年度财报的话，我们能做
的工作的确到此就结束了。但若想深入了解劲嘉股份的现金流量情
况，那还得再多看几份财报。这部分内容，我想放到后面的章节中
集中讲。下面，我们简单总结一下本章讲解的内容。

第五节　两步看透现金流量表

本章看起来篇幅很长，是不是？其实，在财报阅读中，本章的
分析内容只做了很简单的两步。

**第一步：看看和对比一下经营活动、投资活动、筹资活动现金
流量净额，分析和掌握企业的总体现金流情况，还顺带着倒推了企
业的发展战略。**

**第二步：通过经营活动现金流量净额，检测了企业营收和利润
的质量。**

就这些吗？想一想，去掉开头长长的一大堆基础知识普及，本
章的财报可不就只读了这么一点吗？

第五章

趋势与综合分析

在前边的章节中，我们布置了两项作业没有完成，现在集中统一做一下，让我们的财报阅读更完整一些。

作业一：在阅读资产负债表时，"五看"我讲完了其中的四看，即看规模、看结构、看异常、看风险，还有最后一看——看趋势——没有完成。

作业二：在阅读现金流量表时，三个观察的核心关键点，我们看完了前两项。最后一项，我提出，从长远看，优秀企业的经营活动现金流净额总值应该能够覆盖投资活动和筹资活动现金流净额总值。前文留下空缺，没有分析。

大家看到，这两项作业涉及的数据都是长期的，单凭一份财报是无法获取完整分析数据的，所以对这两项分析已经完全超过"快速而准确地阅读一份新识企业财报"的范畴，应该说是一种追索和深加工。正因为如此，我把这两项作业留待最后完成——给愿意深入学习的朋友提供一点参考。

在正式做作业之前，我再普及一点财报阅读分析方法的基础知识，方便财报小白们学习和进阶。

第一节　财报分析的三种基本方法

在财报的阅读过程中，必然伴随着对财报数据进行各种各样的分析，而对财报数据进行分析，有三种基本的方法。

一、同型分析

在阅读资产负债表时，我们专门介绍并实战使用过同型分析的方法。这种方法主要用于资产负债表和利润表的阅读和分析。其好处是，能清晰反映各个科目在总资产、总负债或总营收中所占的比例，从而方便分析资产负债结构和利润生成过程。我们可以通过比例的绝对量和变化量，来寻找和分析关注的重点、疑点。

二、趋势分析

简单地说，趋势分析就是把自己关心的指标和多年来的数据搜集起来，通过连续的数据变化来分析整体趋势。企业的生产和股价的变动不同，股价可以时时刻刻发生变化，因为受外部和宏观因素的影响，股价的中短期趋势随时可能发生颠覆性变化，但是企业的生产是一个持续的长期的过程，一旦形成某种趋势，在短时间内往往是很难发生逆转的。

所以我们利用这个特点，通过多年的数据趋势分析，可以对分析和判断企业未来的经营状况提供思路和途径。趋势分析应用比较广泛，可以说财报上的任何一个数据都可以进行趋势分析。如果你认为有必要的话，你就可以做这方面的功课。

三、对比分析

也有人称对比分析为同类分析。顾名思义，就是在相关联的不同标的间进行对比分析。主要是用于行业与行业或同行业内的不同企业做对比分析。比如，我看上了 A 企业，为了更好地分析它的竞争力，我应该拿 A 企业去和它的竞争对手 B 企业进行对比，从而发现 A 企业的优势和劣势。

这三种分析是基本的分析方法，在实际运用中，经常交互使用。比如，在对 A 企业的资产负债表做同型分析时，我们还可以同时对它的竞争对手 B 企业的资产负债表做对比分析。既同型，又对比。

同样，在进行趋势分析时，我们也可以配合做对比分析。比如，我们在对 A 企业的营收进行趋势分析时，同时统计出 B 企业的营收趋势，将两家企业的营收趋势进行同类对比，从而得出谁的经营趋势更好。

阅读企业财报时，我个人的喜好是：**在排查数据异常和风险时，我喜欢用同型分析；在分析总体经营情况时，我喜欢用趋势分析；在分析企业投资价值时，我喜欢用同类分析。**

当然，这三种分析方法混合使用是必然的，而且分析得越精细，混合方法使用就越多。基础知识介绍完毕，下面开始做作业。

第二节　总体经营趋势分析

我们先做第一项作业，看劲嘉股份的经营趋势（见表 5-1）。

表 5-1　劲嘉股份的经营数据

单位：亿元

年份	2007年	2008年	2009年	2010年	2011年	2012年	2013年	2014年	2015年	2016年	2017年	复合增速
营收	14.58	19.08	21.54	20.24	23.00	21.52	21.37	23.23	27.20	27.77	29.45	7.28%
归母净利	1.66	2.24	3.27	3.03	3.89	4.33	4.77	5.78	7.21	5.71	5.74	13.21%
经营现金	1.91	4.70	3.71	3.73	6.49	6.77	4.98	7.17	8.00	9.18	8.20	15.69%
总资产	27.85	37.56	37.21	37.33	34.65	43.15	45.07	47.38	53.65	66.81	81.24	11.30%
归母净资产	17.73	17.42	19.12	19.57	20.56	23.67	29.31	34.68	41.47	44.94	64.49	13.78%

我主要选取了营业收入、归母净利润、经营活动现金流量净额、总资产和归母净资产五项主要数据。劲嘉股份是 2007 年上市的，从 2007 年底到 2017 年底，恰好经历了 10 年。正常的情况下，

10 年的数据是比较有说服力的。在股市上，10 年时间通常能穿越两次牛熊转换行情。在企业经营上，10 年时间通常也可以抚平某一年（某一次）经营失误或受到外部因素冲击风险。

在对企业进行趋势分析时，我喜欢用 5 年或 10 年的数据进行分析对比。时间太短，说明不了什么问题；时间太长，又有可能因企业的经营环境、经营业务变化太剧烈而失去分析意义。关注腾腾爸久一点的朋友，应该能发现腾腾爸这个习惯的。

从表 5-1 上看，劲嘉股份的主要经营数据有以下五个方面。

（1）营收。 从 2007 年的 14.58 亿元，上升到 2017 年的 29.45 亿元，10 年增长 102%，年化复合增速为 7.28%。

（2）归母净利润。 从 2007 年的 1.66 亿元，上升到 2017 年的 5.74 亿元，10 年增长 246%，年化复合增速为 13.21%。

（3）经营活动现金流量净额。 从 2007 年的 1.91 亿元，上升到 2017 年 8.20 亿元，10 年增长 329%，年化复合增速为 15.69%。

（4）总资产。 从 2007 年底的 27.85 亿元，上升到 2017 年底的 81.24 亿元，10 年增长 192%，年化复合增速为 11.30%。

（5）归母净资产。 从 2007 年底的 17.73 亿元，上升到 2017 年底的 64.49 亿元，10 年增长 264%，年化复合增速为 13.78%。

下面是我对劲嘉股份经营趋势的具体分析。

（1）五项数据都在增长，趋势一致。这说明，这家企业最近 10 年总体上实现了稳定的增长和稳定的经营。

（2）这 10 年间，无论营收、净利，还是资产，都以进二退一的方式在发展。它显然不属于那种一帆风顺的成长型企业。它的这种特性决定了在中短期的时限内，投资者经常陷入郁闷的境地：看着前两年增长不错就买了，结果接下来一两年的经营再次陷入停滞，股价表现自然不会多好，投资者的感受自然不佳。所以我分析在二级市场上，能长期持有它 10 年的投资者不会太多。

（3）在这五项数据中，营收增长最差，和其余四项的增长完全不在一个量级上，而这样的数据持续了10年。这说明，企业所处的行业不仅是利基行业，而且还是个相对成熟型的行业，没有大发展的前景。企业的利润增长靠什么？靠净利率的提升，靠管理上的费用紧缩。通常来讲，这两项的空间都是有限的。

考虑到这一点，大家就能理解我在前文提到的，管理层对企业未来战略的规划为什么是"大包装+大健康"了。因为，它原有的主业——烟标——发展空间太有限了。

（4）年化10%以上的复合增长率，不算太高，但也不算很低。对股市和长期投资者来说，长期的投资收益也就7%~8%而已。如果劲嘉股份的增长率中扣除通胀的因素，实际复合增长率也就在8%~12%。也就是说，它对股东们的回报率，是超过了股市的长期投资回报率的。当然，它是勉强超过的。这一点很重要，因为它意味着不同类型的投资者对劲嘉股份的选择是不同的。这一点对我们最后分析劲嘉股份的投资价值非常重要。

（5）无论数据高低、好坏，有一点是可以肯定的，劲嘉股份不是一只泡沫股，也不是一只概念股，更不是一只喜欢吹牛的股票。"大健康"的口号喊了三年，但没有一点实质性的举措，你可以把这条信息解读成管理层光说不干，也可以解读成管理层的保守和务实：跨行业发展，谈何容易？所以在没有好项目的情况下，宁可不动。

这对企业经营来说，难道不是好事情吗？这与灵光一闪，想立马进军新能源领域，方案被否决后对一众股东破口大骂，以及心血来潮、大手一挥，声言进军芯片业，说不分红立马就不分红的某企业领导人相比，劲嘉股份的管理层，至少还是负责任的。所以这样一想，陡生几分对劲嘉股份管理层的好感。

劲嘉股份在"大健康"行业上无建树，但这两年在"大包装"行业颇有建树。多起对外投资，涉及十几亿元的金额，从烟标往酒标上的延伸。这种在原有产业链上的上下延伸，反而让我放心一点，看好一点。所以，该企业未来的业绩增长，有赖于"大包装"行业的布局和发展。

上面五条，既是分析，又是结论。总体基调是：**利基行业，稳定经营，给股东和投资者能够提供稳定的投资回报，但因增长空间受限，企业正在努力突破中**。

第三节　对现金流量的总体分析

有增长，当然是好事，但增长是否有质量，这更是一件要紧的事。所以，我们做第二项作业——考察一下企业的总体现金流量！以下是我统计的劲嘉股份10年来的现金流量情况（见表5-2）。

表5-2　2007—2017年劲嘉股份的现金流整体情况

单位：亿元

年　份	经营活动现金流量净额	投资活动现金流量净额	筹资活动现金流量净额	现金流量净额总值
2007年	1.91	-2.56	11.70	11.05
2008年	4.70	-6.82	-1.78	-3.90
2009年	3.71	-3.63	-1.13	-1.05
2010年	3.73	-1.99	-2.06	-0.32
2011年	6.49	-1.43	-3.79	1.27
2012年	6.77	-8.90	-0.93	-3.06
2013年	4.98	-4.57	-1.11	-0.70
2014年	7.17	-0.61	-5.51	1.05
2015年	8.00	-4.44	-4.28	-0.72
2016年	9.18	-5.15	-2.21	1.82
2017年	8.20	-13.00	9.60	4.8
总计	64.84	-53.10	-1.50	10.24

注：现金流量净额总值的计算结果以该表中的经营活动、投资活动和筹资活动现金流量净额数据得出。

我再重复一遍，看现金流量表，有一个基本的逻辑：**从长远看，一家优秀的企业，经营活动带来的现金流量净额是应该能够覆盖投资活动和筹资活动带来的现金净流出总和。**反之，如果一家企业，长期的经营活动现金流量净额总值小于投资和筹资现金流量净额总值，则极有可能不是一家优秀的企业。

我们用这个逻辑来检验企业质量时，一定要把握住两个要点：一是长期，二是非初创型企业。路遥知马力，所以得长期；初创型企业通常投入多，回报少，所以一定得是非初创型企业。当然，如果我们坚持长期原则，则一定会排除初创型企业。如果一家企业10年的经营数据还弥补不了初创时的投入，企业管理层还在强调，我们现在处于初创期，那这家企业的初创期也太长了吧？其中的不确定性因素是非常大的，保守的投资者同样是需要回避的。

劲嘉股份显然已经度过了初创期，10年间的数据足以说明一些问题，所以表5-2值得我们深入分析。

（1）在2007—2017年，劲嘉股份10年间每年的投资现金流量净额都是负数，这说明企业一直处于对外净投资中。

（2）同样在这10年间，劲嘉股份的筹资活动现金流量净额只有在2007年和2017年是正数，其余皆为负数。这是因为企业只在这两年对股东进行了较大规模的股权筹资，2007年是因为刚上市有新股发行，2017年是进行了1.8亿股的定增。其余年份，企业都是通过债务性筹资的方式进行经营。10年间，总体上为筹资向外支付了1.5亿元的成本。这些成本包括股息、利息等。

我之前也讲过，从长期的角度看，任何一家企业的筹资现金流量净额一定会趋向于0或负数。原因很简单，不论企业从哪里借来的钱，都要还本付息，而那些总是向股东定向筹资的企业，一定得引起大家的重视。

（3）这10年间，劲嘉股份通过经营带来的现金流量净额总值是 64.84 亿元，对外投资现金流量总额是 53.10 亿元，为筹资付出的总成本是 1.50 亿元，53.10+1.50=54.60（亿元），64.84-54.60=10.24（亿元）。

经营现金完全覆盖了投资现金和筹资成本。这说明，虽然劲嘉股份在这 10 年间不停地向外投资，也担负了全部的筹资成本，但仅仅依靠自身的经营，就完全能够支撑。也就是说，**劲嘉股份的增长，是一种货真价实的内生性增长**！

第四节　趋势与综合分析的两项工作

在本章中，我们主要做了什么工作呢？其实就两项。

（1）统计了过去 10 年劲嘉股份的主要经营数据，从中分析它的经营特点和经营趋势。

（2）分析了过去 10 年劲嘉股份的现金流量数据，判断劲嘉股份的真实增长质量。

到目前为止，劲嘉股份的三张财务报表我们就阅读和分析完了。我们基本上完成了阅读财报的第二项大的任务：分析和判断这家企业的经营状况（品质）如何。

下面，我们就得为完成第三项任务而努力了——**第三项任务是：这家企业的投资价值如何**？投资者辛辛苦苦阅读财报，最终的目的不就是为了给自己的投资提供一定的参考吗？所以第三项任务，估计是大家最关心的问题。

第六章

企业的投资价值分析

知道了企业是干什么的，又知道了企业的品质如何，阅读财报所要完成的第三大任务——**这家企业的投资价值如何**——就摆在了我们面前。

巴菲特也说过，股票投资者只要做好两件事就行了：一是学会为企业估值，二是正确面对市场波动。我们还是以劲嘉股份为例，详解我在阅读财报中如何分析和确定投资价值。

第一节　为企业画张总像

通过前边的财报阅读和分析，我们初步了解了劲嘉股份的总体经营情况，据此可以为企业画张总像了。以下是我 2018 年 8 月初读劲嘉股份的财报后，从"确定性"和"不确定性"两个方面来为劲嘉股份画的总像。

一、确定性

（1）身处利基行业，经营范围专注而单一，盈利模式较为成熟，未来实现稳定经营和稳定盈利较有保证。

（2）"营收有利润，利润有现金"，经营和利润质量有保证。多年来的经营活动现金流基本上可以覆盖投资和经营发展的需要，是家货真价实的现金奶牛型企业。

（3）多年来保持了良好的分红记录——这从侧面印证了（2）——未来大概率可以保持，甚至提高目前的分红能力和分红水平。

（4）企业多年来一直坚持投资、坚持成长，在发展瓶颈已现的利基行业里寻求扩张和突破。目前在"大包装"板块有布局、有期待，在"大健康"板块有意愿，但目前还处在画饼阶段。

（5）保守估计，未来营收、净利、净资产等主要财务指标，大概率会维持在10%上下的复合增长。

二、不确定性

（1）主业为烟标，企业经营状况受制于烟草行业的景气度。前几年增长缓慢，概因受烟草行业不景气因素影响。目前烟草行业有回暖迹象，对劲嘉股份经营的影响是正面的。劲嘉股份2018年的一季报和半年报中，营收及净利均获得了较好的增长，反映了烟草行业回暖的迹象。但这种增长能否持续，有待观察。

（2）酒标行业的布局能否带动整体业务实现突破，有待观察。"大健康"行业有意向、无布局，管理层如何运作，充满不确定性。

（3）商誉相对总资产占比不低，商誉是否会产生减值损失，不确定。

（4）市场普遍对劲嘉未来2~3年的增长充满乐观情绪，通常做出20%，甚至更高的年复合增长率预期。基于"确定性"的综合分析，对劲嘉股份中长期的增长预期，腾腾爸给以不确定性的评判。

我们在阅读和分析财报时，既要看到企业优秀的一面，也要看到企业存在问题的一面。只有这样，我们才能尽量客观地看到一个相对全面的企业。股市投资在绝大多数时候，都是在进行确定性与不确定性的权衡和选择。

从我最初阅读和分析劲嘉股份的财报，到写作本书时为止，四年多时间过去了。我们看到，劲嘉股份的营收从2017年的29.45亿元，增加到2021年的50.67亿元，增幅约72.05%，年化增长率约14.53%；归母净利润从2017年的5.74亿元，增加到2021年的

10.20 亿元，增幅约 77.70%，年化增长率约 15.46%。

这些数据比腾腾爸当时保守预估的 10% 要好，比当初机构们预估的 20% 以上要差。从 2022 年已经公布的三季度报告看，其业绩有暂时停滞，甚至倒退的迹象。把 2022 年的因素考虑进去，其最近五年来的营收及净利润年化增长率，大约会向 10% 靠近，与腾腾爸的预估值相近。

经过四年多发展后，烟标依然是劲嘉股份的主业，约占总营收的 80%，但新型烟草行业（电子烟）开始初具规模，对总营收占比从无到有，目前已近 7%。这可能就是企业当初规划的"大健康"方向。企业维持了稳定的现金分红水平，并在整体上稳步提升。

总体来看，该企业获得了稳定的发展，表现与我当年分析与预期的基本一致。

第二节　估值分析

2018 年 8 月 14 日，我以当日收盘价为基准，对劲嘉股份的估值与投资价值进行了简单的分析：公司市值约 112.86 亿元，2017 年净利润为 5.74 亿元，净资产为 64.49 亿元，相对静态市盈率（PE）约为 19.66 倍，静态市净率（PB）估值约为 1.75 倍。结合 2018 年上半年业绩数据，上半年实现净利润 3.6 亿元，简单粗暴点，乘以 2，全年净利润约 7.2 亿元，相对动态估值约 15.7 倍。想一想，从长期投资的角度来看，投资收益率是多少？

7%~8% 的收益率，相对应的市盈率大约就是 15 倍。也就是说，15 倍的市盈率估值，是投资能否达到平均长期投资收益率的平衡点。用动态估值的话，劲嘉股份勉强达标。

最后得出的结论：当时的劲嘉股份，**不贵，但也不便宜**。如果能在当时估值基础上再下降 20%，也就是把静态 PE 估值降低到 15 倍左右，把动态 PE 估值下降到 13 倍左右，总市值达到 90 亿元左右，该股票就具有了一定的安全边际，那时就是一个不错的买入区间。

这种估值分析是从盈利端开展和进行的，相对简单和直观。朋友们可以根据拙著《一本书看透 A 股》中提供的估值方法为劲嘉股份进行估值。基本结论是一致的。

自 2018 年分析之后，劲嘉股份的市值最低跌破过 100 亿元，然后长期在 150 亿元上下徘徊。在 2021 年底至 2022 年初，其市值最高上冲到 270 多亿元的水平（见图 6-1）。

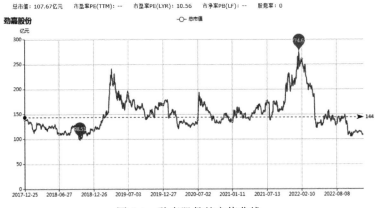

图 6-1　劲嘉股份的市值曲线

在 2023 年初写作此书时，劲嘉股份的总市值为 107 亿元。但经营业绩相比 2018 年时，已经增长 70% 以上。换言之，现在的劲嘉股份比 2018 年中还要被低估。那么现在的劲嘉股份到底能不能买呢？这个问题，需要我们进行辩证思考。

第三节　确定投资的"三步走"策略

经常有网友问我："腾腾爸，你看这只股票能不能买？"每每遇到这样的问题，我都哭笑不得。同样一只股票，能不能买，对不同的投资者来说，答案是不同的。决定自己能不能买一只股票，通常要靠"三步走"策略才能实现。

一、确定自己的收益率目标

我们的收益率目标是想年化 10% 以上，还是年化 20% 以上，甚至更高？刚才讲到，长期收益率在 7%～8% 是符合投资规律的，且更容易实现。如果考虑到每年 2%～3% 的长期通胀因素（这个数字也是世界各国近一两百年长期通胀率的统计结果，有统计学意义），投资者把长期投资收益率定在 10% 上下是科学和理性的。

达到 20% 的收益率，那就是"股神级"水平了。但是在中国这个新兴的市场里，投资者的投资预期普遍较高，大家都认为自己会是"股神级"的。所以原本不是问题的问题，现在就成了问题。你究竟预期自己的长期收益率是多少呢？这个问题，还真得好好想想。

二、分析和观察标的能否达到自己的预期

这一步就是我们阅读和分析财报的过程。以劲嘉股份为例，我们通过上述分析认为：长期而言，其营收及净利年复合增长率处在 10%～15% 的可能性极大；而短期内（三两年内），实现更高增长

（年化复合增长 20%或以上）也有可能，但不确定性也高。

三、对比分析

即用自己设定的收益率目标和标的最有可能达到的收益率进行对比，从而确定标的是否适合自己投资。以劲嘉股份为例：**如果我安然接受长期 10%上下的投资收益率，那么它就是我的菜；如果我想追求更高的长期投资收益率，那么它就不是能让我放心投资的标的。**

这段论述是想告诉大家两点：一是以后不要随便问别人，某某股票能买吗？这个问题，别人很难回答（如果你问的那个人足够负责的话）；二是能不能买，通过上边"三步走"策略进行分析，是可以自己做出决定的。

第四节　实战操作建议

我们分析劲嘉股份，能给出的最终的操作建议是什么呢？

（1）这不是一只垃圾股，也不是一只泡沫股，有充实的现金流支撑，有适当的长期投资回报，可以纳入稳健投资者关注的篮子。

（2）如果能够接受它的长期投资回报率，现在就可以把它放入自己的股票组合。但我建议：最多不能超过 10%的仓位。

为什么只给 10%的仓位呢？我认为，虽然劲嘉股份整体表现不错，但还不是一个特别优秀的标的。在目前的 A 股市场上，这样的标的还有很多，我们应该努力去寻找更优秀的标的！

中 篇

——

用财报中的关键指标选择企业

第七章

资产负债表中的关键指标

第一节　各式各样的资产

资产负债表从总体结构上看共分**资产、负债和所有者权益（即净资产）三个部分。看资产，解决的是企业的钱都往哪里放的问题；看负债和所有者权益，解决的是企业的钱从哪里来的问题。**

我们随便找到一家企业的资产负债表打开一看，大大小小科目几十项，让人眼花缭乱。其实，资产负债表看起来很复杂，实际上很简单。

一、资产的划分

股东出了资（净资产），企业融了资（负债），这些钱都怎么用？你要是企业管理者，也会这样干：先拿去搞经营，多余的钱也不能闲着，可以拿去投资。**所以，企业的资产大致就放在两个领域：经营领域和投资领域。**放在经营领域里的钱，我们就叫"**经营性资产**"；放在投资领域里的钱，我们就叫"**投资性资产**"。即：**总资产＝经营性资产+投资性资产。**

这种分法跟资产负债表中的"流动资产"和"非流动资产"的分类有所不同。不要大惊小怪，资产还是那些资产，只是分类的标准不同而已。流动资产与非流动资产是依据资产兑换成现金的难易程度进行划分的，经营性资产与投资性资产是依据资产的经营性质进行划分的。我把企业的资产按经营性质进行区分，是为了更深入地分析和理解企业。

具体怎么区分经营性资产与投资性资产呢？**这里，我给大家介绍一个小窍门：投资性资产在科目名称上，经常会带上"投资"或**

"金融"之类的字眼，相对好区分和辨别。所以在进行资产划分时，我们可先找出资产科目中的投资科目，剩下的基本上就可以归类于经营性资产了。

二、投资性资产

这里我不再做具体的科目名称解释，不懂的科目名称的话建议去百度搜，这里只给方法和路径。企业资产中属于投资性资产的，主要集中在以下 12 个科目。

（1）交易性金融资产。

（2）以公允价值计量且其变动计入当期损益的金融资产。

（3）衍生金融资产。

（4）持有待售资产。

（5）买入返售金融资产。

（6）债权投资。

（7）可供出售金融资产。

（8）其他债权投资。

（9）持有至到期投资。

（10）长期股权投资。

（11）其他权益工具投资。

（12）其他非流动金融资产。

前文讲了，在企业的资产负债表中，资产按照兑换成现金的难易程度分为流动资产和非流动资产，在具体列支时，从易到难，逐一拉项。所以，我上边列支投资性资产时，基本上就遵循着会计惯例，按它们在具体的资产负债表上出现的顺序排列。

乍一看，这 12 个科目数量不小，实际上最重要的，通常是（1）（7）（9）（10）四个大项，即交易性金融资产、可供出售金融资产、持有至到期投资、长期股权投资。

三、经营性资产

经营性资产主要包括货币资金、应收票据、应收账款、存货、固定资产、无形资产、预付款项、投资性房地产、在建工程等。科目繁多，且不止于上述列出的科目。如上文所述，理论上讲，总资产中去掉投资性资产，剩下的都可以归属于经营性资产。这里特别说明四点。

1. 货币资金

货币资金既可用于经营，又可用于投资。我们把它放在经营性资产，或者放在投资性资产，都没有太大的问题。而它的体量通常又比较大，放到哪一块都会影响甚重，所以可以单独列支。

2. 其他流动资产

其他流动资产通常包含着银行理财项目。从本质上讲，银行理财也是一种对外投资，但它的根本目的还是盘活账上现金，提高现金使用效率，在急用现金时，可马上兑现。所以，我们通常把其他流动资产和货币资金加在一块，当成"现金和现金等价物"看待。

3. 投资性房地产

投资性房地产的归属经常引发争议。实践中，投资性房地产通常附属于主营业务，所以习惯上会把它列为企业非主营业务范围内的经营性资产，而不是把它当成投资性资产。当然，如果有朋友就是要把它当成投资性资产，那也未尝不可。对一般的生产经营型企业来说，这个科目的数值通常都不会太大。如果数值太大的话，还是得具体问题具体分析，最好还是遵从传统归类习惯。

4. 预付款项

在合并报表中，预付款项代表着整个企业集团在生产经营时，对上下游渠道预先支付的款项，因而预付款项属于经营性资产。在母公司报表中，它既包含着母公司对子公司的预付款，又包含着对子公司外的上下游渠道的预付款。其中对子公司的预付款是母公司对子公司的资源性支持，具有投资的性质。所以对子公司支持的这一部分，应该列入母公司对子公司的"控制性投资"。这一点，理解起来稍微有一点困难。大家不要急，先把困难放在这，我们下面讲控制性投资时再详解。

四、重点关注两种资产的比重

企业成立的目的，主要是为了生产经营。正常情况下，经营性资产在总资产中占有主要位置。但是有些企业投资做得很好，投资性资产逐渐在总资产中占主要位置。就像腾腾爸，以前主要靠工资吃饭，省下的余钱才用来投资，但投着投着，股市带给我的流动性收入（主要指股息）就远远超过了工资。以前我的资产主要是来自工资，现在除了工资，还有股票。

因此，通过分析投资性资产和经营性资产在总资产中的占比，我们可以从中推测和判断出企业的发展战略、经营状况。根据资产结构的不同，我们也可以把企业划分为经营型企业、投资型企业和经营投资并重型企业。

下面我们以格力电器为例进行分析。2019 年格力电器的投资性资产总计 150.56 亿元，对应 2829.72 亿元的总资产，占比仅为 5.32%。总资产中，去掉投资性资产，剩下的就是经营性资产。按这个基本原则推算，格力的经营性资产对总资产占比高达近95%（见表7-1）。

表 7-1　格力电器的投资性资产数据

单位：亿元

年　　份	2019 年	2018 年
交易性金融资产	9.55	0
以公允价值计量且其变动计入当期损益的金融资产	0	10.12
衍生金融资产	0.92	1.70
持有待售资产	0	0
买入返售金融资产	0	0
债权投资	0	0
可供出售金融资产	0	22.16
其他债权投资	2.97	0
持有至到期投资	0	0
长期股权投资	70.64	22.51
其他权益工具投资	46.45	0
其他非流动金融资产	20.03	0
总计（1）	150.56	56.49
总资产（2）	2829.72	2512.34
对总资产占比（1）/（2）	5.32%	2.25%

哪怕是在经营性资产中，去除1200多亿元的货币资金，格力电器2019年经营性资产对总资产的占比也高达50%以上，远远高于投资性资产5.32%的占比。所以，不论用哪种算法，我们都可以确定，格力电器是一家专注于生产经营的经营型企业。

我们用同样的道理、逻辑和标尺来测算美的集团后可以发现，其2019年的投资性资产与总资产相比，仅占1.93%，因此美的集团也是一家以生产经营为主导的经营型企业（见表7-2）。

表 7-2 美的集团的投资性资产数据

单位：亿元

年　份	2019 年	2018 年
交易性金融资产	10.87	0
以公允价值计量且其变动计入当期损益的金融资产	0	0
衍生金融资产	1.97	2.20
持有待售资产	0	0
买入返售金融资产	0	0
债权投资	0	0
可供出售金融资产	0	19.07
其他债权投资	0	0
持有至到期投资	0	0
长期股权投资	27.91	27.13
其他权益工具投资	0	0
其他非流动金融资产	17.50	0
总计（1）	58.25	48.40
总资产（2）	3019.55	2637.01
对总资产占比（1）/（2）	1.93%	1.84%

我们再来看看雅戈尔。在 2019 年的总资产中，雅戈尔的投资性资产占比高达 42.59%。而资产负债表中还有 110 多亿元的货币资金，把这块去掉的话，经营性资产对总资产的占比跟投资性资产的占比，大体相当（见表 7-3）。也就是说，在资产配置上，雅戈尔基本上属于投资与经营并重型企业了。

表 7-3 雅戈尔的投资性资产数据

单位：亿元

年　份	2019 年	2018 年
交易性金融资产	32.18	0
以公允价值计量且其变动计入当期损益的金融资产	0	29.71

（续）

年　　份	2019 年	2018 年
衍生金融资产	0	0
持有待售资产	14.29	0
买入返售金融资产	0	0
债权投资	0	0
可供出售金融资产	0	204.49
其他债权投资	0	0
持有至到期投资	0	0
长期股权投资	151.73	133.08
其他权益工具投资	136.94	0
其他非流动金融资产	8.39	0
总计（1）	343.53	367.28
总资产（2）	806.61	756.12
对总资产占比（1）／（2）	42.59%	48.57%

　　我还统计了保利发展 2018 年和 2019 年的投资性资产，保利发展投资性资产对总资产占比大约在 6%（见表 7-4），也是典型的经营型企业。

表 7-4　保利发展的投资性资产数据

单位：亿元

年　　份	2019 年	2018 年
交易性金融资产	0.73	0
以公允价值计量且其变动计入当期损益的金融资产	0	0
衍生金融资产	2.76	3.87
持有待售资产	0	0
买入返售金融资产	0	0
债权投资	0	0

（续）

年　　份	2019 年	2018 年
可供出售金融资产	0	16.28
其他债权投资	0	0
持有至到期投资	0	0
长期股权投资	590.46	484.89
其他权益工具投资	3.30	0
其他非流动金融资产	27.80	0
总计（1）	625.05	505.04
总资产（2）	10332.09	8464.94
对总资产占比（1）／（2）	6.05%	5.97%

　　大家看，通过区分和归纳投资性资产与经营性资产，企业的经营状况和发展战略，是不是有很清晰的展示？当然，区分资产类别和结构的作用不仅于此，对它的意义和作用，下文我们还会再专门详细分析。

五、控制性资产

1. 控制性资产的由来

　　下面再给大家讲讲**"控制性资产"**。上市公司通常都是集团化经营和管理的，母公司之下再设立控股、合伙、联营、参股等子公司。这样整个上市公司就会有母公司和子公司之别，体现在财务报表上，就会有合并报表和母公司报表之分。

　　母公司为什么会对其子公司有或多或少的管理和控制权限呢？当然是因为投资。我投资于你，你那里有我的股份，我当然得享受你那里的部分或全部权益。所以，母公司对子公司的投资资产，我们就称之为"控制性资产"。

2. 控制性资产在资产负债表中的体现

母公司会通过哪些渠道对子公司进行投资呢？

（1）直接进行股权投资。这点好理解，对应的就是"**长期股权投资**"科目。母公司对子公司有长期股权投资，子公司对外也可能有长期股权投资，所以母公司的长期股权投资比合并报表中长期股权投资多出的部分，就是母公司对子公司的股权投资。

（2）通过给子公司借款支持。母公司给子公司借款使用，通常记账在母公司的"**其他应收款**"里。同理，子公司也可能往集团外的公司借款使用，所以母公司的其他应收款比合并报表其他应收款多出的部分，就是母公司通过"其他应收款"科目给子公司提供的资源性支持。这部分资产，本质上也是投资性资产。

（3）在经营活动中，给予子公司支持。母公司买子公司的产品，这就是支持。但买产品这种支持，还算不上真正的投资性支持。那怎么才叫投资性支持呢？买你的产品，多给你一笔预付款——本来想买你2件产品，结果先付给你10件产品的款项，多预付给你的8件产品款项，不就是对你的支持吗？所以，母公司的**预付款项**比合并报表预付款项多的部分，也是母公司对子公司的投资性资产。

（4）其他流动资产。"其他流动资产"的概念在此不再赘述。我们要知道：母公司的其他流动资产比合并报表中其他流动资产多的部分，也是母公司对子公司的投资性资产。

（5）其他非流动资产。这个科目通常比较小，但包含的具体内容比较杂乱。属于非流动资产，但在非流动资产科目上没有列支的内容，都可以往这里装。比如预付采购款、预付工程款、预付土地款、特别许可储备物资，甚至冻结的存款、冻结的物资、诉讼涉及的财产等。这些资产最后都可放进"其他非流动资产"这个筐里。

母公司同样可以通过这个科目，对子公司进行投资性资产配置。

综上，母公司对子公司的投资性资产，主要体现在长期股权投资、其他应收款、预付款项、其他流动资产、其他非流动资产。根据兑现的难易程度，这五项资产在企业资产负债表中的出场顺序依次为：预付款项、其他应收款项、其他流动资产、长期股权投资、其他非流动资产。当然，这些都对应科目中母公司对合并报表多余的部分，才是母公司对子公司的"控制性投资"。

3. 控制性资产的计算方法和意义

我们还是以格力电器2019年的财报为例，看看控制性资产的计算方法和意义。如表7-5所示，2019年底，格力电器母公司预付款项为167.55亿元，合并报表后为23.96亿元。也就是说，格力电器通过预付款项这个科目（或者说渠道），给子公司提供了143.59亿元（167.55-23.96）的资金支持。

其他应收款上，母公司为27.57亿元，合并报表后为1.59亿元，说明母公司通过此科目给子公司提供了25.98亿元的资金支持。

其他流动资产中，母公司为111.41亿元，合并报表后为230.91亿元，数字越合并越大，说明母公司在这个渠道中，没有给子公司提供支持，所以我在统计表格中注明为"不适用"（下同）。

长期股权投资中，母公司为202.24亿元，合并报表后为70.64亿元，母公司对子公司的长期股权投资约为131.60亿元。

其他非流动资产中，母公司的数字小于合并报表后的，方法其他流动资产的分析。

五项合计，格力电器母公司对子公司投入的控制性资产共计301.17亿元。

表 7-5　格力电器母公司对子公司的控制性资产数据

单位：亿元

科　　目	合并报表（1）	母公司（2）	控制性资产（2）-（1）
预付款项	23.96	167.55	143.59
其他应收款	1.59	27.57	25.98
其他流动资产	230.91	111.41	不适用
长期股权投资	70.64	202.24	131.60
其他非流动资产	9.48	1.95	不适用
合　计	\	\	301.17

　　辛辛苦苦算这笔账有什么意义呢？我们看一下格力电器母公司与合并报表后的总资产对比。如表 7-6 所示，格力电器 2019 年合并报表总资产为 2829.72 亿元，母公司总资产为 2344.69 亿元，数字越合并越大，合并报表相比母公司总资产扩张了 485.03 亿元。

表 7-6　格力电器的资产扩张效应数据

单位：亿元

科　　目	合并报表（1）	母公司（2）	扩张效应（1）-（2）
总资产	2829.72	2344.69	485.03

　　也就是说，格力电器通过对子公司投资 301.17 亿元的控制性投资，让整个集团的总资产扩张了 485.03 亿元。扩张的资产是控制性资产的 1.6 倍（485.03÷301.17）。这个扩张的效应大不大呢？现在还不好说，但不怕不识货，就怕货比货。

　　我们再来看看美的集团的控制性资产及其资产扩张效应。2019年美的集团母公司对子公司总共投入了 654.72 亿元的控制性资产（见表 7-7）。

表7-7　美的集团母公司对子公司的控制性资产数据

单位：亿元

科　　目	合并报表（1）	母公司（2）	控制性资产(2)-(1)
预付款项	22.46	0.37	不适用
其他应收款	27.13	183.70	156.57
其他流动资产	650.11	426.65	不适用
长期股权投资	27.91	526.06	498.15
其他非流动资产	49.48	43.60	不适用
合计	\	\	654.72

整个美的集团的资产扩张了1285.71亿元。扩张的资产约为控制性资产的2倍（1285.71÷654.72）。这样一对比，显然，美的控制性资产的扩张效应要略高于格力（见表7-8）。

表7-8　美的集团的资产扩张效应数据

单位：亿元

科　　目	合并报表（1）	母公司（2）	扩张效应(1)-(2)
总资产	3019.55	1733.84	1285.71

母公司的控制性资产，为什么会给整个集团带来总资产的扩张效应呢？举个例子：母公司拿出一笔钱，安排一名负责人，去筹建一家子公司，这笔钱就是母公司对子公司的股东出资。这名负责人拿到母公司的股东出资后，再去社会上找几个新的合伙人，让这几位新的合伙人作为参股股东，也出一部分资（少数股东权益），于是子公司成立起来了。合并报表后，总资产中多了子公司中的"少数股东权益"，是不是总量就变大了？

这还没有完。子公司成立后，运营资金还不够，但可以以子公司独立法人的身份到金融机构去贷一笔款（金融性负债）；经营运转起来后，可以自然占用上下游企业的款项；最后又赚了钱，增加了企业利润，不分红或少分红，继续进行生产再投入（未分配利润）。

　　这样一番动作之后，子公司的资产总值当然会越滚越大。和母公司并表后，这个数字自然就越并越大，实现了资产的扩张。也就是说，能决定母公司控制性资产扩张效应的因素主要有以下四点。

（1）子公司其他股东出资（少数股东权益）。

（2）子公司对外筹资能力（金融性负债）。

（3）子公司内生性负债能力（经营性负债）。

（4）子公司盈利能力（未分配利润）。

　　所谓的扩张效应好，实际上就是指母公司所投资的子公司的上述四项能力是否足够出色。换句话说，我们可以通过考察母公司控制性资产的扩张效应，来间接分析和判断集团内子公司的经营运转状况。明白了这些，你说计算和分析上市公司母公司控制性资产重不重要，有没有意义？

　　上边举例时，我提到了雅戈尔和保利发展。我把这两家企业2019年的控制性资产和资产扩张数据，一块统计出来，给大家看看。大家可按照我上边讲到的分析方法和思路，自己分析、点评、对比一下（见表7-9至表7-12）。

表7-9　雅戈尔母公司对子公司的控制性资产数据

单位：亿元

科　目	合并报表（1）	母公司（2）	控制性资产（2）-（1）
预付款项	1.50	0	不适用
其他应收款	42.39	10.00	不适用
其他流动资产	9.89	0	不适用
长期股权投资	151.73	276.52	124.79
其他非流动资产	8.39	44.74	36.35
合计	\	\	161.14

表 7-10　雅戈尔的资产扩张效应数据

单位：亿元

科　　目	合并报表（1）	母公司（2）	扩张效应(1)-(2)
总资产	806.61	472.98	333.63

表 7-11　保利发展母公司对子公司的控制性资产数据

单位：亿元

科　　目	合并报表（1）	母公司（2）	控制性资产(2)-(1)
预付款项	427.51	42.82	不适用
其他应收款	1331.25	2893.38	1562.13
其他流动资产	354.31	0.15	不适用
长期股权投资	590.46	280.25	不适用
其他非流动资产	0	0	不适用
合计	\	\	1562.13

表 7-12　保利发展的资产扩张效应数据

单位：亿元

科　　目	合并报表（1）	母公司（2）	扩张效应(1)-(2)
总资产	10332.09	3470.04	6861.95

　　我们看财报时不要害怕图表，更不要害怕数据。我们只要熟悉了它们相互间的逻辑关系，看这些图表和数据，就比较简单了。想在股市里投好资，不研究好企业哪行？想研究好企业，不下点苦功夫哪行？记住我的话：走出舒适区，做相对困难一点的事，这才是持续成功之道。

　　写到这里，终于给大家分清了投资性资产、经营性资产和控制性资产是什么了，也顺带着讲清了这些资产划分的基本意义。但是对于这些资产的划分与计算，其意义显然不仅限于上边提到的内容。那么它们还有哪些意义，或者说作用呢？

六、看懂资产的作用

1. 区分经营性资产和投资性资产，可以让我们加深对企业利润表的理解

如果企业是经营型企业，那么企业的利润来源一定是主业经营。而投资带来的利润，则会占比极低，或者干脆没有。在企业的利润表中，我们把主营业务带来的利润称之为"**核心利润**"，把投资业务带来的利润称之为"**投资利润**"，或者叫"**投资收益**"。

核心利润的计算公式为：**核心利润=营业收入-营业成本-税金及附加-销售费用-管理费用-研发费用-财务费用**。公式中的这些项目都是与企业的主营业务直接相关的，所以这个公式计算出的利润，我们就称为"核心利润"。

以格力电器为例。2019年格力电器的核心利润约为：核心利润（格力2019年）=营业收入（1981.53亿元）-营业成本（1434.99亿元）-税金及附加（15.43亿元）-销售费用（183.10亿元）-管理费用（37.96亿元）-研发费用（58.91亿元）-财务费用（-24.27亿元）=275.41（亿元）。而这一年，格力电器的营业利润才296.05亿元，核心利润占据营业利润为93.03%（见图7-1）。所以格力电器的利润贡献，主要来自经营性资产的主业经营。

再来看看雅戈尔。2019年雅戈尔的核心利润约为14.43亿元，仅占当年营业利润45.32亿元的31.84%。而雅戈尔当年的"投资收益"就高达28.13亿元，在营业利润中占比高达62.07%（见图7-2）。投资性资产对雅戈尔利润结构的影响，由此可见一斑！

合并利润表

编制单位:珠海格力电器股份有限公司　　　　　　　　　　　　　　　　单位:元

项　　目	附注	2019 年度	2018 年度
一、营业总收入		200,508,333,611.34	200,023,997,743.87
其中: 营业收入	(七) 45	198,153,027,540.35	198,123,177,056.84
利息收入	(七) 46	2,351,471,964.56	1,899,287,824.22
已赚保费			
手续费及佣金收入	(七) 46	3,834,106.43	1,532,862.81
二、营业总成本		170,723,573,765.20	169,327,655,069.32
其中: 营业成本	(七) 45	143,499,372,581.36	138,234,167,710.13
利息支出	(七) 46	110,579,966.36	45,341,946.69
手续费及佣金支出	(七) 46	603,394.43	657,689.31
退保金			
赔付支出净额			
提取保险合同准备金净额			
保单红利支出			
分保费用			
税金及附加	(七) 47	1,542,983,748.63	1,741,892,704.57
销售费用	(七) 48	18,309,812,188.35	18,899,578,046.25
管理费用	(七) 49	3,795,645,600.08	4,365,850,083.19
研发费用	(七) 50	5,891,219,715.90	6,988,368,285.92
财务费用	(七) 51	-2,426,643,429.91	-948,201,396.74
其中: 利息费用		1,598,276,258.59	1,068,308,309.96
利息收入		3,698,387,243.32	2,384,486,815.64
加: 其他收益	(七) 52	936,148,644.87	408,553,205.53
投资收益 (损失以 "-" 号填列)	(七) 53	-226,634,780.62	106,768,935.01
其中: 对联营企业和合营企业的投资收益		-20,983,248.83	560,513.87
以摊余成本计量的金融资产终止确认收益 (损失以 "-" 号填列)			不适用
净敞口套期收益 (损失以 "-" 号填列)			不适用
公允价值变动收益 (损失以 "-" 号填列)	(七) 54	228,264,067.88	46,257,424.83
信用减值损失 (损失以 "-" 号填列)	(七) 55	-279,448,586.27	不适用
资产减值损失 (损失以 "-" 号填列)	(七) 56	-842,893,299.94	-261,674,177.33
资产处置收益 (损失以 "-" 号填列)	(七) 57	4,911,230.34	636,629.29
三、营业利润 (亏损以 "-" 号填列)		29,605,107,122.40	30,996,884,691.88

图 7-1　2019 年格力电器的合并利润表截图

2. 区分经营性资产与投资性资产，也会对我们下一步的现金流分析产生决定性影响

以前我们分析企业利润的真实质量时，常常用"净现比"这个指标。现在知道企业的利润，可能是由经营性资产带来的，也可能是由投资性资产带来的。所以我们再用净现比来分析企业利润质量，就可能出现严重的偏差。

以雅戈尔为例，按照传统的净现比公式（净现比 = 经营性现金

単位:元　币种:人民币

项目	附注	2019 年度	2018 年度
一、营业总收入		12,421,171,432.59	9,635,479,253.14
其中：营业收入	七．59	12,421,171,432.59	9,635,479,253.14
利息收入			
已赚保费			
手续费及佣金收入			
二、营业总成本		10,978,291,869.07	8,634,958,572.42
其中：营业成本	七．59	5,602,391,004.71	4,351,139,688.79
利息支出			
手续费及佣金支出			
退保金			
赔付支出净额			
提取保险责任准备金净额			
保单红利支出			
分保费用			
税金及附加	七．60	960,319,725.72	467,820,327.75
销售费用	七．61	2,399,281,307.11	2,199,749,589.63
管理费用	七．62	776,568,569.30	693,423,504.08
研发费用	七．63	84,912,667.69	46,415,015.52
财务费用	七．64	1,154,818,594.54	876,410,446.65
其中：利息费用		1,315,708,827.04	1,289,047,190.08
利息收入		244,420,495.62	488,601,374.17
加：其他收益	七．65	49,930,817.14	29,646,563.61
投资收益（损失以"-"号填列）	七．66	2,812,634,477.03	3,484,346,314.31
其中：对联营企业和合营企业的投资收益		1,985,858,124.64	1,715,821,669.98
以摊余成本计量的金融资产终止确认收益			
汇兑收益（损失以"-"号填列）			
净敞口套期收益（损失以"-"号填列）	七．67		
公允价值变动收益（损失以"-"号填列）	七．68	37,576,164.16	16,079,786.30
信用减值损失（损失以"-"号填列）	七．69	131,387,716.31	
资产减值损失（损失以"-"号填列）	七．70	13,945,739.82	-268,902,906.10
资产处置收益（损失以"-"号填列）	七．71	43,796,264.25	31,910,809.47
三、营业利润（亏损以"-"号填列）		4,532,150,742.23	4,293,601,248.31

图 7-2　2019 年雅戈尔的合并利润表截图

流净额÷净利润），会发现它在 2019 年的净现比只有 0.7（27.64 亿元经营性现金流净额÷39.72 亿元净利润）。懂得净现比这个指标意义的朋友知道，0.7 是一个比较低的数值。看到这个数据后，马上会认为雅戈尔的净利润中，现金含量很低，从而判定雅戈尔利润质量不好。

但是我们了解投资性资产对雅戈尔利润的影响后，就会知道其大部分利润是靠投资性资产取得的。所以面对这样的企业时，我们必须把净现比细分为**核心利润获现率**和**投资利润获现率**两个部分来分析。即用核心利润获现率来分析经营利润的现金含量，用投资利润获现率来分析投资利润的现金含量。

核心利润获现率＝经营性现金流净额÷核心利润

投资利润获现率＝投资收益取得的现金÷投资收益

按照这个公式，我们很好计算雅戈尔的核心利润获现率：核心利润获现率（雅戈尔 2019 年）＝经营性现金流净额（27.64 亿元）÷核心利润（14.43 亿元）＝1.92。这个数据，是不是马上改变了上边按传统净现比算法给我们描画的印象？雅戈尔的核心利润获现率表明，其生产经营性业务带来的利润质量非常高。

那么投资利润获现率又该如何计算呢？我们在雅戈尔的利润表中，可以找到 2019 年雅戈尔的投资收益约为 28.13 亿元。然后打开雅戈尔的现金流量表。我们可以在"投资活动产生的现金流量"栏目下，找到"取得投资收益收到的现金"科目（见图 7-3）。

二、投资活动产生的现金流量：		
收回投资收到的现金	5,218,455,327.83	4,480,251,762.80
取得投资收益收到的现金	1,238,931,587.93	1,696,756,677.15
处置固定资产、无形资产和其他长期资产收回的现金净额	92,228,529.44	92,570,817.87
处置子公司及其他营业单位收到的现金净额	142,724,369.31	
收到其他与投资活动有关的现金	3,376,538,321.49	6,211,408,867.63
投资活动现金流入小计	10,068,878,136.00	12,480,988,125.45

图 7-3　雅戈尔的现金流量表截图

这个科目里的数据，就是雅戈尔 2019 年投资收益取得的现金。据此：投资收益获现率（雅戈尔 2019 年）＝取得投资收益收到的现金（12.39 亿元）÷投资收益（28.13 亿元）＝ 0.44。也就是说，雅戈尔 2019 年取得的 28.13 亿元的投资收益中，约有 44% 是收到了真金白银的现金。

那剩下的 56% 呢？就是账面数据。就像腾腾爸，某年在股市中的投资浮盈为 30%。说起来赚了 30%，实际上没有卖出一股，所以得到的全是账面数据。我得到的真金白银，只是当年股票的现金分红，可能只占总资产的 3%~5% 而已。

3. 企业资产结构的划分，对我们的投资决策也会产生深远的影响

对于经营型企业，其股票的价格走势只与企业的经营有决定性的关系。而对于投资型企业或投资与经营并重型企业，其股票的价格走势与资本市场的表现更密切。因为这类企业往往具有大量的股权投资，资本市场表现好时，企业的投资性资产价格也会跟着水涨船高，从而推升企业的价值。反之，资本市场表现不好时，企业的投资性资产价格也会跟着下跌，从而压低企业的价值。了解了这些特性后，我们就知道对不同资产结构的上市企业，股票的投资方法也是不同的。

第二节　固定资产：轻资产与重资产

企业要生产，就得买厂房、买设备；生产出产品往外销售，还得需要销售场所（办公楼）、运输设备；老板对外谈判，需要个排面，所以还得时不时地换辆好车……这些买来之后，毫无疑问都属于资产，会放进企业的资产负债表。具体放在资产负债表的哪一个科目中呢？凭直觉我们就能得到答案：**固定资产**。

企业的资产根据兑换成现金的难易程度，总体上可以分为流动资产和非流动资产两大类。估计一年内可以兑换成现金或取得现金收益的资产，归类为流动资产；一年以上的，归类为非流动资产（有书称之为"长期资产"）。

很显然，固定资产属于资产负债表中的非流动资产。固定资产的概念和范围比较好理解，这里就不赘述了，有兴趣掌握其更严谨概念的朋友，可以去翻翻教科书。关于固定资产，以下五点需要特别说明。

（1）几乎所有的企业，都有固定资产。**固定资产通常还是企业非流动资产中最核心的经营性资产。**

（2）不同的行业、不同的企业，固定资产的结构和需求是不一样的。

（3）所有的固定资产每年都得计提折旧，年底还得做减值测试，所以已经存在账上的固定资产，都会按一定的规则逐年递减。

（4）固定资产在购置时会占用企业大量的现金，然后在其后的存续期间，再通过参与生产经营逐渐释放现金。

（5）固定资产需要不断地更新换代，以维持和增强现在与未来的生产经营。

以上特点既点明了固定资产的作用，又为我们分析固定资产指明了重点和方向。

一、通过固定资产分析，可以观察和分析行业与企业的商业运营模式

不同的行业对固定资产的需求是不同的，我们平时讲"重资

产"和"轻资产",体现的就是这一点。所谓资产的重与轻,就是从固定资产对总资产的占比角度讲的。有些行业对固定资产要求多,这个行业中的企业,固定资产占总资产的比例就会大;有些行业对固定资产要求少,这个行业中的企业,固定资产占总资产的比例就会小。

反过来,我们在阅读企业财务报表时,通过分析固定资产对总资产的占比,就能区分出资产的轻重,从而有助于我们对行业特性、企业发展等商业模式和商业属性做出恰当的分析判断。

以宝钢股份为例。在 2019 年宝钢股份合并资产负债表中,固定资产为 1474.36 亿元、总资产为 3396.33 亿元,固定资产对总资产占比 43.41%(见图 7-4)。也就是说,在宝钢股份的总资产中,近乎一半资产属于固定资产。很显然,这就是一个比较重的水平了。

对于资产的轻与重,我有两个分析和判断的维度。

(1)看相对量。即资产的轻与重是通过对比得出来的相对结论。例如,固定资产对总资产占比 20% 的,就比占比 30% 的要轻。

(2)看绝对量。通常而言,固定资产对总资产占比超过 20%,就可以归类为重资产,超过 40% 就可以归类为超重资产。固定资产对总资产占比为 43.41% 的宝钢股份显然属于重资产企业中的超重资产。

有兴趣的朋友可以自行去对比一下:电力、酒店旅游、钢制制造、煤炭生产等行业,通常都属于重资产行业;电子、游戏、文化传媒等行业,通常都属于轻资产行业。为节省篇幅,这里不再一一举例。

合并资产负债表

2019 年 12 月 31 日

编制单位: 宝山钢铁股份有限公司

单位: 元 币种: 人民币

项目	附注 五	2019 年 12 月 31 日	2018 年 12 月 31 日
流动资产:			
货币资金	1	13,438,849,057.06	17,110,002,574.20
交易性金融资产	2	831,864,315.42	–
以公允价值计量且其变动计入 当期损益的金融资产	3	–	2,031,259,909.48
衍生金融资产	4	48,511,992.07	
应收票据	5	626,770,979.17	29,190,333,565.93
应收账款	6	10,877,760,224.00	12,901,428,073.58
应收款项融资	7	28,111,808,688.91	–
预付款项	8	5,002,458,514.42	6,348,565,730.21
其他应收款	9	1,681,592,687.23	3,302,028,126.87
其中: 应收利息		10,785,835.52	14,226,030.25
应收股利		1,145,103.12	66,778,713.05
买入返售金融资产	10	2,988,600,000.00	500,000,000.00
存货	11	40,299,745,478.15	41,568,631,679.70
其他流动资产	12	26,656,524,736.23	7,781,323,693.85
流动资产合计		**130,564,486,672.66**	**120,733,573,353.82**
非流动资产:			
发放贷款和垫款	13	192,232,075.00	5,580,901,203.10
债权投资	14	763,000,000.00	
可供出售金融资产	15	–	12,637,230,889.65
其他债权投资	16	–	
长期应收款	17	264,560,984.15	302,259,703.90
长期股权投资	18	19,392,647,193.87	19,031,688,420.40
其他权益工具投资	19	678,633,155.33	
其他非流动金融资产	20	11,763,241,106.63	–
投资性房地产	21	547,196,501.96	466,585,011.76
固定资产	22	147,435,917,013.87	150,725,833,025.34
在建工程	23	8,467,766,772.70	7,767,235,365.75
无形资产	24	11,886,956,397.27	12,319,636,119.83
商誉	25	521,901,072.77	524,024,603.46
长期待摊费用	26	1,508,500,131.30	1,393,063,252.51
递延所得税资产	27	3,218,948,278.17	2,900,011,943.31
其他非流动资产	28	2,427,016,998.05	1,468,016,192.69
非流动资产合计		**209,068,517,681.07**	**215,116,485,731.70**
资产总计		**339,633,004,353.73**	**335,850,059,085.52**

图 7-4 2019 年宝钢股份的合并资产负债表截图

二、通过固定资产分析, 可以对企业的生产经营战略进行深度挖掘和研判

从总体上讲, 同属于一个行业的企业, 资产的轻重有趋同性。

因为企业经营战略的不同,也会造成同一行业的企业产生不同的固定资产比重。

以房地产企业为例。2019年万科和保利的固定资产对总资产的占比均为0.72%,不到1%,而华侨城却超过4%(见表7-13)。

表7-13 房地产企业的固定资产对比数据

单位:亿元

科　　目	固 定 资 产	总　资　产	占　　比
万科A	124.00	17299.29	0.72%
保利发展	74.72	10332.09	0.72%
华侨城	158.98	3796.20	4.19%

为什么会有这样大的差异呢?万科和保利的商业模式就是买地、盖楼、卖房,需要的机械设备和工程施工,要么靠外包,要么靠租赁,尤其万科,到全国各大城市开发项目,还动不动找个合作伙伴,貌似房地产是个资产很重的行业,反而被它们搞成了轻资产运营。

华侨城总体上也是在轻资产运营,但相比万科和保利,它还搞了旅游地产的生意——每一处旅游地产,怎么着也得搭配几间办公用房吧,所以不知不觉地,它的资产就比同行变重了。

通过对同一行业不同企业的固定资产进行对比,我们可以很清晰地分析和研判出不同企业的经营模式、发展战略。再换一个角度,通过对同一家企业不同时期的固定资产数据进行分析、总结,我们也可以大致判断出企业自身的经营模式,甚至经营战略的变化。

以国内红酒制造龙头张裕为例。从2010年之后,张裕固定资产对总资产的占比越来越重。在2018年达到了顶峰。2019年时,固定资产对总资产的占比居然高达40%以上(见表7-14)。一个酿酒企业，固定资产占比跟一家钢铁制造企业不相上下。这意味着，张裕这家企业在这 10 年中，一定在生产经营上推出过大的战略举措。

表 7-14　张裕的固定资产数据

单位：亿元

年份	2010 年	2011 年	2012 年	2013 年	2014 年	2015 年	2016 年	2017 年	2018 年	2019 年
固定资产	11.88	16.09	18.24	19.18	25.33	30.89	46.83	53.29	57.50	58.94
总资产	59.83	72.96	81.23	80.02	89.12	103.44	115.28	125.37	131.18	136.48
占比	19.86%	22.05%	22.45%	23.97%	28.42%	29.86%	40.62%	42.51%	43.83%	43.19%

固定资产增多，是好事还是坏事？不一定。这个得看转化效率和效益。**如果新增的资产转化成了生产力，维持甚至提升了效率和效益，对企业当然是好事。**这样的增加，就是有效增加。如果只是资产增加，而效率和效益没有得到提升，这样的增加，就有可能影响企业自身的经营，是无效的增加。

我们再观察一下同期张裕经营效益数据的变化。很遗憾，张裕自 2010 年以来，毛利率、净利率从高位不断下滑，最能体现企业综合经营成果的 ROE 数据，也是每况愈下（见表 7-15）。这说明，张裕这十年间增加的固定资产，并没有很好地转化成生产力，也没有推高和提升企业的生产效率和效益。

表 7-15　张裕的经营效益数据

单位：%

年份	2010 年	2011 年	2012 年	2013 年	2014 年	2015 年	2016 年	2017 年	2018 年	2019 年
毛利率	74.76	76.12	75.17	68.57	66.98	67.47	66.60	66.11	63.02	62.48
净利率	29.18	31.64	30.14	24.26	23.52	22.16	20.79	20.96	20.25	22.45
ROE	37.35	38.04	28.77	16.88	14.29	13.62	11.97	11.58	10.85	10.96

资产变重，意味着总资产增加，而企业的经营业绩没有跟上来，ROE 的数据当然会逐渐降低。我简单翻了下张裕这些年的财报、研报，知道这些年除了正常的生产投入，它还重点打造了一座葡萄酒城——以葡萄酒文化为主题打造了一座 5A 级景区。这么做，固定资产能不变重吗？

也许从更长远的时间维度看，张裕的这种做法，对打造品牌和培养国人的红酒文化更有助益。但具体到生产经营上，就是无效资产的增加，ROE 数据变低。

统计了一组数据，观察一下张裕这些年不断加重资产的做法。企业盖大楼，没盖好之前叫在建工程，盖好之后转为固定资产。**所以，固定资产最重要的来源渠道是在建工程。**从财报统计数据看，2017 年之后，张裕的在建工程明显减少，张裕的大兴土木已经告一段落了（见表 7-16）。

表 7-16　张裕的在建工程数据

单位：亿元

年份	2012 年	2013 年	2014 年	2015 年	2016 年	2017 年	2018 年	2019 年	2020 年	2021 年
在建工程	8.33	14.24	17.00	20.06	13.46	10.26	7.59	5.67	6.35	5.90

如果张裕的在建工程是像茅台那样搞产能提升的，当然不一定是坏事。但如果是像前几年那样继续投建旅游项目，则会让公司的资产变得更重，企业利润率、ROE 数据会继续承压，直至这种低效投资行为彻底结束。

三、通过固定资产分析，可以防止和辨识企业进行利润调节

固定资产是有使用年限的，通常而言，它的价值会随着时间的流逝而降低。在会计上，这叫折旧，固定资产每年都会被计提折

旧。固定资产通常在生产经营中有自己独到的用处，但生产技术的改进或生产模式、生产环境的改变，可能会让原本有价值的东西价值变小，甚至变得完全没有价值。所以计提折旧之外，企业在每年年底，还会对固定资产进行减值测试。若通过测试发现价值变小或消失，变小或消失的这部分，同样会在科目中被计提掉。

围绕着折旧和减值，我重点强调五点。

（1）我们在资产负债表上看到的那个固定资产数值，不是原值，是在原值基础上计提掉折旧和减值部分后得到的数值。 打个比方，固定资产原值为 1000 元，折旧去掉 100 元，减值预测保持不变，则体现在财务报表上固定资产科目上的数值就是 900 元。固定资产的原值、计提、减值数据，可以在财务报表的附注中查询。

（2）固定资产，如生产用的厂房、机器设备，无论满负荷生产，还是荒废不用，都必须按照一定之规进行折旧计提。 也就是说，在折旧规则确定之后，这些固定资产无论用不用，在会计上，它都必须进行折旧处理。因此，从本质上讲，固定资产折旧属于生产成本中的固定成本，重资产行业可以通过提高产量来降低成本，提高效益，增厚业绩。

举个例子，10000 元的机器设备，无论用不用，每年都进行计提 1000 元的折旧。生产 100 件产品的话，折合到每件产品上的成本是 10 元。生产 1000 件产品的话，折合到每件产品上的成本是 1 元。产品销售中，卖同样的价格，成本降低，则毛利上升，最终的净利润自然也会跟着增加。

（3）固定资产的折旧和减值，都会进入产品的成本或费用，从而影响企业的利润。

（4）固定资产的折旧方法有很多种，年限平均法、工作量法、双倍余额递减法等。 具体用哪个可由企业来定，但不可以变来变去。因为对于同样一件固定资产，采用不同的折旧计提方法，折旧值是不一样的。**折旧方法变来变去，说明企业在玩财报调节之术。**固定资产折旧最终可以影响到财报上的业绩数据，若对折旧方法突然改变，就不能不让人怀疑，其一定是另有所图。大家发现重资产企业突然改变折旧计提方法时，一定要进行重点的关注。

（5）**计提的折旧，可以通过改变折旧方法，在不同年度间进行调节，所以事实上已经计提的折旧，可以重新转回表内。**但资产减值一旦被计提，就会从利润表和资产负债表里扣除，不可以再转回。也就是说，利用减值手段调节利润的话，只能是一次性、减少利润的操作。

四、通过固定资产分析，可以对企业的利润质量进行考察

上边讲到固定资产折旧可以影响企业业绩，一定会有朋友疑问：这种影响到底是怎样进行和体现出来的呢？固定资产折旧影响企业业绩的大体过程如下。

（1）**我们得明确，在企业生产经营的各个环节中，都有可能存在固定资产。**生产部门需要厂房、机器，销售部门需要办公楼、办公设备、运输设备；管理部门需要办公楼、办公设备、交通设备；研发部门同样需要各种必要的办公场所、器材设备等固定资产。

（2）**各个环节的固定资产，其计提的折旧都自动滚入相应环节的成本或费用中去。**具体地说，生产部门的固定资产折旧，自然计入营业成本中；销售部门的固定资产折旧，自然计入销售费用中；管理部门的固定资产折旧，自然计入管理费用中；研发部门的固定资产折旧，自然计入研发费用中。

（3）**利润表中，营业收入减去营业成本和各项费用，自然就核减掉了固定资产折旧。**

以宝钢股份为例。通过查找报表附注，我们看到宝钢股份2019年对固定资产共计提折旧184.70亿元（见图7-5）。这部分折旧会

固定资产

(1). 固定资产情况

√适用 □不适用

单位：元 币种：人民币

项目	房屋及建筑物	机器设备	运输工具	办公及其他设备	合计
一、账面原值					
1. 期初余额	85,533,849,829.38	264,346,459,803.30	28,345,157,350.70	30,335,619,144.52	408,561,086,127.90
2. 本期增加金额	3,895,487,706.88	9,091,341,398.93	1,775,793,837.22	1,481,345,207.96	16,243,968,150.99
（1）购置	229,768,761.48	316,049,661.60	156,112,034.70	354,862,059.64	1,056,792,517.42
（2）在建工程转入	3,639,425,873.77	8,769,998,049.01	1,617,582,647.83	1,125,553,596.88	15,152,560,167.49
（3）企业合并增加	–	–	–	–	–
（4）投资性房地产转为自用	26,293,071.63	–	–	–	26,293,071.63
（5）外币折算差额	–	5,293,688.32	2,099,154.69	929,551.44	8,322,394.45
3. 本期减少金额	895,362,828.15	3,305,999,078.29	1,138,572,419.86	929,806,421.07	6,269,740,750.37
（1）处置或报废	612,155,251.57	3,150,451,236.72	1,101,325,728.09	921,932,664.14	5,785,864,880.52
（2）转入投资性房地产	187,678,461.40	–	–	–	187,678,461.40
（3）处置子公司减少	80,218,978.51	155,547,841.57	37,246,691.77	7,873,759.93	280,887,271.78
（5）外币折算差额	15,310,136.67	–	–	–	15,310,136.67
4. 期末余额	88,533,974,708.11	270,131,802,123.91	28,982,378,768.06	30,887,157,928.41	418,535,313,528.52
二、累计折旧					
1. 期初余额	44,767,649,892.86	168,622,390,842.84	21,318,882,142.35	21,470,486,530.21	256,179,409,408.26
2. 本期增加金额	3,177,101,402.36	11,612,789,515.26	1,908,126,398.17	1,738,561,363.91	18,486,578,709.70
（1）计提	3,161,343,137.96	11,642,789,545.26	1,907,839,990.91	1,757,785,129.96	18,469,757,804.09
（2）投资性房地产转为自用	15,758,264.10	–	–	–	15,758,261.40
（3）外币折算差额	–	–	286,407.26	776,233.95	1,062,641.21
3. 本期减少金额	480,778,330.65	2,817,557,158.64	1,016,966,157.99	854,954,561.72	5,170,256,212.00
（1）处置或报废	374,846,429.21	2,701,635,654.45	995,341,340.36	848,658,899.02	4,920,482,323.04
（2）转入投资性房地产	62,539,416.14	–	–	–	62,539,416.14
（3）处置子公司减少	39,698,442.93	108,078,759.50	21,624,817.63	6,295,665.70	175,697,685.76
（4）外币折算差额	3,694,042.37	7,842,744.69	–	–	11,536,787.06
4. 期末余额	47,163,972,961.57	177,447,623,229.16	22,210,012,382.53	22,374,093,329.40	269,495,731,905.96

图7-5　2019年宝钢股份的固定资产折旧截图

分别归入营业成本、销售费用、管理费用、研发费用。

在宝钢股份 2019 年财报的附注里，只公布了营业成本的主营业务与其他业务构成，没有公布具体的折旧成本（见图7-6）。不用着急，我们可以大致推算出这一数据。

单位：元　币种：人民币

项目	本期发生额		上期发生额	
	收入	成本	收入	成本
主营业务	290,187,349,903.10	258,819,233,454.01	303,028,415,788.88	257,588,448,879.96
其他业务	1,406,628,804.84	1,051,862,541.97	2,052,720,781.30	1,834,401,916.49
合计	291,593,978,707.94	259,871,095,995.98	305,081,136,570.18	259,422,850,796.45

图 7-6　2019 年宝钢股份的业务收入与成本截图

销售费用中，折旧及摊销共计 0.37 亿元（见图7-7）。

销售费用

√适用 □不适用

单位：元　币种：人民币

项目	本期发生额	上期发生额
运输仓储费	1,838,210,365.11	1,899,746,890.25
职工薪酬	952,780,821.99	960,869,933.85
折旧及摊销	37,334,265.30	43,453,421.95
其他	553,049,576.22	597,862,414.16
合计	3,381,375,028.62	3,501,932,660.21

图 7-7　2019 年宝钢股份销售费用中的折旧及摊销截图

管理费用中，折旧及摊销共计 8.01 亿元（见图7-8）。

管理费用

√适用 □不适用

单位：元　币种：人民币

项目	本期发生额	上期发生额
职工薪酬	3,551,647,837.96	3,780,196,733.90
折旧及摊销	800,556,850.24	773,799,956.93
流动资产盘亏	258,001,045.97	285,337,694.89
其他	971,571,063.31	1,151,451,803.49
合计	5,581,776,797.48	5,990,786,189.21

图 7-8　2019 年宝钢股份管理费用中的折旧及摊销截图

研发费用中，折旧及摊销共计 12.79 亿元（见图 7-9）。

研发费用
√适用 □不适用

单位：元　币种：人民币

项目	本期发生额	上期发生额
材料及动力费	4,751,271,764.81	3,138,579,368.14
职工薪酬	1,374,013,910.19	1,367,396,701.61
折旧及摊销	1,278,833,500.36	1,125,617,982.43
其他	1,459,882,797.16	1,422,489,751.31
合计	8,864,001,972.52	7,054,083,803.49

图 7-9　2019 年宝钢股份研发费用中的折旧及摊销截图

综上，销售、管理和研发部门总共折旧及摊销 21.17 亿元。其中的摊销主要是指对无形资产的"折旧计提"，宝钢股份的无形资产总计 118 亿元，不到固定资产的 1/10。这里主要是土地使用权，所以摊销的费用相比折旧的费用，应该是比较小的。因此，我们可以大致推算出宝钢股份 2019 年在营业成本中大约计提了总数不超过 163.53 亿元（184.70-21.17）的折旧。

通过宝钢的例子，我们可以比较直观详细地了解和分析固定资产折旧对企业利润的影响全过程。通过上边的叙述，我们可以发现三个现象。

（1）固定资产对企业现金的占用，发生在购置固定资产之时。计提折旧时，虽然降低利润，但并没有从企业往外流出真金白银。

（2）如果业绩降低，而经营过程中并未流出现金，那么考察企业利润质量的关键指标——净现比、核心利润获现率等数据，就有夸大的嫌疑。

（3）对重资产行业，在考察企业利润质量、计算净现比与核心利润获现率等关键数据时，就应该重新再加回固定资产折旧因素。也就是说，通过对固定资产折旧的分析，可以更精细地考察企业的真实利润质量。

这样泛泛地讲，很多朋友可能对此又会迷糊了。我们还是以宝钢股份为例。宝钢股份 2019 年的经营性现金流为 295.04 亿元，核心利润（营业收入-营业成本-税金及附加-销售费用-管理费用-研发费用-财务费用）为 101.7 亿元，归母净利润为 124.23 亿元（见图 7-10）。

合并利润表

2019 年 1—12 月

单位:元　币种:人民币

项目	附注五	2019 年度	2018 年度
一、营业总收入		292,057,462,783.84	305,506,540,733.92
其中: 营业收入	55	291,593,978,707.94	305,081,136,570.18
利息收入		449,080,575.26	410,823,212.47
手续费及佣金收入		14,403,500.64	14,580,951.27
二、营业总成本		281,609,489,082.96	282,143,934,778.97
其中: 营业成本	55	259,871,095,995.98	259,422,850,796.45
利息支出		178,671,978.44	169,590,516.73
手续费及佣金支出		5,657,573.75	3,881,986.17
税金及附加	56	1,266,479,564.47	1,625,423,561.91
销售费用	57	3,381,375,028.62	3,501,932,660.21
管理费用	58	5,581,776,797.48	5,990,786,189.21
研发费用	59	8,864,001,972.52	7,054,083,803.49
财务费用	60	2,460,430,171.70	4,375,385,264.80
其中: 利息费用		2,437,636,361.58	3,074,585,800.61
利息收入		233,399,865.85	242,553,424.22
加: 其他收益	61	573,600,636.44	597,788,288.61
投资收益（损失以"-"号填列）	62	3,699,885,488.13	4,119,890,064.77
其中: 对联营企业和合营企业的投资收益		1,301,126,402.04	1,355,691,799.96
以摊余成本计量的金融资产终止确认收益		56,287.56	—
公允价值变动收益（损失以"-"号填列）	63	256,867,677.43	189,019,655.46
信用减值损失（损失以"-"号填列）	64	-42,451,323.78	—
资产减值损失（损失以"-"号填列）	65	323,418,383.23	-319,432,525.10
资产处置收益（损失以"-"号填列）	66	255,306,306.99	
三、营业利润（亏损以"-"号填列）		15,514,600,869.32	27,949,871,438.69

图 7-10　2019 年宝钢股份的合并利润表截图

这样一计算，净现比为 2.37（295.04 亿元÷124.23 亿元），核心利润获现率更是高达 2.90（295.04 亿元÷101.7 亿元），如此一看，其数据好得不得了。但是，加回 184.7 亿元的折旧，宝钢的实际核心利润马上从 101.7 亿元变为 286.4 亿元，则实际核心利润获现率由 2.90 下降到 1.03。

其净现比同样会大幅下降。腾腾爸毛估的测算是从目前的 2.37 降为实际的 1 附近。也就是说，因为固定资产折旧的存在，企业的利润会被缩减，从而夸大净现比、核心利润获现率等关键数据，让利润质量看起来会非常好。

对于重资产行业，如果我们不扣除固定资产折旧影响，直接用净现比、核心利润获现率来评价利润质量，则有可能得到极为失真的结论。所以，我们在考察重资产行业的企业利润质量时，一定得对固定资产折旧进行深入分析。

五、关注固定资产对资本开支、自由现金流等经营数据的影响

企业的资产重，则意味着企业为了维持正常的生产经营，必须投入较多的资本开支。重资产企业为了扩大生产经营，则需要消耗更多数量的资本开支。**在经营性现金流净额一定的情况下，资本开支加大，则意味着自由现金流减少。**

我们还是以宝钢股份为例。2019 年宝钢股份经营性现金流净额为 295.04 亿元，资本开支（购建固定资产、无形资产和其他长期资产支付的现金）高达 176.24 亿元，自由现金流约为 118.8 亿元（见图 7-11）。

当年净利润为 134.69 亿元、资本开支为 176.24 亿元，资本开支远远高于净利润。在后边的章节中，我们还会专题介绍资本开支，这里先说个结论：**资本开支对净利润的占比低于 40% 时，说明企业在生产经营中可能具有某种天生的商业优势。这一数据低于 40% 时的企业才，值得我们多加关注。**

合并现金流量表

2019 年 1—12 月

单位：元　币种：人民币

项目	附注五	2019 年度	2018 年度
一、经营活动产生的现金流量：			
销售商品、提供劳务收到的现金		339,786,971,014.54	350,573,969,360.09
客户存款和同业存放款项净增加额		–	323,947,193.49
向其他金融机构拆入资金净增加额		422,060,100.00	
存放中央银行及同业款项净减少额			136,930,638.16
收取利息、手续费及佣金的现金		475,733,371.98	439,476,969.13
卖出回购金融资产净增加额		84,391,628.05	11,515,675.90
收到的税费返还		815,748,146.89	699,057,165.18
收到其他与经营活动有关的现金	71	1,471,732,386.17	1,550,008,081.02
经营活动现金流入小计		343,056,636,647.63	353,734,905,082.97
购买商品、接受劳务支付的现金		280,019,177,927.96	272,148,472,903.30
客户贷款及垫款净增加额		600,511,787.05	1,613,375,833.09
客户存款和同业存放款项减少额		58,179,639.75	
向其他金融机构拆入资金净减少额		–	400,000,000.00
存放中央银行和同业款项净增加额		79,742,139.64	–
支付利息、手续费及佣金的现金		167,704,902.10	130,677,497.20
支付给职工及为职工支付的现金		15,621,437,846.91	15,562,981,965.90
支付的各项税费		11,481,193,782.38	13,917,789,647.73
支付其他与经营活动有关的现金	71	5,524,546,857.59	4,393,825,459.89
经营活动现金流出小计		313,552,494,883.91	308,167,123,307.11
经营活动产生的现金流量净额	72	29,504,141,763.72	45,567,781,775.86
二、投资活动产生的现金流量：			
收回投资收到的现金		22,408,257,756.17	78,806,529,269.76
取得投资收益收到的现金		2,959,987,458.02	2,954,499,846.44
处置固定资产、无形资产和其他长期资产收回的现金净额		726,426,416.06	137,292,432.37
处置子公司及其他营业单位收到的现金净额		284,368,339.66	–
收到其他与投资活动有关的现金	71	270,983,054.37	297,522,775.76
投资活动现金流入小计		26,650,023,024.28	82,195,844,324.33
购建固定资产、无形资产和其他长期资产支付的现金		17,624,271,189.31	12,762,272,140.14
投资支付的现金		31,244,629,246.43	72,925,694,915.63
处置子公司及其他营业单位支付的现金净额		–	574,850,105.02
支付其他与投资活动有关的现金	71	10,102,100.56	58,606,798.68
投资活动现金流出小计		48,879,002,536.30	86,321,423,959.47
投资活动产生的现金流量净额		-22,228,979,512.02	-4,125,579,635.14
三、筹资活动产生的现金流量：			

图 7-11　2019 年宝钢股份的合并现金流量表截图

对于企业经营者来说，一定要想办法尽量把企业的资产变轻，比如房地产开发企业的合作开发、租赁转包等，就是有效的变轻手段。只有这样，才能最少地消耗企业资本，提高资金使用效率。**对于股票市场的投资者来说，要尽量选择轻资产、高效益的企业来进行关注和投资，尽量回避重资产行业和固定资产逐渐变重的企业。**

总而言之，对固定资产进行分析，无论是对经营者还是对投资者，都是非常重要的一门功课。努力寻找轻资产，高度关注重资产。从投资者的角度，这就是我对企业固定资产应有的科学态度的高度总结。

第三节　各式各样的应收账款

企业跟人一样，是有生命的。人在维持生命的过程中，必须做好两件事情：一是管理好自己，让自己的工作和生活能有效运转；二是做好与外部世界的交流，在交流中发展壮大自己。只要与外部进行沟通和交流，就难免产生债权债务关系。

一、辨明负债和资产

我们欠别人的钱，叫负债。别人欠我们的钱，叫资产。同样是欠钱，很多人分不清什么是负债，什么是资产。实际上很简单：资产代表一种权利，我们可以向别人要钱，这就是资产；负债代表一种义务，我们必须向别人还钱，这就是负债。**资产是一种权利，负债是一种义务**。我们只要记住这一点，在面对一项债权债务关系时，就好辨认什么是我们的资产，什么是我们的负债了。

二、应收账款的细分及其影响

企业的发展壮大常常依托集团化的形式，即母公司之下往往还有子公司、孙公司。企业在进行内部管理时，各个子公司、孙公司间又会发生很多经济往来，同样会在内部产生诸多债权债务关系。

所以我们在看企业的财务报表时，既能看到整个集团的合并财务报表，又能看到母公司的财务报表。而且报表中，与债权债务有关的科目繁多。很多名称非常相近，容易造成混淆。

后边的章节中，我们会专题讲解负债——即企业对外欠债的话题，现在我们先讲解债权——即外部对企业欠债时，对企业的生产经营和财务报表都有哪些奇妙的影响。概括地说，外部对企业的欠债，主要体现在企业资产负债表中的下列五个科目中。

（1）应收票据。

（2）应收账款。

（3）应收款项融资。

（4）其他应收款。

（5）长期应收款。

这些科目都是怎样生成的呢？有一部分，是在企业的生产经营中，具体地说就是在对外销售时产生的。还有一部分，是企业在对内进行管理或对外进行投资时产生的。换句话说，一部分在主营业务中产生，另一部分在非主营业务中产生。

为了生动地还原相关科目的产生过程，同时也帮助大家更简明地区分这些"应收"款项的不同，我们不妨再啰嗦一下，详细地梳理一下其来龙去脉。先看看企业对外销售产品（生产经营活动）时，都有可能出现什么样的情景。

1. 应收票据

企业销售产品最理想的方式就是"一手交钱，一手交货"，即买家（客户）直接用现金进行支付。但现实生活中，这样的理想状态并不总是存在。企业想销售产品，客户也想购买产品，但是客户一时半会手上没有现金。

怎么办呢？客户说了：我虽然手上没有现金，但是可以给你开银行承兑汇票，你在指定时期到银行兑换成现金就可以了。银行承兑汇票是由银行承诺兑现的，可靠性很高，可以说效力仅次于现金。企业如果急需用钱，银行可以提前支付，只要在票面原值上"打个折扣"就可以了，这就是所谓的贴现。

对企业来说，以票据代替现金，这未尝不是一种变通的方法。所以为了促成交易，企业交付产品，客户开付银行承兑汇票。拿到银行承兑汇票后，企业相当于得到了一笔资产，如果不急用钱、不想损失贴现中的折扣，这笔资产可以等到法定日期再兑换成等值的现金。会计在编制财务报表时，给这部分冲抵现金的银行承兑汇票，起了个好听的名字，叫**"应收票据"**。

在销售产品时，客户可能既无现金，又无银行承兑汇票，但它有商业承兑汇票。商业承兑汇票是由开票企业承诺兑现的一种票据，所以效力低于银行承兑汇票。卖方企业想促成交易，效力低点也没办法——谁叫产品不好卖呢——成交！

于是，商业承兑汇票也可能进入"应收票据"的篮子。

2. 应收账款

还有一种可能——最糟糕的一种可能——客户说：我现在没有现金，也没有什么票据，但我们一块交往、做生意不是一天两天了，你知道我的信用很好，所以我想先提走你的产品，待我有了钱再来还你。

　　企业掂量了一下，认为这个客户的信用还是不错的，于是收到一张欠账的"白条"，产品让客户提走了。这张白条是客户对企业的欠款，对企业而言是一种债权，所以对企业而言也是一种资产。会计在做财务报表时，也给它起了个好听的名字，叫"**应收账款**"。

3. 应收款项融资

　　企业里的应收票据和应收账款积累多了，会占压大笔的资金。应收票据可以提前拿去做贴现，从而回笼现金。应收账款呢？实际上也可以有类似的操作。企业可以把应收账款打个包，抵押或售卖给某家金融机构，从而回笼资金——这部分被抵押或售卖出去的"应收账款"，就从应收账款科目上提取出来，放到一个新的科目里——会计再给这个科目起个好听的名字，叫"**应收款项融资**"。

　　因为这类抵押或售卖，往往会附加很多前提条件，所以本质上讲，它是企业的一种抵押融资行为。作为一种特殊的抵押物，它还是企业的资产，只是换了个名称，叫"应收款项融资"罢了。

　　从上边的叙述中我们看到，应收票据的兑现性最好，所以分析企业资产质量时，它不是关注的重点。**重点应该放在应收账款和应收款项融资上——应收款项融资本质上是被抵押出去的应收账款，可以说是一种特殊性质的应收账款，所以我们分析应收账款时，应该考虑到应收款项融资这个科目。**

4. 其他应收款

　　"其他应收款" 主要是盛放非主营业务中产生的债权资产。比如，企业下边可能有参股的合营、联营公司，合营、联营公司可能资金紧张，企业就借款给合营、联营公司。因为参股不多，没有并表，所以这部分外援资金，就成了合营、联营公司对企业的负债。

对企业而言，这就是一部分可以追索的债权，在企业的资产负债表里，就可以把它放在"**其他应收款**"里。再比如，企业职工出差，从企业借了一笔差旅费，在没报销前，这笔借出的资金，也挂在企业的"其他应收款"里。

还有一种比较坏的情景：企业的大股东，比如董事长想搞套别墅、买辆车什么的改善一下生活，从企业里划拉出一部分资金（至少不用还利息什么的吧，一直拖着没个期限，还款压力就更小了）——这部分钱，也会被记录在"其他应收款"里。

所有与主营业务无关的债权，都可以、都可能放在"其他应收款"这个科目中。所以坊间有句戏言：其他应收款就是一个筐，什么都可以往里装。

正因为什么都可以往里装，所以企业的资产负债表中，如果"其他应收款"中的数据特别大时，我们就要格外注意——通过分析它的组成结构，来考察和判断企业的资产质量。 当然，这个科目的研究价值还远远不止于此，我们这里先简略介绍一下，后文还会深挖它的其他研究价值。

5. 长期应收款

"**长期应收款**"是一个比较小众的科目。主要包括两项：融资租赁产生的应收款项和采用递延方式分期收款产生的应收款项。这两项名称，读起来很长，看起来又都很高大上，笃定搞得大家一头雾水吧？不要急，我举两个简单的例子，大家就好理解了。

比如，A公司有一笔闲置资金，需要对外投资以获取收益；B公司需要盖一处厂房以组织生产经营，但是钱不够。A公司直接把钱借给B公司，又怕B公司经营不善无力偿还。于是两家公司一合计，想出这样一个折中方案：A公司用闲置资金盖出厂房，B公司用租赁的形式使用；约定一个租期，租金比较贵，分期还款；租期期满，分期还款全部清缴，A 公司和 B 公司款项两清，厂房归属于 B 公司。

实质上，是 A 公司给 B 公司贷了一笔款，然后用厂房做了抵押，防止 B 公司拿钱跑路。这种交易，就叫"融资租赁"——对于 A 公司来说，在融资租赁中产生的应收款，就放在"长期应收款"这个科目中。

什么是"采用递延方式分期收款产生的应收款项"呢？还是拿 A 公司和 B 公司举例。

A 公司销售产品，B 公司说，我买，但是我没有钱，我赊账行吗？

A 公司说：你赊账行，但是怎么还呢？

B 公司说：这笔款很大，我将来还，可能也一下子还不清，我半年还一次，五年还清，可以吗？

A 公司说：这样也行，但是你长期占压了我这么多资金，如果把这笔钱存银行，光利息就有好多，我不是亏大了吗？

B 公司说：你讲得很对，这样吧，我们在这笔欠款本金的基础上，再约定还款的利息，我分期还本付息——这样，你既不损失利息，我又能慢慢还得起款，不耽误我们做成这笔生意。

A 想了想，答：这个主意不错，成交！

这种交易方式，就叫递延方式分期付款。从本质上讲，是 A 公司贷了一笔款给 B 公司，让 B 公司以分期付款的方式，用于购买 A 公司的产品。对于 A 公司来说，以这种交易方式形成的应收款，就叫采用递延方式分期收款产生的应收款项。这部分款项，也放在"长期应收款"这个科目中。

从上边的举例可以看出，长期应收款的本质，就是企业的一种非主营业务的对外贷款投资行为。说它小众，是因为在企业的资产负债表中，这个科目上的数据通常都不会大。我们知道它的来龙去脉就行了，不是关注和分析财报的重点。

应收款从概念上，主要就这么五项——报表上我们还能经常见到"应收利息"和"应收股利"字样，这两小项都附属于"其他应收款"，从名字就能看出它们是什么意思，所以不专做论述了。

三、应收账款的分析重点

应收款的分析重点，主要在应收账款和其他应收款。其中在分析应收账款时，应注意**应收款项融资**的影响，因为这个科目从本质上讲，是一种特殊性质的应收账款。如果应收款项融资数据较大，我们应该把它加入应收账款中进行综合分析。

那么通过应收账款和其他应收款，我们都可以做哪些分析和研究工作呢？或者说，在分析应收账款和其他应收款时，我们都要重点关注什么呢？应收账款的分析重点，主要有以下五点。

1. 通过应收账款周转率，我们可以分析应收账款质量，从而审核企业的整体资产质量

在分析企业财报时，我们审查应收账款，通常会先从应收账款的绝对数量上来区分大小，然后再从应收账款对总资产的占比，进行比对和衡量。但是什么叫大、什么叫小，没有一定之规。**理论上讲，应收账款的数据越小越好，对总资产的占比越小越好**。因为企业所处的行业不同，规模不同，所以我比较喜欢通过比率分析来对其进行对比和研判。

这里的比率分析，主要是指应收账款周转率。应收账款周转率的基本计算公式是：

$$应收账款周转率 = 营业收入 \div 应收账款$$

比如，一家公司的应收账款为 20 万元，一年营收为 200 万

元，则应收账款周转率为 10。什么意思呢？企业卖出产品计入营收，但这部分营收中，有可能一部分收回了现金，一部分变成了应收账款，应收账款收回来，再转化成现金；现金再买原料，再生产、再销售，再转化成营收，营收中再有一部分转化成应收账款……从账款到现金，再到营收，再到账款，再到现金，再到营收……以此往复，无限循环。所以用营收除以应收账款，代表着应收账款一年循环的次数。应收账款周转率为 10，意味着这家公司的应收账款一年之内，可以往复循环 10 次。

从这个叙述上可以看出，企业应收账款周转率越高，说明循环得越快，也就意味着资产质量越高。通过应收账款周转率，我们还可以计算出应收账款周转天数（也可称为"应收账款周转期"）。比如上例中，企业的应收账款周转率为每年 10 次，则意味着周转一次约为 36.5 天。即：应收账款周转期 = 360 天 ÷ 应收账款周转率。

考虑到应收账款的生成是一个渐进的过程，报表上有期初和期末两个值，所以更精确的计算，应该是计算出它的"应收账款平均周转率"和"应收账款平均周转期"：

应收账款平均周转率 = 营业收入 ÷ 平均应收账款

平均应收账款 =（期初应收账款 + 期末应收账款）÷2

应收账款平均周转期 = 360 天 ÷ 应收账款平均周转率

本文重在说理，为计算方便，下文中提到的应收账款周转率皆以基本计算公式为准。通过应收账款周转率，我们可以得到企业的哪些信息呢？

以格力电器和美的集团的应收账款相关数据分析为例（见表 7-17 和表 7-18），可以得到以下三个结论。

（1）格力和美的的应收账款的周转率都非常高，一年可以达到 10 几次、20 几次，甚至 30 几次。对企业而言，这是好事。

（2）格力电器的应收账款周转率自 2016 年以后越来越低，周转期越来越多；美的集团的应收账款周转率趋势则正好相反，自 2016 年后越来越高，说明企业这段时间的现金收回力度越来越大。

（3）在格力与美的逐年数据进行对比中发现，在大多数的年份里，都是格力的周转率和周转期占优。虽然趋势上美的占优，但哪怕是 2019 年，格力的周转率也高达 23 次，周转期只有 15 天左右，而美的周转率则只有 15 次上下，周转期则约 24 天，远高于格力的 15 天。

表 7-17 格力电器应收账款的相关数据

单位：亿元

年　份	2015 年	2016 年	2017 年	2018 年	2019 年
营业收入	977.45	1083.03	1482.86	1981.23	1981.53
应收账款	28.79	29.61	58.14	77.00	85.13
周转率（次）	33.95	36.58	25.50	25.73	23.28
周转期（天）	10.75	9.98	14.31	14.19	15.68

表 7-18 美的集团应收账款的相关数据

单位：亿元

年　份	2015 年	2016 年	2017 年	2018 年	2019 年
营业收入	1384.41	1590.44	2407.12	2596.65	2782.16
应收账款	103.72	134.55	175.29	193.90	186.64
周转率（次）	13.43	11.88	13.80	13.45	14.97
周转期（天）	27.18	30.72	26.45	24.14	24.38

从上边的三点分析我们可以看到，**通过应收账款周转率，我们可以在不同企业间进行对比，从而大致区分出不同企业应收账款和资产质量的优劣。**同时还可以对同一家企业的历史数据进行分析，**通过趋势变化来分析和判断企业的资产质量及经营质量的变化。**

　　这里特别提醒一下，我们上文提到在分析应收账款时，一定得注意"应收款项融资"。如果应收款项融资科目为零或数值很小，应收账款周转率按上述思路进行分析就可以。可惜，格力和美的两家企业的"应收款项融资"都不是零，而且格力的数值还相当大。

　　以 2019 年财报为例，我们看一下两家企业的合并资产负债表。图 7-12 是格力电器的，2019 年应收款项融资高达 282.26 亿元。应收款项融资本质上还是应收账款，所以考虑这个因素后，2019 年格力的真实应收账款应该是 367.39 亿元（应收款项融资 282.26 亿元+应收账款 85.13 亿元）。当年真实的应收账款周转率为 5.39 次（营业收入 1981.53 亿元÷真实应收账款 367.39 亿元），应收账款的真实周转期约为 67 天（360 天÷5.39 次）。

合并资产负债表(资产)

编制单位:珠海格力电器股份有限公司　　　　　　　　　　　　　　　　　　　　　　单位: 元

资产	附注	2019 年 12 月 31 日	2019 年 1 月 1 日	2018 年 12 月 31 日
流动资产:				
货币资金	(七) 1	125,400,715,267.64	115,022,653,811.67	113,079,030,368.11
现金及存放中央银行款项				
存放同业款项				
存出保证金				
拆出资金				
交易性金融资产	(七) 2	955,208,583.58	1,012,470,387.43	不适用
以公允价值计量且其变动计入当期损益的金融资产		不适用	不适用	1,012,470,387.43
衍生金融资产	(七) 3	92,392,625.69	170,216,138.92	170,216,138.92
应收票据				35,911,567,876.04
应收账款	(七) 4	8,513,334,545.08	7,642,434,078.24	7,699,658,990.16
应收款项融资	(七) 5	28,226,248,997.12	34,300,472,580.13	不适用
预付款项	(七) 6	2,395,610,555.26	2,161,876,009.22	2,161,876,009.22
其他应收款	(七) 7	159,134,399.10	290,346,336.38	2,553,689,544.47
存货	(七) 8	24,084,854,064.29	20,011,518,230.53	20,011,518,230.53
持有待售资产				
一年内到期的非流动资产	(七) 9	445,397,710.39		
其他流动资产	(七) 10	23,091,144,216.68	18,913,345,857.70	17,110,921,223.89
流动资产合计		213,364,040,964.83	199,525,333,430.22	199,710,948,768.77

图 7-12　2019 年格力电器的合并资产负债表截图

　　我们再来看看美的集团的合并资产负债表（见图 7-13）。美的集团 2019 年的应收款项融资约为 75.66 亿元，加上应收账款 186.64 亿元，真实应收账款约为 262.30 亿元，则真实应收账款周转率为 10.65 次（营业收入 2793.81 亿元÷真实应收账款 262.30 亿元），应收账款周转期约为 34 天。我们将其再跟格力电器的数据对比一下，是不是有天旋地转的感觉？财报数据分析特好玩，看懂了就会津津有味。赚钱又益智，谁不喜欢呢？

资产	附注	2019年 12月31日 合并	2018年 12月31日 合并	2019年 12月31日 公司	2018年 12月31日 公司
流动资产					
货币资金	四(1)	70,916,841	27,888,280	52,291,056	15,361,626
交易性金融资产	四(2)	1,087,351	——	-	——
衍生金融资产		197,412	220,197	-	——
应收票据	四(3)	4,768,520	12,556,294	-	——
应收账款	四(5)	18,663,819	19,390,174	-	——
应收款项融资	四(6)	7,565,776	——	-	——
预付款项	四(7)	2,246,177	2,215,888	36,877	55,069
发放贷款和垫款	四(8)	10,869,396	11,328,392	-	——
其他应收款	四(5),十七(1)	2,712,974	2,971,368	18,369,865	11,593,020
存货	四(9)	32,443,399	29,645,018	-	——
其他流动资产	四(10)	65,011,027	76,473,827	42,665,884	55,052,256
流动资产合计		216,482,692	182,689,438	113,363,682	82,061,971

图 7-13 2019 年美的集团的合并资产负债表截图

总之，当应收款项融资很少时，你用前半部分的方法进行统计和分析就行；应收账款融资多的时候，你在分析应收账款时，一定得考虑进应收款项融资的因素影响。

2. 通过应收账款周转率，我们可以甄别不同行业的差别，认识商业模式的不同

通过应收账款周转率的计算和分析，我们不仅可以实现不同企业间的对比、自己和自己的对比（历史趋势），还可以实现不同行业间的对比，并进一步加深我们对行业和企业商业模式的理解。

我们再以房地产行业龙头保利发展和建筑设计行业区域龙头华设集团为例。保利发展 2019 年的应收账款周转率居然可以高达上百次，周转期甚至短至几天（见表 7-19）。这说明这家企业几无应收账款。所有的销售，都以现金的回收为主。再想一想，这是什么

原因造成的呢？房子还没盖好，售房款先收回来了。这样的商业模式，你喜欢不喜欢呢？

表 7-19　保利发展应收账款的相关数据

单位：亿元

年　份	2015 年	2016 年	2017 年	2018 年	2019 年
营业收入	1234.29	1547.52	1466.23	1945.14	2359.34
应收账款	31.42	16.12	18.55	20.06	18.45
周转率（次）	39.28	96.00	79.04	96.97	127.88
周转期（天）	9.29	3.80	4.63	3.76	2.85

接下来，我们看看华设集团应收账款的相关数据（见表 7-20）。华设集团（2020 年改为现名，原名"中设集团"）应收账款的周转率居然一年只有一次，有时候一年还没有一次。华设集团的应收账款周转率这么低，是什么原因造成的呢？当然是它特有的商业模式。

总体上讲，华设集团的应收账款账龄结构问题是不大的，而且欠账的往往都是国企——还账是慢点，但不太可能出现大问题。但是，无论怎么说，这么高的应收账款，还是它的主要缺点。这就是我买了它，但只买了 1000 股作为观察仓的根本原因。有前景、不完美，就得小心。

表 7-20　华设集团的应收账款的相关数据

单位：亿元

年　份	2015 年	2016 年	2017 年	2018 年	2019 年
营业收入	13.97	19.91	27.76	41.98	46.88
应收账款	17.04	20.27	24.98	35.91	45.33
周转率（次）	0.82	0.98	1.11	1.17	1.03
周转期（天）	445.12	372.45	328.83	241.72	354.37

3. 通过应收账款结构，我们可以分析判断企业客户的价值

我们通常可以在附注里寻找到企业应收账款的结构统计，有按账款性质进行分析的，有按账龄进行分析的，还有按单一客户来源，公布前五大或前十大客户所欠具体款项数目分析的。

通过这些统计报表，我们可以大致区分应收账款的总体来源和账龄结构，也可以通过单一客户来源，分析企业的客户价值。**欠我们越多的，说明我们对它越依赖。欠我们多但还得也快的客户，往往意味着客户优质**。所以我要是企业老板的话，也可以通过这些数据分析，来鉴别和筛选优质的客户。

4. 通过分析应收账款的变化趋势，我们可以感受和倒推企业经营环境和经营战略的起伏变化，同时检验利润质量

正常情况下，一家企业有多少营收就能带来多少利润，同时也就能带来多少应收账款。也就是说，利润率和应收账款周转率大体上是稳定的。但是，如果企业经营环境恶化，或者自身的经营战略发生了变化，那么上述大体稳定的比率就会发生明显的变化。

反过来，如果我们在分析和研究企业的财务数据时，发现应收账款的增减变化，跟同期的营收和利润的增减变化明显不同步，那么我们就得小心求证，到底是企业的经营环境恶化了呢，还是企业自身的经营战略发生了变化？从长远看，这些变化是好的，还是坏的呢？

几年前，我在写伟星股份的财报分析文章时，就利用这一点，感受和挖掘了这家企业的经营战略变化。2016年之前，伟星的营收、利润、应收账款的同比增加，基本保持同向和一致。但在2016

年，这种趋势明显被打破了。2016 年，伟星的营收同比增长 16%，利润同比增长 19%，而应收账款则同比增长了 78%（见表 7-21）！应收账款的增幅远远超过了营收和利润。这说明了什么呢？

表 7-21　伟星股份的相关经营数据

单位：亿元

年　份	2013 年	2014 年	2015 年	2016 年	2017 年
营业收入	17.72	18.49	18.74	21.74	26.24
归母净利润	2.09	2.36	2.48	2.95	3.65
应收账款	1.67	1.81	1.76	3.14	4.02

（1）营业收入中，收到的现金较少，主要都转化成应收账款了。

（2）利润中，被掺了不少水份。

它为什么要这样做呢？我进一步追索发现，伟星当时正在搞股权激励，股权激励中有业绩承诺。所以我基本判定，伟星当时就是为了完成股权激励中的业绩承诺，刻意在当年业绩中掺水了。它是怎么掺水的呢？多赊卖。怎么多赊卖呢？延长账期。

打个比方，以前给客户设定的账期是三个月。你三个月内必须还账，不然的话我就不赊卖给你。后来把账期延长到一年了——以前不合规的客户，现在合规了，也可以通过赊账的方式进行交易了，其结果当然是签订的销售合同呈爆发式增长了。

当年我写伟星股份的财报分析文章发到了雪球。雪球上有一帮投资伟星股份的朋友到处骂我——从雪球追到公众号，从公众号还追到了微博——我择机就把伟星卖出了。

大家再看看此后几年，伟星的业绩变化。我从来没说过伟星是一家垃圾企业。我对它的基本结论就是：一只利基行业龙头，业绩总体稳定，现金奶牛，在合适的价位买入，持股守息可也。但我分析它的时候，它的业绩明显是注水的。所以我躲开了。

5. 通过分析应收账款，我们可以用来判断企业是否调节了利润

企业通过应收账款，可以调节和平滑利润。刚才讲到的伟星股份是一个活生生的例子。但那还只是一个比较温和的例子。如果我是上市企业老板，想干坏事的话，还可以做得更绝一点。

打个比方，我的企业今年经营不善，正常的话亏损了100万元，股价下跌创新低。反正亏了，那就让它亏到底——我可以通过大幅计提应收账款减值损失的方式，让企业财报上的亏损增加到300万元。也就是说，仅应收账款就计提了200万元的损失。这样的消息释放出去后，股价肯定会出现进一步下探。我可以大胆抄底。

第二年，企业正常经营还是亏损了100万元，但我可以宣布去年计提损失的那200万应收账款又成功要回来了。于是，由亏损100万元，马上变成了盈利100万元。这就是典型的"困境反转股"。市场上喜欢搞这类投资的朋友不在少数，众人拾柴火焰高，于是股价又噌噌上涨，七大姑八大姨帮我割韭菜！

我讲这段话的意思是什么呢？企业的应收账款很多，你得注意！企业的应收账款某一年突然改变了计提标准，加大了计提力度，你得注意！某年已经计提损失的应收账款又突然被追回来了，你得注意！**坏蛋在应收账款上动手脚的可能性还是非常大的。**因为技术上不算难，所以作为投资者，我们还是得在这一块"企业资产"上擦亮眼睛。

四、其他应收款的分析要点

1. 合并报表中，其他应收款过大，应当给予足够重视

上边讲到了，其他应收款就是一个筐，什么都可以往里装。企业老板可以通过它搞小金库，可以搞利益输送，也可以用它支持参

股或关联企业。所以这个科目上的数据如果很大的话，那我们就得高度重视，且认真对待起来。

这能让我想起来的例子，非万科莫属。万科 2019 年的合并资产负债表中，其他应收款科目可以高达 2350 多亿元。1.7 万亿元的总资产，其他应收款占比高达 13.61%（见图 7-14）。这对我等普通投资者来说，就是个天文数字。整个集团（合并报表）的其他应收款居然高达 2350 多亿元，所以这也是那几年市场对万科的抱怨聚焦点之一。

合并资产负债表

编制单位：万科企业股份有限公司	2019 年 12 月 31 日	单位：元	币种：人民币
资产	附注五	2019 年 12 月 31 日	2018 年 12 月 31 日
流动资产：			
货币资金	1	166,194,595,726.42	188,417,446,836.14
交易性金融资产	2	11,735,265,424.66	11,900,806,302.82
衍生金融资产	3	332,257,520.78	10,782,930.40
应收票据		28,970,047.83	2,558,430.72
应收账款	4	1,988,075,737.67	1,586,180,764.10
预付款项	5	97,795,831,444.26	75,950,895,073.34
其他应收款	6	235,465,007,349.80	244,324,142,938.75
存货	7	897,019,035,609.52	750,302,627,438.80
合同资产	8	3,444,938,025.74	1,364,126,797.84
持有待售资产	9	4,252,754,905.02	6,624,631,369.45
其他流动资产	10	20,732,622,761.28	14,587,657,410.01
流动资产合计		1,438,989,354,552.98	1,295,071,856,292.37
非流动资产：			
其他权益工具投资	11	2,249,953,722.90	1,636,583,744.09
其他非流动金融资产	12	673,982,298.05	1,052,331,100.20
长期股权投资	13	130,475,768,323.53	129,527,655,772.47
投资性房地产	14	73,564,678,069.11	54,055,784,751.50
固定资产	15	12,399,838,267.28	11,533,798,650.31
在建工程	16	4,179,839,536.92	1,913,007,479.18
使用权资产	17	22,135,359,592.40	-
无形资产	18	5,269,647,193.30	4,952,584,999.04
商誉	19	220,920,784.68	217,109,245.26
长期待摊费用	20	7,235,202,389.07	5,044,308,633.85
递延所得税资产	21	23,427,586,089.92	15,749,204,673.50
其他非流动资产	22	9,107,319,581.09	7,825,131,133.04
非流动资产合计		290,940,095,848.25	233,507,500,182.44
资产总计		1,729,929,450,401.23	1,528,579,356,474.81

图 7-14　万科的合并资产负债表截图

碰到这样的情况，我们就得冷静分析，关键要在附注里找具体的披露信息。万科 2350 多亿元的其他应收款中，主要用于土地及其他保证金、合作方经营往来款和应收联营（合营）企业款（见图 7-15）。

其他应收款按款项性质分类情况

	2019 年 12 月 31 日	2018 年 12 月 31 日
土地及其他保证金	26,249,723,218.46	20,743,237,579.59
合作方经营往来款	90,993,166,603.05	84,157,936,223.03
应收联营 / 合营企业款	114,544,260,713.85	136,894,780,483.08
应收利息	11,855,603.02	2,608,382.06
应收股利	19,024,413.08	27,329,808.99
其他	5,313,958,683.96	3,992,498,566.85
小计	237,131,989,235.42	245,818,391,043.60
减：坏账准备	1,666,981,885.62	1,494,248,104.85
合计	235,465,007,349.80	244,324,142,938.75

图 7-15　万科的其他应收款分类截图

万科这几年在搞"轻资产运营"，在各大城市里开发项目喜欢找合作伙伴共同开发。万科财报的附注中对相关数据披露还算详细，其他应收款的账龄结构也公布出来了。两年以内的应收款占了总额的 80%，回收的问题应该是不大的（见图 7-16）。

其他应收款按账龄分析如下：

账龄	2019 年 12 月 31 日	2018 年 12 月 31 日
1 年以内 (含 1 年)	129,681,350,232.80	155,569,740,448.26
1 年至 2 年 (含 2 年)	65,782,599,275.56	57,600,994,026.67
2 年至 3 年 (含 3 年)	23,479,132,367.29	20,943,905,944.26
3 年以上	18,188,907,359.77	11,703,750,624.41
小计	237,131,989,235.42	245,818,391,043.60
减：坏账准备	1,666,981,885.62	1,494,248,104.85
合计	235,465,007,349.80	244,324,142,938.75

图 7-16　万科的其他应收款账龄结构

2. 通过母公司与合并报表对比，可以通过其他应收款来研究和分析企业的经营发展战略

现在的上市企业，通常都是集团化运营的，即母公司之下又有子公司、孙公司等分公司，但具体的经营管理方式，各集团化的企业又不尽相同。有的公司生产经营活动主要在母公司内，所以通常实行的是集中管理模式，集中资源集中分配。有的公司生产经营活动主要分布在分公司内，母公司只作基本的统筹管理，所以通常实行的是分权管理模式，除了控股权在母公司手里，基本的资源都分配在分公司手里。

本章的前边也讲到，母公司对下边分公司或联营、合营公司进行资金支持的话，支持的资金通常会放到"其他应收款"里。所以通过这一点，我们在分析和审查其他应收款时，可以充分利用上述原理，通过母公司与合并报表中的数据对比，来倒推企业的生产经营与管理模式。

还是以格力和美的 2019 年财报的其他应收款数据为例。格力合并报表中的其他应收款只有 1.59 亿元，母公司中这项数据为 27.57 亿元，母公司比合并报表多 25.98 亿元。也就是说，格力电器的母公司通过其他应收款科目给分公司提供了 25.98 亿元的资金支持（见表 7-22）。这个支持力度大不大呢？

表 7-22　格力电器的其他应收款数据

单位：亿元

科　　　目	合　并　报　表	母　　公　　司
其他应收款	1.59	27.57

我们再看一下美的其他应收款数据。美的的母公司通过其他应收款科目，对分公司的资金支持约为 156.57 亿元（见表 7-23）。美

的母公司对分公司的支持力度要远远大于格力。

表 7-23　美的集团的其他应收款数据

单位：亿元

科　　目	合 并 报 表	母　公　司
其他应收款	27.13	183.70

为什么会出现这种局面呢？因为格力的生产经营主要在母公司进行，实行的是集中管理模式。而美的的生产经营主要分布在分公司，实行的是分权管理模式。财报分析对我们深刻认识企业的价值就是这么直接和有效！

第四节　负债有讲究

有些讲财务的书说，企业负债率超过 60% 就很危险，说明企业偿债能力差，但是在分析财报的过程中我们发现，如果按这个标准衡量，很多企业都超标了，甚至连格力、美的这样的"大白马"也不合格，这是怎么回事呢？

现在我们就专设一节，给大家科普一下企业负债的基础知识。跟别人讲财报知识不同，我不会做生涩的概念推广和复杂的公式推导，我就用通俗的语言，来告诉大家财报数据间的逻辑关系（专业术语叫"勾稽关系"）。搞懂了基础逻辑和基础关系，我们再看报表上的数字，就都是活的了。

一、从企业负债率中看玄机

老百姓有一句话，叫：吃穿量家当。什么意思呢？就是说，你有多少钱，就办多大事，别做严重超能力的事。打个比方，你兜里有 20 元钱，买 10 元钱的零食，没人说你，但你买了 100 元钱的零食，可能就会有人骂你。

　　企业负债的道理与此类似。我自己有 80 万元的资金，打算开家宾馆，需要先投 100 万元资，缺 20 万元。钱不够，怎么办？我通过各种调研后，得出的结论是：宾馆开成，年净利润 20 万元没问题。所以缺 20 万元而不能开宾馆，就会错失投资良机。实在割舍不下，我决定从亲友处借 20 万元，凑够 100 万元去开宾馆。钱借来后，我的资产状况是什么情况呢？

　　（1）净资产 80 万元。

　　（2）负债 20 万元。

　　（3）总资产 100 万元（净资产 80 万元+负债 20 万元）。

　　这时我的负债率是多少呢？20%。即：20 万元负债对 100 万元总资产的占比。也就是说，负债率的计算公式为：

$$负债率=总负债\div总资产$$
$$总资产=净资产+总负债$$

　　经我一拆解，负债率的公式就是这么简单。按照上边的两个公式，我们可以看到：当负债率超过 50% 时，意味着企业的总资产中，负债超过了净资产。极端环境下，需要用净资产来还债时，净资产比负债还少，那就还不上了。也就是我们通常说的：资不抵债。

　　正因为如此，教科书才告诉我们：企业的负债率超过 60% 就很危险了。实际上，从公式上看，哪还需要 60%？超过 50% 就意味着仅靠净资产就已经无法偿债了。

　　按这个公式，我计算了格力电器和美的集团 2020 年和 2021 年的负债率。格力电器 2020 年的合并报表负债率为 58.14%，2021 年为 66.23%（见表 7-24）。两年的负债率都超过了 50%，确实不低。

表 7-24 格力电器的负债率数据

单位：亿元

年 份	合并 2021 年	母公司 2021 年	合并 2020 年	母公司 2020 年
总负债	2116.73	1725.99	1623.37	1588.12
总资产	3195.98	2387.19	2792.18	2396.27
负债率	66.23%	72.30%	58.14%	66.27%

美的集团 2020 年的合并报表负债率为 65.53%，2021 年为 65.25%（见表 7-25）。两年的负债率也都超过了 50%。

表 7-25 美的集团的负债率数据

单位：亿元

年 份	合并 2021 年	母公司 2021 年	合并 2020 年	母公司 2020 年
总负债	2531.21	1658.65	2361.46	1387.25
总资产	3879.46	2234.50	3603.83	2025.30
负债率	65.25%	74.23%	65.53%	68.50%

说到了企业的高负债率，我想到地产行业中的可能更突出一些。所以，我又为大家统计了保利发展的负债率数据，发现保利发展的负债率更高。2020 年和 2021 年合并报表的负债率都接近 80%，母公司甚至都超过了 80%（见表 7-26）。**负债率为 80%，意味着杠杆倍数为 4.62 倍（总资产÷净资产）**，这杠杆用得是够大的。这还是最近几年国家大力降杠杆政策持续不断加压的结果。

表 7-26 保利发展的负债率数据

单位：亿元

年 份	合并 2021 年	母公司 2021 年	合并 2020 年	母公司 2020 年
总负债	10970.19	3837.84	9847.42	3225.19
总资产	13999.33	4408.09	12514.41	3818.56
负债率	78.36%	87.06%	78.69%	84.46%

　　这三家公司，都是出了名的好公司。公司也有这样高的负债率和杠杆倍数，那差公司呢？转过来想：负债率这么高，难不成全靠借钱活着，那好公司还好在哪呢？别急，关键的问题不能光看负债率有多高，还得看计算负债率的分子——即负债——是从哪儿来的。说简单点就是：**负债跟负债是不一样的。**

　　还是上边开宾馆的例子，我自己有 80 万元，又借了 20 万元。80 万元是我的自有资金，没有什么问题，关键是借来的那 20 万元是从哪儿借的。借的渠道不同，承担的压力和风险就会大大不同。

　　比如，我可以从我爹那里借 20 万元。我爹说，拿这钱创业去吧，什么时候挣了钱什么时候还我。你看，这种情况下，我的负债成本几乎就是 0。再比如，我可以从银行贷 20 万元。贷一年、两年，还是三年，银行有法定利率，我按法定利率还本付息就行了。这种情况下，付出的就是大众化的利率，风险比借爹的跌高点，但并不是太过危险。我甚至还可以从社会上借高利贷，年息两成，也就是 20 万元贷款，一年还 4 万元利息。这可能压不垮我，但风险明显比上边两种方式要高得多。所以，**同样的负债率，因为负债的来源不同，企业所要承担的风险是完全不一样的。**

二、企业的负债从哪里来

　　我举的那个开宾馆的例子是一个极度简化的例子。如果是开一家企业，那情况就要复杂得多。但再复杂，其基本道理是一样的。众所周知，如果一家企业想有效运转，离不开三种基本活动。

　　第一种叫筹资活动。开企业，总得需要一点启动资金吧？企业开起来后，可能还得需要一点周转资金吧？扩大再生产时，可能自己的钱不够用，还得再想办法筹一点或借一点钱吧？股东出资，金融机构借款，企业发行债券、优先股，这些活动都是筹资活动。

第二种叫**经营活动**。企业开起来了，你是酿酒的，还是做鞋的，得有自己的主营活动。这个好理解，不多说。

第三种叫**投资活动**。企业运转了，赚钱了，需要扩大再生产，对内需要设立新厂，对外需要上下游并购，或者钱赚得确实太多了，也想跟腾腾爸似的搞点股市投资，在股市里买点股票什么的，也未可知。

筹资活动就是为了给企业筹钱"输血"，除了股东出资直接进"所有者权益"（即所谓的"净资产"）外，其他途径借来的钱，都是企业的负债。

经营活动中，难免会出现一些"你欠我的，我再欠他的"这类现象，从而也会发生负债。

投资活动是企业拿钱向外投放，购买的东西会作为某种资产在资产负债表中的"资产"项下沉淀下来。

也就是说，在企业的筹资、经营、投资三种基本活动中，只有筹资和经营两种活动能给企业产生负债。

三、分析金融性负债和经营性负债

根据负债生成的来源不同，我们就把企业的负债划分成**金融性负债**和**经营性负债**两种。筹资活动中，除股东出资外，无论企业向金融机构贷款，还是通过金融机构向公众发行债券、优先股，实质上都是一种金融活动，所以这个过程生成的负债，我们就称之为金融性负债。经营活动中生成的负债，我们就称之为经营性负债，这个好理解，不再多说。

企业的负债主要集中表现在企业的"资产负债表"的"负债"栏下。那么具体的哪些科目是金融性负债，哪些又是经营性负债呢？

我们以格力电器 2021 年财报的合并资产负债表为例，给大家简要展示一下（见图 7-17）。

合并资产负债表（续）
2021 年 12 月 31 日

编制单位：珠海格力电器股份有限公司　　　　　　　　　　　　单位：人民币元

项目	附注	2021 年 12 月 31 日	2021 年 1 月 1 日	2020 年 12 月 31 日
流动负债：				
短期借款	五、26	27,617,920,548.11	20,304,384,742.34	20,304,384,742.34
拆入资金	五、27	300,021,500.00	300,020,250.00	300,020,250.00
交易性金融负债				
衍生金融负债				
应付票据	五、30	40,743,984,514.42	21,427,071,950.32	21,427,071,950.32
应付账款	五、31	35,875,090,911.05	31,604,659,166.88	31,604,659,166.88
预收款项				
合同负债	五、32	15,505,499,178.75	11,678,180,424.65	11,678,180,424.65
卖出回购金融资产款	五、28	746,564,041.09	475,033,835.62	475,033,835.62
吸收存款及同业存放	五、29	182,681,905.74	261,006,708.24	261,006,708.24
应付职工薪酬	五、33	3,466,630,401.73	3,365,355,468.69	3,365,355,468.69
应交税费	五、34	2,230,471,191.49	2,301,355,583.02	2,301,355,583.02
其他应付款	五、35	6,763,119,937.14	2,379,395,717.44	2,379,395,717.44
其中：应付利息				
应付股利		2,367,112.94	6,986,645.96	6,986,645.96
持有待售负债				
一年内到期的非流动负债	五、36	1,255,294,034.84	22,927,889.42	
其他流动负债	五、37	62,414,107,264.20	64,382,254,283.54	64,382,254,283.54
流动负债合计		**197,101,385,428.56**	**158,501,646,020.16**	**158,478,718,130.74**
非流动负债：				
长期借款	五、38	8,960,864,258.30	1,860,713,816.09	1,860,713,816.09
应付债券				
其中：优先股				
永续债				
租赁负债	五、39	3,313,452.52	9,410,352.55	
长期应付款	五、40	446,194,591.92		
长期应付职工薪酬	五、41	164,408,471.00	149,859,788.00	149,859,788.00
预计负债				
递延收益	五、42	2,702,653,897.78	437,033,702.46	437,033,702.46
递延所得税负债	五、24	2,293,912,513.79	1,411,111,102.84	1,411,111,102.84
其他非流动负债				
非流动负债合计		**14,571,347,185.31**	**3,868,128,761.94**	**3,858,718,409.39**
负债合计		**211,672,732,613.87**	**162,369,774,782.10**	**162,337,436,540.13**

图 7-17　2021 年格力电器的合并资产负债表负债部分截图

企业的金融性负债主要有四项。

（1）短期借款。

（2）长期借款。

（3）应付债券。

（4）一年内到期的非流动负债。

简单地说，凡是从金融机构融的资、借的款，都是金融性负债。理论上讲，"一年内到期的非流动负债"也可能包含着一些非金融性负债，但实践中，绝大部分是还款剩余期限低于一年的长期借款。所以，我们化繁就简，干脆直接把它划为金融性负债。

企业的经营性负债，通常主要有三项。

（1）应付票据。

（2）应付账款。

（3）预收款项（包括新会计准则设立的"合同负债"）。

另外，还有**"其他应付款"**和**"其他流动负债"**两项也经常会出现大额的数据，我们需要具体情况具体分析。以格力电器2021年的财报数据为例，它的"其他流动负债"科目数据高达624.14亿元，比短期借款、长期借款的总和还要多。这就需要我们进一步细加甄别，在格力的财报附注里，我们可以找到这个科目数据的具体构成（见图7-18）。

其他流动负债

项目	期末余额	期初余额
维修费	1,913,804,227.53	1,893,012,124.81
销售返利	52,669,278,982.00	55,808,250,764.80
未终止确认的商业票据支付义务	852,128,009.63	4,588,589,780.94
待转销项税	1,925,767,413.76	1,469,269,506.13
短期应付债券【注】	4,048,840,948.73	
其他	1,004,287,682.55	623,132,106.86
合计	62,414,107,264.20	64,382,254,283.54

图7-18 2021年格力电器的其他流动负债明细截图

在624.14亿元的"其他流动负债"总额中，有近526.69亿元的销售返利。很显然，这是经营活动中产生的负债。所以在计算格力电器的负债时，我们就应该把它列入经营性负债中。

如果"其他应付款"和"其他流动负债"中的数据较大，我们就需要通过查找附注的方式，来细分构成。**如果其中列示的数据，有需要支付利息的部分，我们应该将其列入金融性负债；如果**

其中列示的数据，不需要支付利息，我们就应该将其列入经营性负债。当然，在实践操作中，大多数情况下，我们会将其列入经营性负债。因此，经营性负债还有两个"可能"的大项。

（4）其他应付款。

（5）其他流动负债。

企业的负债栏中科目有很多，远远超过上边列示的九项。所有的科目中，除去金融性负债之外，其余的负债都应该划入经营性负债。因此，企业的经营性负债主要是，但不限于上述五大科目。比如"应付职工薪酬"，这是企业欠职工的工资，它也是企业在生产经营活动中产生的自然负债，只是通常数额较小，我们将之忽略处理罢了。

金融性负债是企业需要还本付息的债务，它肇始于企业的对外筹资活动。因为与它对应的通常是正规、强势的金融机构，到期就得还本付息，商量的余地不大。企业要么乖乖地还本付息，要么赖账。**但企业对金融负债赖账，往往会引发很严重的后续影响。**赖账的后果往往就意味着信用破产，还想做好的企业是不会这样干的。

经营性负债主要是企业在经营过程中占压的上下游资金，加上少数暂时未予支付的薪酬、税费等。"欠钱的是大爷"，这是生活中经常上演的事，在企业经营活动中，实际上更是经常上演。而且，能演这出好戏的，通常都是强势企业。

因为这类负债只用还本，不用付息，且对应的通常是上下游合作伙伴，只要企业经营保持适度的规模，不断地欠新还旧，大家的经营就都能过得去。所以从长期看，它是一种良性负债，**体现的是企业一种强势的地位。**所以有些企业，乍一看负债率很高，但扣除经营性负债后，其真实的负债水平可能并不高。

表7-27和表7-28是我统计的格力电器的经营性负债和金融性负

债相关数据。格力电器 2020 年总负债为 1623.37 亿元（见表 7-24），经营性负债为 1314.71 亿元，真实负债仅为 308.66 亿元，真实负债率仅 11.05%（真实负债 308.66 亿元÷总资产 2792.18 亿元）。同样的逻辑，我们可以计算出其 2021 年的真实负债率为 15.76%。也就是说，2021 年格力电器所负的债务，主要是经营性负债。

表 7-27　格力电器的经营性负债数据

单位：亿元

年　　份	合并 2021 年	母公司 2021 年	合并 2020 年	母公司 2020 年
应付票据	407.44	356.74	214.27	191.77
应付账款	358.75	336.78	316.05	443.65
预收款项（合同负债）	155.05	122.20	116.78	145.95
其他应付款	67.63	247.00	23.79	177.31
其他流动负债	624.14	596.74	643.82	597.38
经营性负债总计	1613.01	1659.46	1314.71	1556.06

表 7-28　格力电器的金融性负债数据

单位：亿元

年　　份	合并 2021 年	母公司 2021 年	合并 2020 年	母公司 2020 年
短期借款	276.18	180.69	203.04	158.63
长期借款	89.61	66.06	18.61	1.43
应付债券	0	0	0	0
一年内到期的非流动负债	12.55	1.35	0	0
金融性负债总计	378.34	248.10	221.65	160.06

是不是真实的还债压力就非常低了？至于金融性负债，又能干什么呢？在后边的两章中，我们会讲到"资本负债率"和"动态资本负债率"，到时候就用得着了。

下面再来看看保利发展的经营性负债和金融性负债相关数据（见表7-29和表7-30）。保利发展2020年扣除经营性负债之后，真实负债率为23.55%，2021年真实负债率为25.69%，两者都是非常低的水平。这里特别说明一下，保利地产母公司的"其他流动负债"很少，但"其他应付款"都数额甚巨，2021年居然高达3289.09亿元。我查了下附注，其绝大部分是"应付工程款"——显然，这也是经营活动中产生的负债。所以，我们可以放心大胆地把它归入经营性负债中。

表7-29　保利发展的经营性负债数据

单位：亿元

年份	合并2021年	母公司2021年	合并2020年	母公司2020年
应付票据	94.70	0	149.19	0
应付账款	1301.27	4.63	1365.64	7.53
预收款项（合同负债）	4168.69	2.85	3664.99	0.35
其他应付款	1474.14	3289.09	1405.25	2682.29
其他流动负债	365.24	0.02	318.74	0.02
经营性负债总计	7404.04	3296.59	6903.81	2690.19

表7-30　保利发展的金融性负债数据

单位：亿元

年份	合并2021年	母公司2021年	合并2020年	母公司2020年
短期借款	40.94	0	47.77	0
长期借款	2319.04	135.82	2071.60	216.70
应付债券	416.20	321.02	250.66	153.52
一年内到期的非流动负债	605.75	80.77	597.99	165.20
金融性负债总计	3381.93	537.61	2968.02	535.42

总之，如果大家分不清什么是经营性负债、什么是金融性负债，且这些负债都代表了什么含义，那么简单地套用资产负债率公式，拿个60%或70%的数字当成标尺，是不是就会得出错误的结论？

再顺便讲一下：除了经营性负债和金融性负债这两个常见名词之外，我们在阅读企业财报分析文章时，还经常看到有息负债和无息负债这两个名词。这四个词都有什么区别和联系呢？

顾名思义，有息负债就是需要还息的负债，无息负债就是不需要还息的负债。划分的标准跟经营性负债和金融性负债有本质的不同。**实际操作中，金融性负债因为通常都是需要还息的，所以基本上可以和有息负债画等号，经营性负债通常都是不需要还息的，所以基本上可以和无息负债画等号。**这样画的等号不是太精确，我们知道其中的细微差别就行了。

四、分析企业负债时的重点工作

不要小看负债，通过分析企业的负债，我们可以知道企业很多重要的信息。

1. 分析企业的财务稳定性

如上所述，通过区分企业的经营性负债和金融性负债，我们可以推算出企业的真实负债率水平。**所谓"真实负债率水平"，指的是企业担负较大风险的负债对总资产的占比。这个数据越小，代表着企业的债务水平越安全。**上文关于格力电器和保利地产真实的负债率分析，实际上就是两个生动的展示。这点不再多说。

2. 分析企业的商业模式和经营战略

以前我们在学习和阅读财务报表时，有的老师告诉我们，只要看合并报表的数据就行了，母公司的数据看不看无所谓。理由是：合并报表体现了企业整体的经营成果，它是母公司与控股、联营子公司和孙公司的综合表现，股票代表的是整体和综合，所以我们只要看整体和综合数据就行了。

我告诉你，这个观点是非常值得商榷的。我们买一只股票，就得研究股票背后的这家企业。**我们研究这家企业，至少就得搞清楚这家企业的商业模式和经营战略**。我们连它的商业模式和经营战略什么的都没搞清，怎么可能研究透这家企业呢？**看财务报表，尤其是通过母公司报表和合并报表对照着看，我们可以分析出企业的经营战略**。

我以前文统计的格力电器和美的集团的负债数据为例，来给大家具体演示一下分析的全过程。如表7-27所示，格力电器2021年的应付票据为407.44亿元，母公司为356.74亿元，这说明合并报表中应付票据大部分是产生于母公司的。格力电器2021年的应付账款为358.75亿元，母公司为336.78亿元，说明合并报表中的应付账款大部分是产生于母公司的。格力电器2021年的预收款项（包括合同负债）为155.05亿元，母公司为122.20亿元，也说明合并报表中的预收款项大部分是产生于母公司的。

以此类推，我们发现合并报表中的其他应付款和其他流动负债，也都是主要或全部产生于母公司。综合起来，我们发现格力电器合并报表中的经营性负债，小于母公司的经营性负债。也就是说，格力电器2021年的经营性负债几乎全部产生于母公司的生产经营活动。那些子公司、孙公司，都是围绕着母公司来帮下手、打杂工的。

我们再来分析下格力电器的金融性负债，看能发现什么？如表7-28所示，格力电器2021年合并报表上的金融性负债总共为378.34亿元，母公司为248.10亿元。也就是说，格力电器的金融性负债，主要发生在母公司身上。

　　经营活动主要发生在母公司身上，筹资活动也主要发生在母公司身上。这说明格力电器的母公司在企业的正常运转中，占据在着绝对主导的地位，它采取的是一种**集中管理模式**。

　　我们再来看看美的集团的负债报表数据。如表7-31所示，美的集团2021年合并报表中应付票据高达327.52亿元，母公司为0，这说明合并报表中的应付票据全部发生在分公司中。美的集团2021年合并报表中的应付账款高达659.84亿元，母公司为0，也说明合并报表中的应付账款全部发生在分公司中。

表 7-31　美的集团的经营性负债数据

单位：亿元

年份	合并 2021 年	母公司 2021 年	合并 2020 年	母公司 2020 年
应付票据	327.52	0	282.50	0
应付账款	659.84	0	539.30	0
预收款项（合同负债）	239.17	0	184.01	0
其他应付款	42.88	1514.51	45.01	1231.20
其他流动负债	482.28	0.36	498.52	30.49
经营性负债总计	1751.69	1514.87	1549.34	1261.69

　　以此类推，美的集团的预收款项、其他应付款数据都是如此。需要说明的是，美的集团2021年合并报表中的"其他应付款"只有42.88亿元，而母公司的其他应付款则高达1514.51亿元。说明这个科目中的数据，主要是销售返利。也就是说，美的集团所有的基本经营活动都发生在分公司，只有销售返利的权力被母公司牢牢地掌握着。

　　大家想想，这是一种什么样的管理模式呢？先别急下结论，我们再来看看美的集团的金融性负债。如表7-32所示，美的集团

2021 年合并报表上的金融性负债总计 540.64 亿元，而母公司的金融性负债为 125.46 亿元。也就是说，美的集团的对外筹资活动主要发生在分公司。

表 7-32　美的集团的金融性负债数据

单位：亿元

年　　份	合并 2021 年	母公司 2021 年	合并 2020 年	母公司 2020 年
短期借款	53.82	0	99.44	7.99
长期借款	197.34	125.10	428.27	58.00
应付债券	0	0	0	0
一年内到期的非流动负债	289.48	0.36	63.10	30.49
金融性负债总计	540.64	125.46	590.81	96.48

　　基本经营活动和对外筹资活动主要发生在分公司，而母公司只牢牢地控制着销售返利这个关键。这就是典型的**分权管理模式**。

　　现代企业，尤其是上市的企业，很少有个体公司独立经营的，通常都会有一个母体公司，然后下设若干分公司，形成集团化经营。所以在财务报表上，就会有合并报表和母公司报表之分。但是企业的集团化经营，并不代表其管理模式就是统一的。

　　如上所述，格力就是集中管理模式，而美的就是分权管理模式，当然还有一种介于二者之间的"集中与分权并重的综合平衡管理模式"。在集中管理模式下，生产经营、对外筹资，主要都发生在母公司内。这样的公司，通常对集团内的现金也是集中统一管理的。好处是：统一借钱，统一管理，统一经营，效率高，漏损少。坏处是：分公司独立发展受限。

　　在分权管理模式下，生产经营、对外筹资，都主要发生在分公司内。这样的公司，通常对集团内的现金也是分散管理的。好处是：分公司保持了相当程度的独立经营权，个体的积极性可以得到充分的发挥。坏处是：有的分公司钱很多，有的分公司钱不够用。钱不够用的公司必须自己想办法对外筹资，这样就会降低整个集团的现金使用效率。

很多朋友分析企业的资产负债表时，发现企业的货币资金很多，但是对金融机构的负债也很多，于是大叫："这不就是典型的'债币双高'吗？"马上把它列入财务造假的行列。这样做是草率的。希望看完本书的朋友，以后不要再这样做了。

碰到这样的情况时，我们应该先通过债务分析，看一下公司到底采用什么样的管理模式。如果是分权管理模式，因为各分公司是独立运营的，的确可能出现合并报表中现金很多，但对金融机构的负债也很多的情况。至少可以给"债币双高"找到一个相对合理的解释。如果是集中管理模式，因为现金和债务通常都是由母公司统一管理的，这种情况下出现债币双高，才是真正值得怀疑的。

3. 考察上下游的竞争关系

这个功能主要体现在企业的经营性负债分析上。只有优秀的企业，在上下游的竞争中才能处于比较强势的地位。只有处于强势地位的企业，才能欠人家的钱、人家还不烦。因为我赊给你账，可以拉着我继续跟你做生意赚钱。这一点，比较好理解，只点下题，不多述。

4. 考察融资能力

这个功能主要体现在企业的金融性负债分析上。简单地说，金融性负债少，一方面说明企业可能不差钱，另一方面也说明企业万一要是想借钱的话，借钱的空间就会很大。

以格力电器为例，2019年底有2000多亿元的总资产，不到200亿元的金融性负债，其中的长期借款不到5000万元。这样的企业，如果它想借钱，银行估计挤破门、抢破头也得争这桩生意吧。

5. 指明考察分析的重点

在企业财务数据分析中，如果我们碰到金融性负债多的企业时，那就得格外重视起来。**金融负债多，不一定就代表着企业的财务风险高。只要企业的还债能力足够强，负债多也不一定就是多大的坏事。**

所以，对这类企业，我们要重点考察它的还债能力。**主要使用的工具，我推荐资本负债率、动态资本负债率这两个指标。**这两个指标在后文会专门给大家详解。

6. 分析未来经营业绩保障

分析企业的负债，能分析出企业未来的业绩保障吗？很多朋友看到这个问题，可能会产生很多疑问。我告诉你：可以的。

比如，我以前分析万科时，重点就提到了它的"合同负债"——合同负债其实就是预收款项的意思。万科这个科目里的钱，几乎全是"已售未结"项目。房子卖出去了，钱收到了，但是还没有进行结算，没有归入营收和利润。**所以这类负债，实际上储存的就是企业未来的业绩保障。**

五、特别提示

在构思和写作本节内容时，我对财报阅读与分析又有几点特殊的感受，这里再着重说明和强调一下。

1. 财报上的数字是活的

财报上的数据，不是简单的数字罗列。归根结底，它反映的是企业的经营。企业有什么样的经营，就会有什么样的财务特征。正如上边我们讲到的集中管理模式和分权管理模式下，企业负债表现出的特征会完全不同。尤其是在母公司报表和合并报表的对比中，我们能够更加强烈地感受到这一点。

因此，在进行企业财务数据分析时，我们一定得结合企业的商业模式、经营战略、管理模式，来进行分析研究。财务数据和商业模式的结合，是一个互动的过程：初次接触某家企业时，我们可以通过财务数据，来认识和分析这家企业的商业模式；然后通过对这家企业商业模式的了解和熟悉，再反过来进一步深化对企业财务数据的理解。经过这样一个相互促进和提升的过程，我们所做的分析和得出的结论，才可能更接近于完美。

2. 分析财报，不要拘泥于比率，更不要拘泥于某个单项的比率

财务报表中的数据虽多，但每一条、每一项都有它内在的含意，其中的数据会牵一发而动全身。因此，我们分析财报时，最重要的是分清、搞懂财务数据间的勾稽关系。

比如，上文讲的负债率，如果我们只按公式进行计算，然后再按比率设定来进行分析，很容易就得出格力、美的、保利这些大白马负债率太高、财务风险太大这样的错误结论。而我们分清内在逻辑了，知道债务和债务是不一样的，不同的债务来源代表着不同的债务风险，我们就很容易区分出真正的风险或安全了。

另外，某项比率只是对企业某一个方面的陈述和衡量。负债比率好，并不一定代表着这家企业就可以长投不放。换句话说，比率很重要，但再重要的比率，它只反映了企业的某一个方面。

第五节　资本负债率：检查企业财务的稳定性

检查企业财务的稳定性，是分析企业资产负债表最重要、最核心的内容。 在中外资本市场发展的历史上，有很多貌似很强大的企业，突然有一天轰然倒地，而有些看似弱不禁风的企业，始终长存于市场。根本原因就是企业的财务稳定性不同。

财务稳定性不好的企业，很容易发生"貌似强大但突然猝死"的现象。那么，我们应该怎样分析企业的财务稳定性呢？本章专门给大家介绍一个最能衡量企业财务稳定性的指标——**资本负债率**。

一、影响企业财务稳定性的三大要素

在学习和分析资本负债率之前，我们必须先弄清影响一家企业财务稳定性的因素主要有哪些，概括地说主要有三点。

1. 股东权益

股东权益又叫所有者权益，它的妙用，我们会在后边的章节中专门讲解，这里先简略介绍。

（1）它是股东的钱，所以又叫净资产。

（2）它的来源有两个，一是股东从自己兜里拿出来投资给企业的钱，二是企业成立后赚来，且没有花掉或分掉的钱。

因此，股东的权益越多，也就是企业的净资产越多，意味着企业的财务越稳定。反之，净资产越少，财务越不稳定。少到"资不抵债"，则最危险！

2. 有息负债

企业经营过程中一般都会有负债，适度负债是好事，只有过度负债才会危险。同时，有些负债基本上可以被定义为"越多越好"，比如应付账款、应付票据之类。也就是俗话说的赊账。**企业赊账越多，说明对上游的议价能力越强。赊的账款，实质上都是些无息欠款。**

虽然在生活中，赊账多的人通常代表着其人品、信誉有问题，但在企业经营中，赊账实际上是有好处的。所以哪怕是过度负债的企业，其中有些负债也是有正面意义的。

通常而言，有问题的负债是指有息负债，有息负债就是需要还本付息的欠债。**因为有息负债不是"免费的午餐"，所以通常意义上，企业的有息负债越少越好。**

3. 现金和现金等价物

这一点，用我们日常的生活经验就好理解：人有钱没钱，就是不一样。有钱的人说话都音调高，所谓财大气粗。没钱的人吹个牛都没有底气，所谓人穷志短。

企业经营和我们过日子没有什么两样。企业账上现金多，当然意味着还账能力强，财务稳定性好。反之，则意味着还账能力弱，财务稳定性不好。**当然，这并不是说企业账上的现金越多越好。上述分析，只是从财务稳定性角度讲的，从风险收益角度看，在控制风险的前提下，让资金利用效率最大化才是上上之选。**

二、资本负债率中的三大要素

普及完上边的常识，我们再正式切入本节的主题——分析资本负债率。先给大家看一个公式：

资本负债率=（有息负债-现金及现金等价物）÷股东权益

为什么说资本负债率是衡量企业财务稳定性最重要最核心的一项指标呢？因为影响企业财务稳定性最重要的三大因素，这个指标都包含了。

有息负债减去现金及现金等价物，得到的数据叫**净有息负债**（有的书中也称之为净金融负债）。资本负债率就是净有息负债与股东权益之比。

它的整体含义是：**净有息负债对股东权益的占比越小，则意味着企业的财务稳定性越好；净有息负债对股东权益的占比越大，则意味着企业距离"资不抵债"越近，财务稳定性越差。**

以上就是资本负债率这个指标的公式及其表达的含义。那么怎么具体地计算和运用这个比率的公式呢？别愁，腾腾爸手把手教你！

三、用资本负债率分析企业的关注点

我以万科2021年报财务中的数据为例，说明资本负债率在分析企业财务状况时发挥的作用。

1. 看有息负债

有息负债，又叫金融负债。顾名思义，这是需要支付利息的债务。为什么有息负债又叫金融负债呢？因为这类"需要支付利息"的债务，通常来自于向金融机构的借债。因此，有息负债的来源主要有四个：短期借款、一年内到期的非流动负债、长期借款、应付债券。

短期借款，可以简单理解成企业向银行借贷的还款期限低于一

年的贷款；长期借款，可以简单理解成企业向银行借贷的还款期限高于一年的贷款；应付债券，则可以简单理解成企业发行的并且需要在未来还本付息的各类债券；一年内到期的非流动负债，就是借款期限超过一年但在剩余还本付息时间不足一年的负债。

记住，这四项都可以在企业资产负债表中的"负债"部分找到。短期贷款在"流动负债"项下，长期贷款和应付债券在"非流动负债"项下。

我们先看万科 2021 年的合并资产负债表。如图 7-19 中方框处所示，上述四个科目的数据，都是可以在资产负债表上直接拿过来使用的。当然，这里再说明一下，企业的有息负债主要是上述四项，但绝不仅仅于上述四项。

从财务实践上看，应付票据、应付账款、其他应付款等科目，都可能是有息的，但比例通常很小。企业有息负债的主要来源，还是我们上边重点介绍的四项。

所以我们在检视企业、进行财务分析时，通常统计出上述四项重点数据，合成有息负债就行了。以后大家掌握熟悉了，可以在阅读财报数据时进行更深入和精细的计算。

2. 看现金和现金等价物

现金就是库存现金，在企业财报上就是资产负债表上的"货币资金"项。现金等价物是指企业持有的期限短、流动性强、易于转换为已知金额现金、价值变动风险很小的投资、短期债券、银行理财等。简单点说，就是虽然不是现金，但是企业只要愿意，马上就能转换成现金的各类流动性资产。

在操作实务上，这类资产通常记录在"其他流动资产"名下。因此，计算企业的现金和现金等价物，我们主要计算"货币资金"和"其他流动资产"两个科目中的数据就可以了（见图 7-20）。

合并资产负债表 (续)

编制单位：万科企业股份有限公司	2021 年 12 月 31 日	单位：元	币种：人民币
负债及股东权益	附注五	2021 年 12 月 31 日	2020 年 12 月 31 日
流动负债：			
短期借款	23	14,412,503,249.23	25,111,536,842.11
交易性金融负债	19	191,792,000.00	-
衍生金融负债	3	721,410,940.20	336,153,690.52
应付票据	24	125,436,070.74	607,112,827.28
应付账款	25	330,411,135,278.79	295,684,502,351.66
预收款项		1,364,286,327.30	912,230,827.79
合同负债	26	636,858,514,051.90	630,747,210,801.94
应付职工薪酬	27	6,377,975,332.94	7,850,940,564.17
应交税费	28	25,191,250,342.32	29,036,523,037.88
其他应付款	29	192,066,169,218.48	212,758,353,478.50
一年内到期的非流动负债	30	47,931,931,675.46	60,461,863,986.86
其他流动负债	31	55,794,062,851.37	53,986,260,461.07
流动负债合计		1,311,446,467,338.73	1,317,492,688,869.78
非流动负债：			
长期借款	32	154,322,278,963.64	132,036,783,089.92
应付债券	33	53,020,571,732.91	43,576,223,200.25
租赁负债	17	24,309,642,098.47	24,589,945,695.98
预计负债	34	275,163,330.47	215,331,457.12
其他非流动负债	35	1,201,342,251.72	1,190,177,426.90
递延所得税负债	21	1,289,886,458.05	231,470,922.38
非流动负债合计		234,418,884,835.26	201,839,931,792.55
负债合计		1,545,865,352,173.99	1,519,332,620,662.33
股东权益：			
股本	36	11,625,383,375.00	11,617,732,201.00
资本公积	37	20,583,813,574.25	18,554,497,034.24
其他综合收益	38	(141,027,403.52)	(1,544,373,020.86)
盈余公积	39	111,186,520,565.83	97,466,324,513.51
未分配利润	40	92,698,444,100.85	98,416,772,021.20
归属于母公司股东权益合计		235,953,134,212.41	224,510,952,749.09
少数股东权益		156,819,642,312.68	125,333,520,594.13
股东权益合计		392,772,776,525.09	349,844,473,343.22
负债和股东权益总计		1,938,638,128,699.08	1,869,177,094,005.55

图 7-19　2021 年万科的合并资产负债表负债部分截图

　　在现金流量表中，有"年末现金及现金等价物余额"项，这个数据跟我们通过上述两项计算的不一致，因为货币资金和其他流动资产中，可能包含着一些存期较长或限制用途的资金，但总体上相差不会很大。具体用哪个数据，大家可以根据个人喜好。我建议在实际操作中，用相对保守的那个数据最好。

合并资产负债表

编制单位：万科企业股份有限公司	2021 年 12 月 31 日	单位：元	币种：人民币
资产	附注五	2021 年 12 月 31 日	2020 年 12 月 31 日
流动资产：			
货币资金	1	149,352,444,288.76	195,230,723,369.88
交易性金融资产	2	20,587,130.20	170,479,737.23
衍生金融资产	3	-	14,760,989.89
应收票据		27,681,787.89	9,662,433.79
应收账款	4	4,743,597,023.95	2,992,423,302.26
预付款项	5	67,230,335,116.78	62,247,503,823.48
其他应收款	6	266,061,120,373.24	249,498,545,525.50
存货	7	1,075,617,036,637.22	1,002,063,008,153.13
合同资产	8	10,390,001,562.44	6,162,549,680.11
持有待售资产	9	892,422,536.24	6,334,727,583.46
其他流动资产	10	25,933,080,835.18	22,662,676,635.96
流动资产合计		1,600,268,307,291.90	1,547,387,061,234.69
非流动资产：			
其他权益工具投资	11	1,833,454,848.71	1,601,237,167.11
其他非流动金融资产	12	1,041,138,826.07	697,759,464.58
长期股权投资	13	144,449,331,715.57	141,895,190,255.76
投资性房地产	14	85,953,409,655.10	79,954,139,029.20
固定资产	15	12,821,059,774.78	12,577,342,742.17
在建工程	16	3,398,129,417.86	3,236,850,338.38
使用权资产	17	24,242,100,680.02	25,210,119,233.05
无形资产	18	10,445,168,074.14	6,087,781,315.58
商誉	19	3,822,322,807.59	206,342,883.92
长期待摊费用	20	9,012,992,116.04	8,947,760,570.31
递延所得税资产	21	33,517,919,664.26	27,535,430,502.86
其他非流动资产	22	7,832,793,827.04	13,840,079,267.94
非流动资产合计		338,369,821,407.18	321,790,032,770.86
资产总计		1,938,638,128,699.08	1,869,177,094,005.55

图 7-20　2021 年万科的合并资产负债表资产部分截图

3. 看比率的分母——股东权益

前文简单讲解了股东权益的概念，在资产负债表中也很好找——就在资产负债表的最下部分（见图 7-21）。

讲到这里，腾腾爸以万科为例，手把手教大家如何在财报中找到计算资本负债率的所有数据。我们把上述数据单摘出来统计制表（见表 7-33）。

合并资产负债表 (续)

编制单位：万科企业股份有限公司	2021 年 12 月 31 日	单位：元	币种：人民币
负债及股东权益	附注五	2021 年 12 月 31 日	2020 年 12 月 31 日
流动负债：			
短期借款	23	14,412,503,249.23	25,111,536,842.11
交易性金融负债	19	191,792,000.00	-
衍生金融负债	3	721,410,940.20	336,153,690.52
应付票据	24	125,436,070.74	607,112,827.28
应付账款	25	330,411,135,278.79	295,684,502,351.66
预收款项		1,364,286,327.30	912,230,827.79
合同负债	26	636,658,514,051.90	630,747,210,801.94
应付职工薪酬	27	6,377,975,332.94	7,850,940,564.17
应交税费	28	25,191,250,342.32	29,036,523,037.88
其他应付款	29	192,066,169,218.48	212,758,353,478.50
一年内到期的非流动负债	30	47,931,931,675.46	60,461,863,986.86
其他流动负债	31	55,794,062,851.37	53,986,260,461.07
流动负债合计		1,311,446,467,338.73	1,317,492,688,869.78
非流动负债：			
长期借款	32	154,322,278,963.64	132,036,783,089.92
应付债券	33	53,020,571,732.91	43,576,223,200.25
租赁负债	17	24,309,642,098.47	24,589,945,695.98
预计负债	34	275,163,330.47	215,331,457.12
其他非流动负债	35	1,201,342,251.72	1,190,177,426.90
递延所得税负债	21	1,289,886,458.05	231,470,922.38
非流动负债合计		234,418,884,835.26	201,839,931,792.55
负债合计		1,545,865,352,173.99	1,519,332,620,662.33
股东权益：			
股本	36	11,625,383,375.00	11,617,732,201.00
资本公积	37	20,583,813,574.25	18,554,497,034.24
其他综合收益	38	(141,027,403.52)	(1,544,373,020.86)
盈余公积	39	111,186,520,565.83	97,466,324,513.51
未分配利润	40	92,698,444,100.85	98,416,772,021.20
归属于母公司股东权益合计		235,953,134,212.41	224,510,952,749.09
少数股东权益		156,819,642,312.68	125,333,520,594.13
股东权益合计		392,772,776,525.09	349,844,473,343.22
负债和股东权益总计		1,938,638,128,699.08	1,869,177,094,005.55

图 7-21 2021 年万科的合并资产负债表权益部分截图

表 7-33 万科的资本负债率相关数据

单位：亿元

科　　目	2021 年	2020 年
短期借款	144.13	251.12
一年内到期的非流动性负债	479.32	604.62

（续）

科　目	2021 年	2020 年
长期借款	1543. 22	1320. 37
应付债券	530. 21	435. 76
有息负债合计	2696. 88	2611. 87
货币资金	1493. 52	1952. 31
其他流动资产	259. 33	226. 63
现金及现金等价物合计	1752. 85	2178. 94
所有者权益	3927. 73	3498. 44

　　有了上述数据，万科的资本负债率就好计算了：资本负债率（万科 2020 年）＝（有息负债－现金及现金等价物）÷所有者权益＝（2611. 87－2178. 94）÷3498. 44＝12. 37%；资本负债率（万科 2021年）＝（2696. 88－1752. 85）÷3927. 73＝24. 04%。

　　这个比率是高还是低呢？**从风险收益和财务稳健的操作实务上看，10%~20%的资本负债率是最理想的，因为这一水平的资本负债率代表企业既没有多余的现金，又能应付得过来极端的财务险境；20%~50%的数值是合理的；而超过 70%之后，财务稳定性就是危险的；如果超过了 100%，则可以划为极度危险，企业需要考虑加大资本金或大幅削减债务。**

　　看到这里，一定会有朋友问：那 10%以下呢？或 50%~70%呢？很简单，从财务稳定性看，10%以下肯定是比 10%以上的表现要好，但从风险收益比上看，这就意味着有大量的现金被闲置了，企业并没有达到在确保风险的前提下将收益最大化。50%~70%可以视为从财务稳健到财务风险之间的过渡地带，越靠近 50%意味着越安全，越靠近 70%意味着越有风险。

　　大家可以利用上边学到的知识，再找几个例子试试。2019 年初，我写过一篇分析华侨城的文章，统计数据表明，华侨城的管理层走了较为激进的道路，导致企业的现金流极差。那么，它的财务稳定性如何呢？依据华侨城 2019 年的财报，我统计出了它的资本负债率相关数据（见表 7-34）。

表 7-34　华侨城的资本负债率相关数据

单位：亿元

科　目	2019 年	2018 年
短期借款	233.49	131.31
一年内到期的非流动负债	117.71	86.07
长期借款	696.38	594.11
应付债券	129.74	111.37
有息负债合计	1177.32	922.86
货币资金	374.87	272.29
其他流动资产	64.79	44.38
现金及现金等价物合计	439.66	316.67
所有者权益	949.93	771.84

根据统计数据计算可知，华侨城 2018 年的资本负债率高达 78.54%，2019 年也高达 77.65%。这个数据意味着，当时华侨城的财务稳定性是很差的。理论上，它需要大幅削减一下债务，或者向股东大幅筹一下资，否则它就会处于财务困境。

财务数据不好，并不意味着企业必然陷于财务困境。对股市投资者来说，进行财务分析的根本目的就是为了寻找企业的风险点，并排除掉企业。我们明明知道自己研究的企业陷入困境的可能性远远大于同类标的，为什么还要去以身试险呢？

实践中，有一些特别优秀的企业现金流非常棒，财务稳定性也非常棒——资本负债率都成了负数！比如，格力电器。2021 年底，格力电器的现金和现金等价物高达 1263.21 亿元，而有息负债为 378.34 亿元，现金远高于负债（见表 7-35）。

表 7-35　格力电器的资本负债率相关数据

单位：亿元

科　　目	2021 年	2020 年
短期借款	276.18	203.04
一年内到期的非流动负债	12.55	0
长期借款	89.61	18.61
应付债券	0	0
有息负债合计	378.34	221.65
货币资金	1169.39	1364.13
其他流动资产	93.82	156.17
现金及现金等价物合计	1263.21	1520.30
所有者权益	1079.25	1168.80

这种状态，我们视之为**无负债状态**，或者叫**净现金头寸状态**。**处于这种状态的企业，我们压根不用担心它的财务会出现什么大的问题**。当然，这种状态也说明大量的现金有被闲置的嫌疑，实际上降低了资金使用效率。但总体上瑕不掩瑜，这是一件好事。

四、资本负债率指标的优势和不足

1. 该指标的好处

写到这里，顺带着介绍一下**资本负债率的好处**。传统上，衡量企业的财务稳定性时，大家喜欢用总体负债率这个指标，也就是我们上一节讲解的内容，认为这个比率超过 60% 就是比较危险的。

以格力为例，截至 2021 年 12 月 31 日，格力电器总负债为 2116.73 亿元，总资产为 3195.98 亿元，负债比率高达 66.23%。用传统学界的观点，这个比率意味着格力电器的负债率过高，财务处于风险暴露中。

实际上，我们仔细分析一下格力的财报就会发现，2021 年它有着 358.75 亿元的应付账款，407.44 亿元的应付票据，还有

155.05亿元的预收款项（合同负债）。这三项实际上都是占压上下游的资金，本质上属于无息欠款。

计算负债率时，这些因素都没有被考虑进去，而资本负债率显然已经把上述例外情况全部排除在外。因此，它的计算结果比负债率要全面客观得多！

2. 该指标的不足

介绍完资本负债率的种种用处和优势，也不能不说一说它的缺点和不足。

（1）一些运营良好的公共事业类公司，因为多属于重资产行业，需要高负债投入，会造成资本负债率不是那么好看。但是这些企业通常又具有很稳定的现金流入，所以看起来不好的财务数据，实际上财务稳定性是很好的。

这说明，单一使用资本负债率指标，并不是万能的。投资者在使用该指标的过程中，必须和企业的经营模式结合起来考虑。绝对不能按图索骥、一概而论。

（2）完美的资本负债率是可以被"造"出来的。大家回看一下资本负债率的计算公式，分子和分母中的任何一个数据突变，都可以大幅改变比率值。比如，企业突然进行股权筹资，则股东权益增加，分母加大，比率值自然变小，这种方法可以在几年内让这个比率维持在健康的状态。而实际上，这种做法并不一定能改善企业的真实经营水平。

再如，企业出售某项资产后现金突然增多，从而造成分子变小，比率值也随之下降，呈现出一种财务超级稳定的状态。实际上，这种行为对企业经营并无助益；相反，企业可能因为出售掉的是优质资产，而对经营造成实质性损害。以上种种，需要投资者在使用这个比率为企业体检时多多注意。

讲这些缺点和不足是想告诉朋友们：资本负债率很重要、很核心，但要想充分利用它的长处，还必须清除财报数据中一系列潜在的扭曲因素——资本负债率必须和**动态资本负债率**一起考虑，尤其是与现金流状况一起考虑，才会更完美！

第六节　动态资本负债率：全面考虑企业经营的变量

一、动态资本负债率的由来和作用

上节讲到，资本负债率是考察和衡量企业财务稳健性最重要的指标之一。这个指标虽然很好用，但并不具有唯一性和绝对性。

问题一：企业进行一次战略性扩张，就可能增加负债、减少现金，从而让公式中的分子端突然加大，然后让整个比率的数值变高。如果不做具体分析，我们按图索骥，就可能得到严重错误的结论。企业扩张不一定是坏事，但数据可能告诉我们，企业的财务稳健性不足。

问题二：同样的所有者权益（同样的净资产），能给股东带来的效益可能并不一样。比如，同样贷款 10 万元投资一家小店，有人一年盈利 2 万元，有人一年亏损 2 万元。盈利 2 万元的，还本付息没有任何压力。亏损 2 万元的，可能会面临很大的财务问题。

资本负债率的三个变量——有息负债、现金及现金等价物、所有者权益，都是积累量，没有考虑到"企业经营"这个变量。这就让资本负债率指标先天具有了局限性。

为了解决第一个问题，我建议大家在用资本负债率分析企业时，一定要多看历史数据，即不要只看某一年、某一刻的数据。连续地看多年数据，这样才能有整体的把握。如果我们发现某年数据异常时，可以再做更深入的探究和分析。

为了解决第二个问题，财务专家们又给我们发明了一个新的比率，作为资本负债率的配套辅助指标——动态资本负债率。动态资本负债率的公式如下：

动态资本负债率=（有息负债−现金及现金等价物）÷自由现金流

公式中的分子跟资本负债率一致，均为有息负债与现金及现金等价物的差额（即净有息负债）；分母则由所有者权益变成了自由现金流。所有者权益是股东在公司内的净资产，自由现金流则是股东净资产经过一年经营后得出的价值创造。所有者权益是一个静态的积累量，自由现金流是一个动态的增量。

资本负债率的含义是：企业用全部现金及现金等价物去偿还有息负债，偿还不了的话，可以用企业的净资产去还。净有息负债对企业的净资产占比越小，越说明企业负债越安全。

动态资本负债率的含义是：企业用全部现金及现金等价物去偿还有息负债，偿还不了的话，可以用企业每年创造的自由现金流接着还。**这个比率越小，说明用自由现金流还债的时间越短，则负债越健康。**

比如，一家企业的有息负债为 1000 万元，现金及现金等价物为 600 万元，企业每年创造的自由现金为 200 万元。理论上，企业用现金及现金等价物可以还掉 600 万元有息负债，剩下的 400 万元净有息负债，由每年创造的 200 万元自由现金流去还，则只需要 2 年时间，就能全部还完。即：动态资本负债率=（1000−600）÷200＝2（年）。

二、动态资本负债率指标的计算

上文是一个理想化的例子，具体到企业实际财报分析上，我们应该怎样计算呢？以保利发展 2021 年的财报为例。有息负债、现金及现金等价物的计算方法，上节都举例展示了，大家按图索骥进行计算就可以。

有息负债、现金及现金等价物的数据有了，下面我们再重点讲讲如何计算动态资本负债率的分母——自由现金流。计算企业的自由现金流最简化的公式就是：

自由现金流＝经营性现金流净额－资本开支

经营性现金流净额和资本开支都是现金流量表中两个现成的数据——经营性现金流净额好找，因为它大名小名都一个样。很多朋友常受困于"资本开支怎么算"，实际上"资本开支"只是一个我们约定俗成叫顺口的小名。它的大名，也就是账务报表上的正式称谓叫**"购建固定资产、无形资产和其他长期资产支付的现金"**（见图 7-22）。

2021 年，保利发展经营活动现金流净额为 105.51 亿元、资本开支为 2.72 亿元，两者相减，则当年创造的自由现金流为：105.51 亿元－2.72 亿元＝102.79 亿元。这样，我们可以计算出保利发展 2021 年的资本负债率和动态资本负债率分别为：资本负债率（保利发展 2021 年）＝（3381.93－2332.40）÷3029.14＝34.65%、动态资本负债率（保利发展 2021 年）＝（3381.93－2332.40）÷102.79＝10.21。

资本负债率显示，万科 2021 年底的净有息负债占净资产的34.65%。也就是说，出现极端的情况下，除了账上现金，保利需要损失净资产的 34.65% 才能偿还完全部的有息负债。用企业本身创造的自由现金流偿还的话，得需要 10.21 年时间才行。

这两年，房地产企业是真难啊。有兴趣的朋友可以去计算一下其 2020 年前的比率，真是不比不知道，比起来吓死人啊。以上就是动态资本负债率的计算过程。

合并现金流量表

编制单位：保利发展控股集团股份有限公司	2021年度		金额单位：元
项 目	本期发生额	上期发生额	附注编号
一、经营活动产生的现金流量：			
销售商品、提供劳务收到的现金	378,924,509,330.28	322,985,982,050.19	
△客户存款和同业存放款项净增加额			
△向中央银行借款净增加额			
△向其他金融机构拆入资金净增加额			
△收到原保险合同保费取得的现金			
△收到再保险业务现金净额			
△保户储金及投资款净增加额			
△收取利息、手续费及佣金的现金	91,028,924.39	113,170,573.97	
△拆入资金净增加额			
△回购业务资金净增加额			
△代理买卖证券收到的现金净额			
收到的税费返还			
收到其他与经营活动有关的现金	129,680,444,801.13	87,430,550,993.16	六、（六十四）
经营活动现金流入小计	508,695,983,055.80	410,529,703,617.32	
购买商品、接受劳务支付的现金	292,463,003,330.35	244,535,682,132.48	
△客户贷款及垫款净增加额	-1,105,889,016.75	1,320,909,748.35	
△存放中央银行和同业款项净增加额			
△支付原保险合同赔付款项的现金			
△拆出资金净增加额			
△支付利息、手续费及佣金的现金			
△支付保单红利的现金			
支付给职工以及为职工支付的现金	9,344,132,692.31	8,152,177,426.37	
支付的各项税费	52,835,949,472.24	45,502,447,087.32	
支付其他与经营活动有关的现金	144,607,569,349.19	95,862,591,904.91	六、（六十四）
经营活动现金流出小计	498,144,765,827.34	395,373,808,299.43	
经营活动产生的现金流量净额	10,551,217,228.46	15,155,895,317.89	六、（六十五）
二、投资活动产生的现金流量：			
收回投资收到的现金	1,909,296,364.15	1,065,665,959.26	
取得投资收益收到的现金	220,290,993.10	840,573,180.68	
处置固定资产、无形资产和其他长期资产收回的现金净额	136,225,533.88	1,018,516,078.35	
处置子公司及其他营业单位收到的现金净额	583,436,210.39	30,000,000.00	六、（六十五）
收到其他与投资活动有关的现金	1,185,833,598.51	3,617,424,690.37	六、（六十四）
投资活动现金流入小计	4,035,082,700.03	6,572,179,908.66	
购建固定资产、无形资产和其他长期资产支付的现金	271,627,428.09	397,476,406.40	
投资支付的现金	19,906,083,492.27	7,603,636,164.85	
△质押贷款净增加额			
取得子公司及其他营业单位支付的现金净额	1,263,705,224.89	2,530,869,417.32	六、（六十五）
支付其他与投资活动有关的现金	2,580,249,275.44	2,967,646,911.04	六、（六十四）
投资活动现金流出小计	24,021,665,420.69	13,499,628,899.61	
投资活动产生的现金流量净额	-19,986,582,720.66	-6,927,448,990.95	

图7-22　2021年保利发展的合并现金流量表截图

三、正确使用动态资本负债率指标的建议

1. 动态负债比率，越小越好

动态资本负债率小于2通常就会被认为很不错，那是因为企业只要用两年自己创造的自由现金流就能偿还净有息负债。该指标大

于 5，通常就会被认为问题较大。因为这意味着用企业自己创造的自由现金流偿还净有息负债，得长达五年时间才能还完。这样的经营负债状况，显然是不健康的。

2. 动态资本负债率的使用局限性也很大

有些公司因为特殊的商业模式，每年的自由现金流创造是不均匀的。这样就会造成其动态资本负债率出现忽高忽低的现象。还有一些成长型公司，在发展壮大期需要消耗大量的资本开支，这时的自由现金流创造能力是比较差的，也会导致该指标出现失效的问题。面对这样的情况，我们应该采取它预期中的成熟期的自由现金流来进行计算。但是，预估这事不确定性很强。

以上是动态资本负债率使用条件的限制，对此我有两点使用建议。

（1）跟资本负债率一样，不要只看一年的比率，要连续看多年的。至少五年以上，这样得出的结论才能更全面和客观一些。

（2）一定得跟资本负债率一起分析，二者取长补短，得出综合的结论，可能才会更全面。

3. 计算动态资本负债率时，分母一定得取年报上的数据

我们用净有息负债除以一年的自由现金流创造得出的数据，才是年化数据。这一点，可能是动态资本负债率与资本负债率在计算时最大的区别。上边讲了，资本负债率的三个计算量都是积累量，只要确定是对相应的时点数据进行计算就可以了。而对于动态资本负债率，分子上的两个量是积累量，分母上的数据是增量，所以一定得用年化数据。

四、用动态资本负债率分析财报的关键点

讲了这么多，动态资本负债率究竟怎样配合资本负债率使用呢？资本负债率体现出的企业财务稳健情况，会有两个基本结果：好或者不好。动态资本负债率体现出的企业财务稳健情况，也会有两个基本结果：好或者不好。两者结合，就会产生四种情况。

（1）资本负债率体现得好，但动态资本负债率体现得不好。

（2）资本负债率体现得不好，但动态资本负债率体现得好。

（3）资本负债率体现得好，动态资本负债率体现得也好。

（4）资本负债率体现得不好，动态资本负债率体现得也不好。

这跟绕口令似的，看起来是有不是有点头大？这里还有更简单的记忆方法。

（1）资本负债率体现得好，但动态资本负债率体现得不好——**看起来很好，并不一定真好**。

（2）资本负债率体现得不好，但动态资本负债率体现得好——**看起来不好，并不一定真的不好**。

（3）资本负债率体现得好，动态资本负债率体现得也很好——**看起来好，确实好**。

（4）资本负债率体现得不好，动态资本负债率体现得也不好——**看起来不好，确实不好**。

针对上述四种情况，我分别选一个案例，跟大家再详细地讲解一下。

1. 看起来很好，并不一定真好

我选了一家企业，叫西安饮食。从资本负债率上看，西安饮食的财务稳健状况是非常不错的（见表7-36）。考虑到2020—2022年餐

饮企业受到新型冠状病毒感染影响严重，我选择了2015—2019年这些正常年份的数据以便分析。在大多数年份里，该企业的现金及现金等价物高于有息负债——处于**无负债状态**，或者叫**净现金头寸状态**。

表 7-36　西安饮食的资本负债率数据

单位：亿元

年　　份	有 息 负 债	现金及现金等价物	所有者权益	资本负债率
2015 年	2.14	3.23	6.75	
2016 年	1.44	3.15	6.85	
2017 年	2.00	3.75	6.69	
2018 年	2.65	3.77	6.70	
2019 年	2.64	2.14	6.20	8.06%

　　不欠债，不用还，这不就是最好的财务状态吗？别急，我们再看表 7-37 中的西安饮食同期动态资本负债率数据。五年间企业创造的自由现金流极差，居然有三年是负数！这意味着，企业是无债可还不假，但企业本身还在消耗着现金，所以造成动态资本负债率直接失效了。

表 7-37　西安饮食的动态资本负债率数据

单位：亿元

年　　份	有 息 负 债	现金及现金等价物	自由现金流	动态资本负债率
2015 年	2.14	3.23	-0.83	
2016 年	1.44	3.15	0.04	
2017 年	2.00	3.75	0.03	
2018 年	2.65	3.77	-1.12	
2019 年	2.64	2.14	-1.56	

　　我们再查看下表 7-36 中西安饮食的历年所有者权益（即净资产），是不是呈逐年下降的趋势？负债没有消耗现资金，自由现金

流反而在不断消耗现金。这就是看起来很好，实际上并不一定真好的典型例子。

2. 看起来不好，并不一定真的不好

这种情况跟第一种情况完全相反。从资本负债率上看，企业的财务稳健性不是太好。但从动态资本负债率上看，又不错。

以保利发展以例。2015—2019 年，保利地产五年间的资本负债率一直居高不下，全都超过了 50%，有三年甚至超过 80%，也就是净有息负债达到了净资产的近八成（见表 7-38）。资本负债率看起来很不好，但是动态资本负债率又有三年处在 5 以下。也就是说，企业用自由现金流还净有息负债，只要三五年就能搞定。看起来负债很多，但它能通过经营创造的自由现金流及时缓解。

表 7-38　保利发展相关数据

单位：亿元

年　　份	有息负债	现金及等价物	所有者权益	自由现金流	资本负债率	动态资本负债率
2015 年	1204.50	369.47	971.40	177.22	85.96%	4.71
2016 年	1129.80	467.20	1181.02	339.49	56.10%	1.95
2017 年	2059.96	677.33	1582.40	-297.79	87.36%	
2018 年	2636.57	1130.76	1864.94	112.89	80.74%	13.34
2019 年	2700.77	1389.74	2295.22	388.76	57.12%	3.37

讲到这里，再延伸一下：如果你不是股票投资者，而是企业管理者，你会怎样利用这两个比率为自己的经营做决策呢？要是我，我会在 2017 年和 2018 年的时候，加大销售回款的力度，这样才能尽快让企业财务危险状况得到改善。

从数据上看，保利发展应该就是这样干的，所以它在 2019 年的两项数据都很好了。能做到这一点，说明保利地产的回款本身是

没问题的——只要想做，就能做到。所以叫：看起来不好，实际上
并不一定真的不好。

2019—2022 年中，房地产企业的财务数据极为难看。愈是如
此，愈是突显出平时研究企业财报的重要性：只有那些平时财务表
现健康的企业，在波动来临时才能更有实力抵御风险。

3. 看起来好，确实好

这个没什么解释的了，我还是举万科为例。酒企的相关数据比
房企要好得多，这里之所以举例房企，主要是想大家能有一个横向
的对比。相比其他房企，2020 年前的万科，财务稳健性实在是好
太多（见表 7-39）。

表 7-39　万科相关数据统计

单位：亿元

年　　份	有息负债	现金及等价物	所有者权益	自由现金流	资本负债率	动态资本负债率
2015 年	797.22	517.48	1363.10	139.83	20.52%	2.00
2016 年	1292.43	794.90	1616.77	374.19	30.77%	1.33
2017 年	1926.39	1643.26	1866.74	799.62	15.17%	0.35
2018 年	2478.50	1756.68	2356.21	277.21	30.63%	2.60
2019 年	2812.54	1597.39	2705.79	394.43	44.91%	3.08

在 2022 年底，随着经营的恢复，相信优秀房企的各项指标还
能逐渐恢复到正常年份的水平上。

4. 看起来不好，确实不好

这种情况，也好理解，我们以华侨城为例。这样的企业，罹患
资本饥渴症（见表 7-40）。

表 7-40　华侨城的相关数据

单位：亿元

年　份	有息负债	现金及等价物	所有者权益	自由现金流	资本负债率	动态资本负债率
2015 年	351.16	150.03	421.76	-36.45	47.69%	
2016 年	424.80	153.66	481.16	12.73	56.35%	21.30
2017 年	640.33	275.09	654.76	-128.78	55.78%	
2018 年	922.85	241.95	771.62	-133.32	88.24%	
2019 年	1177.84	354.86	949.93	-126.26	86.64%	

在投资股票的过程中，我喜欢财务表现稳健的企业。**将来能赚多少钱先放一边，将来谁能活得最久，在我看来这才是最重要的。**

第七节　流动比率和速动比率：及时发现企业的经营风险

我在本书上篇曾提到过，对企业资产负债的阅读和分析时，一个很重要的任务就是看风险。这里的"风险"主要指两个方面：一是企业的不良资产风险，二是企业的经营风险。在企业的经营风险中，看"偿债能力"又是重中之重。

传统的财报分析主要看三大比率指标：流动比率、速动比率和总资产负债率。我更看重流动比率和速动比率，本节将为大家详细讲解这两个指标。

一、用流动比率指标分析企业

流动比率的计算公式比较简单：流动比率＝流动资产÷流动负

债。简单地说，流动资产是一年之内可以转化为货币的资产，流动
负债是一年之内需要偿还的债务。

这两者在概念上就有直接的对应关系：流动资产是偿还流动负
债的保证。所以流动比率的基础逻辑就是：**流动资产相对流动负债
越多，说明偿债能力越充足；否则，就会在极端情景下，出现偿债
能力不足的问题。**

如何用流动比率判断企业的偿债能力呢？学界给出的答案是：
流动比率高于 2 时，企业的短期偿债能力才是充足的。反之，流动
比率小于 2 时，企业的短期偿债压力就会凸显。

关于流动比率的计算，本身并不复杂，因为流动资产和流动负
债都是企业资产负债表上的科目内容。我们翻开报表，相关数据直
接用就行了。关键是对流动比率的运用和理解，我们需要多知道一
些"例外"因素。

1. 流动比率不是越大越好

以贵州茅台为例。2017—2021 年，贵州茅台的流动比率始终大
于 2，有四年大于 3，甚至在 2020 年度高于 4（见表 7-41）。这说明
贵州茅台的短期偿债能力非常充足。但是，如此充足的短期偿债能
力，就真能使企业经营利益最大化了吗？

表 7-41　贵州茅台的流动比率数据

单位：亿元

年　　份	2017 年	2018 年	2019 年	2020 年	2021 年
流动资产	1122.49	1378.62	1590.24	1856.52	2207.66
流动负债	385.75	424.38	410.93	456.74	579.14
流动比率	2.91	3.25	3.87	4.06	3.81

我又检索了贵州茅台流动资产的结构，发现贵州茅台流动资产
的主体部分是货币资金。2017—2021 年，贵州茅台的货币资金对流

动资产的占比越来越高，已经从 2017 年底的 78.28% 上升到了 2021 年底的 84.65%（见表 7-42）。也就是说，2021 年底贵州茅台八成以上的流动资产是货币资金，流动负债不到 580 亿元，而账上的现金就高达 1800 多亿元。用这部分现金偿还完全部流动负债，还可以剩下 1300 多亿元现金。

表 7-42　贵州茅台的流动资产结构数据

单位：亿元

年　　份	2017 年	2018 年	2019 年	2020 年	2021 年
货币资金	878.69	1120.75	1306.30	1542.91	1868.77
流动资产	1122.49	1378.62	1590.24	1856.52	2207.66
占比	78.28%	81.30%	82.14%	83.11%	84.65%

注：1. 表中的"货币资金"系茅台财报中合并资产负债表中"货币资金"与"拆出资金"的相加数据。

2. 表中的"占比"系货币资金对流动资产的占比数据。

这样一看，企业的偿债能力是充足了，可问题来了：茅台的账上需要滞留这么多现金吗？答案显然是否定的，过多的现金会降低资本的使用效率。从经营的角度看，账上冗余的现金就是企业的不良资产。茅台虽好，但账上多余的现金到底干什么去了，始终是这些年市场"抱怨"的焦点。

2. 计算和使用流动比率时，一定得考虑到企业存货和预收款项的对应关系对流动比率的扭曲和异化

还是以贵州茅台为例。在分析贵州茅台的流动资产和流动负债时，我还注意到存货和预收款项这两个科目上的数字都不算小（见表 7-43）。我为什么会注意这两个科目呢？因为预收款项是企业对客户的占款，这种负债是一种良性的负债，理论上越多越好。而企业对预收款项这种负债的偿还，不是靠现金，也不是靠其他流动资产，而是靠企业主业本身所能生产的产品或所能提供的服务。企业主业本身所能生产的产品或提供的服务，在资产中就体现在"存货"科目中。

表 7-43　贵州茅台的存货与预收款项数据

单位：亿元

年　　份	2017 年	2018 年	2019 年	2020 年	2021 年
存货	220.57	235.07	252.85	288.69	333.94
预收款项	144.29	135.77	137.40	133.22	127.18

乍看起来有点抽象，回归到茅台这个具体的例子上就好理解了：客户给茅台这家企业预付的款项是用来购买茅台酒的，茅台把存货生产出成品的茅台酒，交给客户就行了。但存货是按成本法进行记账的，存货转化成产成品后，售价理论上会高于成本。

茅台的毛利率这些年一直维持在 90% 上下。这意味着 10 元钱的存货，转化成产成品后，可以售 100 元。也就是说，存货对预收款项进行"还债"时，不是按成本价偿还的，而是按销售价（出厂价）进行的。

以贵州茅台 2021 年财报数据为例。2021 年底贵州茅台负债表中有 127.18 亿元预收款项，在保持 90% 毛利率的情况下，茅台只要拿出 12.72 亿元的存货，将之转化为产品，就能全部还清这部分预收款项的负债。

这个例子告诉我们：**预收款项会增大企业真实的流动负债，而在高毛利率下，存货又会缩小企业的真实流动资产**。一个使分母变大，一个使分子变小，整个比率都随之变小。所以在计算和使用流动比率这个数据时，我们一定得注意存货和预收款项对数据的扭曲和异化。

3. 流动比率小于2，也不一定是真的不好

在投资实践中，我们会发现有些优秀的企业，流动比率会长期低于2。按学术界的标准，这些企业应该是在短期有流动性压力了。而事实上恰恰相反，比如著名的白马格力电器。

从数据上看，2017—2021 年格力电器的流动比率长期低于2，甚至有无限接近于1的趋势（见表7-44）。但格力电器偿债能力的现实表现并非如此糟糕，这跟格力的负债结构有很大关系。

表 7-44　格力电器的流动比率数据

单位：亿元

年　份	2017 年	2018 年	2019 年	2020 年	2021 年
流动资产	1715.35	1997.11	2133.64	2136.33	2258.50
流动负债	1474.91	1576.86	1695.68	1584.79	1971.01
流动比率	1.16	1.27	1.26	1.35	1.15

格力的流动负债中，金融性负债很少（见表7-45），这里的金融性负债主要指短期借款和一年内到期的非流动负债两个科目。

表 7-45　格力电器流动负债中的金融性负债数据

单位：亿元

年　份	2017 年	2018 年	2019 年	2020 年	2021 年
短期借款	186.46	220.68	159.44	203.04	276.18
一年内到期非流动负债	0	0	0	0	12.55
金融性负债	186.46	220.68	159.44	203.04	288.73
流动负债	1474.91	1576.86	1695.68	1584.79	1971.01
占比	12.64%	13.99%	9.40%	12.81%	14.65%

注：1. 金融性负债=短期借款+一年内到期的非流动负债。
　　2. 占比系金融性负债对流动负债的占比。

格力的流动负债中，主体部分还是经营性负债。这里的经营性负债，主要是指应付票据、应付账款、预收款项这三个科目（见表7-46）。因为这三科目代表着企业对上下游的占款——良性负债。格力的良性负债基本上都是无息负债，所以以多多益善。

表 7-46 格力电器流动负债中的经营性负债数据

单位：亿元

年 份	2017 年	2018 年	2019 年	2020 年	2021 年
应付票据	97.67	108.35	252.85	214.27	407.44
应付账款	345.53	389.87	416.57	316.05	358.75
预收款项	141.43	97.92	82.26	116.78	155.05
三项总计	584.63	596.14	751.68	647.10	921.24
流动负债	1474.91	1576.86	1695.68	1584.79	1971.01
占比	39.64%	37.81%	44.33%	40.83%	46.74%

注：1. 三项总计=应付票据+应付账款+预收款项，系经营性负债的主体部分。
2. 占比系金融性负债对流动负债占比。

去掉这三部分良性的无息负债，重新计算出来的流动比率——我称之为"真实的流动比率"——就好看得多了。所以，乍看起来格力电器流动比率过低，实际上它偿债的压力并不大（见表7-47）。

表 7-47 格力电器的真实流动比率数据

单位：亿元

年 份	2017 年	2018 年	2019 年	2020 年	2021 年
流动资产	1715.54	1997.11	2133.64	2136.33	2258.50
流动负债（扣除无息负债）	890.28	980.28	944.00	937.69	1049.77
流动比率	1.93	2.04	2.26	2.28	2.15

从格力电器的例子中，我们可以得到一个结论：**如果一家企业**

的流动比率长期维持在低位，企业能长期存在，并且流动负债中主要以经营性负债为主，那么这家企业极有可能具有某种显著的竞争优势。

说得再简单点：企业的流动比率低，也不一定是坏事，我们一定要具体情况具体分析。

4. 流动比率还有一个失效的问题

上市企业大多数都是集团化经营的，一个母公司会控制若干子公司。虽然在会计上，我们可以合并它们的报表，实际上各个子公司都是独立的企业法人，在法律上都是各自独立的经济实体。这种情况下，分析合并报表的流动比率是没有太大实际意义的。

比如，一家上市企业控股 A 和 B 两家子公司，A 公司的经营状况良好，资产状态良好，短期偿债能力充足，B 公司的经营状况较差，资产状态不好，短期偿债能力不足。从合并报表上看，上市企业的整体流动比率非常合理，但 B 公司实际上有可能陷入短期偿债能力不足的困境。因为 A 公司和 B 公司都是独立的法律实体，上市企业是无法调配 A 公司的资源来解决 B 公司的问题的。

当然，实行集中管理的上市企业，生产经营活动主要发生在母公司体内，这样分析合并报表的流动比率才有现实的参考意义。比如本文举例的贵州茅台和格力电器，就是这样的企业。

说到这里，给大家总结和提醒两点。

（1）分析流动比率，一定得学会分析企业流动资产和流动负债的结构，一定得学会具体情况具体分析，否则就会出现错误。

（2）作为投资者，做企业财报分析，切忌按图索骥。

很多朋友以前在公众号里看过腾腾爸写过的一些财报科普文章，学会了一些比率分析和计算，就制作出一个简单的电子表格，简单地罗列几个比率数据，然后用其筛选和检验股票。这种方式不能说完全错，但若没有具体的分析和检索过程，就很容易掉入线性思维的窠臼。

财报分析最重要的不是得出结论，而是在探索结论的过程中，要知其然并且还得要知其所以然。这样才能得出更客观、公正、包容的结论。

二、用速动比率指标分析企业

学界认为，存货需要在经营周期内转化为货币，所以是流动资产中兑现性比较差的资产。用流动资产减去兑现性差的资产后，余下的就是可以"迅速动用"的资产，故名"速动资产"。用速动资产比对流动负债，可以反映企业最佳的短期偿债能力。速动比率的计算公式为：

$$速动比率 = 速动资产 \div 流动负债$$

$$速动资产 = 流动资产 - 存货$$

跟流动比率一样，学界也给了速动比率一个"合理的数据标准"：速动比率为 1 时，就表明企业用速动资产偿还流动资产的能力充足。跟流动比率一样，良性的经营性负债会加大流动负债的规模，加大分母，缩小比率，同时被排除在外的存货，可能是非常优质的"偿债"资产。

希望通过本章的阅读，以后再见到这样的数据，大家也可以进行独立的分析和检索，而不再人云亦云。

第八节 所有者权益：考察企业经营业绩的关键

分析完资产和负债后，下面该讲一讲所有者权益了。现在越来越多的朋友建立起了股权意识，知道了买股票就是买企业，而买企业就要看其业绩。谁买的企业业绩好，谁将来的投资收益率就高。所以企业的业绩成为考量企业品质的一个重要因素。

一、所有者权益的妙用

如何考察企业的业绩呢？复杂的话，用一本书的篇幅也讲不清。简单的话，就翻翻财报，看看财报利润表中的每股盈利（EPS）这一项数据。对投资者来说，前者太繁，后者太简。

太繁的——大家不可能每遇到一只股票都把它研究得滴水不漏，哪怕是"股神"恐怕也做不到这一点；太简的——大家现在都知道了，某一年的每股盈利再好造假不过。即便不造假，"调节一下"的威力也非常可怕；即便不调节，周期股的业绩起伏也非常大。单凭某一年的业绩，很难检验一家企业到底赚不赚钱。

因此，世上还有没有一条既不是太繁，又不是太简，还很实用，同时又相对易懂的方法呢？有！**看资产负债表中的"所有者权益"。很遗憾，这种方法通常被大多投资者甚至是一些专业投资者所忽视。**

腾腾爸的经验是：**计划新买一只股票，想初步检验一下这家企业到底赚不赚钱，检索和分析它的所有者权益部分是一条比较简单可行的方法。**

二、检索所有者权益的路径

企业的资产负债表共分为三个大的部分。

第一部分，叫总资产。根据变现的难易程度，又分为流动资产和非流动资产。现在上市企业公布的财报，按从上到下的顺序排列——讲企业资产的部分，就在资产负债表的最上端。

第二部分，叫总负债。根据还款的急缓程度，又分为流动负债和非流动负债。在资产负债表上，通常排在中间的位置，即排在资产项目后边。

第三部分，就是我们要讲的所有者权益。在资产负债表上，所有者权益排在最下端。

这部分内容，我们在前边的章节中已耳熟能详，现在算是复习。一家企业的资产，主要来源于两个部分：一是股东的钱，二是从企业外部借来的钱。总负债就是从外部借来的钱，所有者权益就是股东的钱。所以上述三个部分的基本逻辑是：总资产＝总负债＋所有者权益。

当我们拿到一份企业的财报，如何迅速查询到"所有者权益"部分，有简单两步。

（1）找到资产负债表。

（2）翻到资产负债表的最下端。

所有者权益部分就列在资产负债表的最下端。找到所有者权益部分，我们就可以进行下一步的阅读和分析了。

三、所有者权益的概念与构成

1. 什么是所有者权益

用教科书上的定义解释和理解所有者权益会非常复杂。但提起它的两个小名，大家马上会明白许多。第一个小名，叫股东权益——所有者不就是股东吗？理解是不是加深了一步。第二个小名，叫净资产——自己掌握的总资产，减去自己的总负债，剩下的部分就全部是自己的"净资产"了。所有者权益就是企业的全体股东共同享有的从总资产减去总负债后留下的"净资产"。

打个比方，张三衣兜里只有100元钱，同时欠着李四40元钱，所以从理论上说，张三兜里的100元钱并不全是自己的，还给李四

40 元钱后,剩下的 60 元钱,才是张三的"净资产"。

2. 所有者权益的构成

所有者权益(股东权益、净资产)名下,又有四个重要的小项,分别是**实收资本**、**资本公积**、**盈余公积**、**未分配利润**,这四个小项构成了所有者权益的主体。我们查阅和分析所有者权益时,主要是分析这四个小项。

(1)实收资本。实收资本的小名叫股本,对非上市企业来说,实收资本就是营业执照上登记的"注册资本",也就是为注册成立股份公司,股东直接从自己衣兜里拿出来的钱。用咱老百姓的话说,就是为做生意拿出来的本钱。对上市企业来说,就是企业所具有的"股份数"。

比如,一家企业共有股票数量 10 亿股,那么它的股本通常也是 10 亿元。A 股的上市企业,一股的票面登记价值,也就是所谓的面值,通常就是 1 元。目前,只有紫金矿业和洛阳钼业两只股票的面值不是 1 元,其余的上市企业每股面值都是 1 元。所以对市场上 99.99% 的企业来说,有多少股票数量,就有多少股本数。

上边的介绍和分析,大家看得懂、看不懂,对本章的内容分析并不重要,大家只要记住一点就够了——**实收资本或者说股本,是企业的股东直接从自己衣兜里拿出来、用于成立和经营公司的钱**。

(2)资本公积。资本公积也是企业的股东直接从自己衣兜里拿出来、用于购买公司股份、参与公司经营的钱。只有上市企业才有资本公积,什么意思呢?

比如,A 公司原有股东共出资 10 亿元,成立了一家股份公司,这时股本总数也是 10 亿元,即把整个公司分成了 10 亿股,每股面值 1 元。后来 A 公司想上市募资,决定再新增 5 亿股,新增的 5 亿股每股面值还是 1 元,但是向新来的股东售卖时,会按市场定价进行售卖，每股实际售价 10 元钱。这样，新股发行就是新增了 5 亿股，共募集了 50 亿元。

那么上市后的企业，共有 15 亿股（原来的 10 亿股+新增的 5 亿股）。那么新募集的 50 亿元中，只有 5 亿元计入了实收资本（股本），剩下的 45 亿元怎么办吗？财务人员就想了个"资本公积"的科目，把剩下的 45 亿元记在这个科目的名下。

大家看懂了吗，**资本公积也是直接从股东衣兜里掏出来的钱**，能记住这一点就行了。

（3）盈余公积。 这个科目的名称乍一看和资本公积有些类似，实际上从来源和性质上差别很大。盈余公积是从哪来的呢？顾名思义，就是从企业的"盈余"中来的——盈余就是利润的意思。企业挣了钱，有了利润之后，怎么分配呢？

首先，把以前赔了的钱填上（如果以前还有坑的话）。然后，从净利润里提取一部分钱来用于企业的再发展。《公司法》规定，每年从母公司净利润中提取 10%，直到这部分钱积累到注册资本的 50% 为止。这部分被称为"法定盈余公积"。超过 50% 以后，股东可以根据需要，自行决定每年提取的盈余比例，也滚入"盈余公积"科目。

从上边的叙述中，我们可以看到：**盈余公积的来源是企业的利润——虽然它归根结底也是股东的钱，但不是直接从股东衣兜里掏出来的，而是通过企业的经营赚取回来的净利润。** 用老百姓的话说：它是挣回来的钱。当然，只是挣回来的钱的一部分。其他部分到哪儿去了呢？别急，我们慢慢来。

（4）未分配利润。 这个概念好理解，未分配的利润嘛，就是分红后剩下的钱。净利润被提取盈余公积后，剩下的净利润如何分配呢？企业根据需要，可以拿出一部分用于给股东们现金分红——腾腾爸就喜欢每年总是有现金分红的企业。

分完现金红利剩下的部分呢？这剩下的部分，就是我们要讲的"未分配利润"。这部分钱还留在企业里，参与企业下一步的经营，为股东们赚取更多的利润。**所以，所谓的"未分配利润"，也不是股东们直接从自己衣兜里掏出来的钱，而是企业经营挣来的。**当然，最终它也是股东们的钱。

四、用所有者权益分析企业的方法

从来源上看，企业的净资产和股东们的钱，也即所有者权益，共分为两个部分。

一部分是股东们直接从自己衣兜里掏出来的钱，它包括两个小项，一个是实收资本（股本），一个是资本公积。为了方便下边讲解，我们把这部分称为"1项"，即：**1项=实收资本+资本公积。**

另一部分是股东们通过企业经营为自己挣来的钱，它也包括两个小项，一个是盈余公积，一个是未分配利润。我们把这部分称为"2项"，即：**2项=盈余公积+未分配利润。**

再重复一遍：1项和2项都是股东们的钱，合起来就是所谓的"净资产"，**但1项是直接从股东衣兜里拿出来的钱，2项不是直接从股东衣兜里拿出来的钱，是企业为股东挣来的钱。**

搞明白和记住上述这句话后，事情就变得简单了。我们想分析一家企业究竟赚没赚到钱，就看1项和2项在所有者权益中所占的比重。当所有者权益中1项的占比很大时，说明企业的净资产中大部分都是股东自己从衣兜里掏出来的钱。言下之意，是挣得少。当所有者权益中2项的占比很大时，说明企业的净资产中大部分都是企业为股东们赚来的。

有没有这样一种可能，在企业的所有者权益中，1项的占比大于1呢？有，当企业亏钱的时候，意味着企业不仅没有为股东们挣到钱，反而把老本也亏掉了一部分。这时候，1 项除以所有者权益，就有可能大于 1 了。

当我们碰到这种情况的时候，只能说明企业亏老本了。为了更简便地观察和分析，我们可以直接用 2 项和 1 项进行对比。**如果 2 项大于 1 项，说明企业赚的钱已经超过股东自己拿出的钱了（加上分掉的现金红利，企业为股东赚得更多）；反之，如果 2 项远远小于 1 项，则有可能意味着企业的赚钱能力不足。**这就需要我们对企业进行更详细的分析和检索了。

因为所有者权益是企业建立以来逐年积累而成的，1 项和 2 项也是常年积累的产物。所以对这个部分进行分析对比得出来的结果，可以综合地得出企业自设立以来的赚钱能力。相比于翻看年报上当年的 EPS，这种方法要综合、系统、科学得多。

对普通投资者来说，我们就是要找出那些 2 项远远大于 1 项的企业进行跟踪和观察。存续以来压根就没赚钱的企业，最好少碰为妙！

讲完上边的概念和逻辑，我们先用这种方法检验一下两家著名的大白马企业。图 7-23 是贵州茅台 2022 年第三季度财报中资产负债表最下端所有者权益部分的数据截图。

为什么选 2022 年第三季度的财报呢？因为这是在本书交稿之前贵州茅台最新的一次公开的财务报表，代表着贵州茅台最新的经营成绩积累。以下是我的计算和分析。

1 项 = 实收资本 + 资本公积 = 12.56 亿元 + 13.75 亿元 = 26.31 亿元，占所有者权益 2134.47 亿元的比例为 1.23%（以下统一简称此比例为"占比"）。2 项 = 盈余公积 + 未分配利润 = 309.74 亿元 + 1720.57 亿元 = 2030.31 亿元，占比为 95.12%。2 项 ÷ 1 项 = 2030.31 亿元 ÷ 26.31 亿元 = 77.17。

由此可见：自企业成立以来，企业净资产主要是通过企业经营

所有者权益（或股东权益）：	
实收资本（或股本）	1,256,197,800.00
其他权益工具	
其中：优先股	
永续债	
资本公积	1,374,964,415.72
减：库存股	
其他综合收益	-15,339,956.22
专项储备	
盈余公积	30,974,117,389.66
一般风险准备	1,061,529,724.00
未分配利润	172,057,305,617.22
归属于母公司所有者权益（或股东权益）合计	206,708,774,990.38
少数股东权益	6,737,801,019.47
所有者权益（或股东权益）合计	213,446,576,009.85

图 7-23　2022 年第三季度的贵州茅台所有者权益截图

自己赚回来的钱，股东拿出来的钱很少。具体地说，不计现金分红，茅台赚来的钱，大约是股东直接投资部分的 77 倍！如果计入分红，这个比例显然会更高！股东出钱很少，但赚钱很多，茅台果然牛气冲天！

图 7-24 是格力电器 2022 年第三季度财报上，资产负债表中所有者权益部分的数据截图。

下面是我的计算和分析：1 项 = 60.35 亿元，占比 5.97%。2 项 = 931.88 亿元，占比 92.16%。2 项 ÷ 1 项 = 15.44。

由此可见，格力电器为股东赚来的钱也远远大于股东自己掏出来的钱，也是一家超牛气公司！

用这样的方法，我们还可以检验其他白马公司，像美的集团、双汇发展、华东医药、福耀玻璃、上汽集团、万科 A 等。当然，这也可以检验中国平安、兴业银行这些金融类企业。

但要注意的是，金融类企业和生产服务性企业在净资产的认定

所有者权益:	
股本	5,631,405,741.00
其他权益工具	
其中：优先股	
永续债	
资本公积	403,510,289.78
减：库存股	5,643,935,587.86
其他综合收益	1,604,266,708.53
专项储备	22,403,846.26
盈余公积	
一般风险准备	507,223,117.40
未分配利润	93,188,329,203.50
归属于母公司所有者权益合计	95,713,203,318.61
少数股东权益	5,402,665,504.89
所有者权益合计	101,115,868,823.50

图 7-24　2022 年第三季度格力电器的所有者权益截图

和兑现上有着很多重大的区别。 方法可用，但不能简单地在不同标的间进行对比。也就是说，我们不能用贵州茅台的 2 项与 1 项的比值直接跟中国平安的 2 项和 1 项的比值进行对比，从而得出贵州茅台比中国平安盈利能力更强或中国平安比贵州茅台盈利能力更强的结论。

有很多种原因决定了不能这样简单地进行对比。在下文的综述中，我会对此进行分析。朋友们也可以用这种方法检验一下自己的持股——初步分析一下你持有的标的是否有着良好的，甚至是超强的赚钱能力。

除了找到好企业，我们用这种方法还可以直接排除一些企业。 图 7-25 是曾经的大牛股乐视网在退市前发布的最后一份年报 2019 年财报上披露的所有者权益部分截图。

下面是我的计算和分析：1 项 = 130.37 亿元，占比无法计算，因为所有者权益已成负数。2 项 = −273.37 亿元。典型的亏光老本啊。

可能会有朋友问：腾腾爸，现在大家都知道乐视网是什么情

所有者权益：	
股本	3,989,440,192.00
其他权益工具	
其中：优先股	
永续债	
资本公积	9,048,265,511.95
减：库存股	
其他综合收益	-30,156,151.03
专项储备	
盈余公积	286,311,762.59
一般风险准备	
未分配利润	-27,623,021,736.88
归属于母公司所有者权益合计	-14,329,160,421.37
少数股东权益	-516,243,530.18
所有者权益合计	-14,845,403,951.55

图 7-25　2019 年乐视网的所有者权益截图

况，你找现阶段的乐视网来做例子，是不是难以服众啊。那好，我们往前翻几年，看看牛气冲天时的乐视网是个什么样子吧。2014—2015 年上半年乐视网在资本市场上风光无两，所以我选择了乐视网 2014 年的年报（见图 7-26）。

下面是我的计算和分析：1 项 = 22.07 亿元，占比 66.2%。2 项 = 9.60 亿元，占比 28.7%。2 项÷1 项 = 0.43。

由上观之，最鼎盛时期的乐视网，也没有为股东赚多少钱。我把乐视网 2014 年和 2019 年相应数据进行对比，发现问题更严重：2014 年底时，1 项是 22.07 亿元。而到 2019 年底时，1 项变成了 130.37 亿元，也就是说 2014 年后到退市前的这五年间，乐视网又从股东们的手里直接筹资了 100 多亿元。

而 2 项数据呢？2014 年底时，2 项是 9.60 亿元。到 2019 年底

所有者权益：	
股本	841,190,063.00
其他权益工具	
其中：优先股	
永续债	
资本公积	1,366,018,527.78
减：库存股	
其他综合收益	-706,643.49
专项储备	
盈余公积	116,965,360.22
一般风险准备	
未分配利润	843,360,350.78
归属于母公司所有者权益合计	3,166,827,658.29
少数股东权益	176,645,737.73
所有者权益合计	3,343,473,396.02

图 7-26　2014 年乐视网的所有者权益截图

时，则直接变成了-273 亿元。这意味着五年间，乐视网不仅没挣着钱，还倒亏 270 多亿元。从股东手里筹的钱还不够它亏的，这就是典型的价值毁灭型企业。

从上边正反举例看，通过分析所有者权益结构来判断企业是否赚钱，从而达到初选企业的方法是有效的。

赚钱的公司，相关指标简单好算，结果一目了然。不赚钱的公司，哪怕是在最鼎盛时期，相关指标也会给我们直观地提出警示，告诉我们这是一家不赚钱或不太会赚钱的公司，我们据此也可以做出不值得投资的判断。

五、用所有者权益分析企业时的注意事项

上述方法也不是包治百病的灵丹妙药，它也有很多的弊端和限

制。使用的时候，我们一定要清楚这些弊端和限制。概括地讲，这种方法的弊端和限制主要有两个方面。

1. 所有者权益是逐年积累出来的静态值和历史值

投资投的是未来。过去非常能赚钱的企业，未来大概率还能赚钱，但也有可能不再赚钱。过去不能赚钱的企业，未来大概率还是不能赚钱，但也有可能很会赚钱。

所以我一再强调，检查和分析所有者权益结构的这种方法，作为初选手段之一是不错的，但不能作为唯一的判断方法。它能客观、准确地反映企业过往的经营历史，但不能准确、百分百地预测未来。

这不怪它，因为世上还从来没有发现任何能够准确预测到未来的"投资神器"——如果有，也一定是骗子在吹牛！所以这样一想，失望的情绪就舒缓多了。

2. 所有者权限的结构还受上市年限、企业战略、分红政策等各种因素影响和制约

比如新上市企业，往往经过一轮大幅的新增筹资，1项的比重大于2项的比重就会自然而然。初创的企业把赚来的现金流更多地投入到产业扩张中，也会严重影响账面利润，从而影响到所有者权益的结构。有些成熟企业把每年利润的大部分拿来给股东进行现金分红，也会让报表中的2项数据止步不前。

还有一些特殊类型的公司，比如寿险公司，存量保单中储存着大量的真实利润，是过往经营的真实业绩，但没有计入现在的所有者权益中去，这也会影响到这类企业的所有者权益结构。

正因为如此种种，我们在上文中专门提到，不同的公司，所有者权益的结构并不完全等同，所以不能把不同公司的所有者权益结

构直接拿来进行对比，从而得出谁比谁更优秀的结论。

投资者一定得在综合各方面因素后再下决定。

3. 三个投资建议

对希望运用这种方法来分析和判断企业的朋友，腾腾爸有如下三个投资建议。

(1) 分段对比使用。 正如我上文分析乐视网的方法一样。截一个时间段的数据，并对相关的数据进行对比分析。这种方法最能直观地反映一家企业某一段时间的经营成果。

(2) 系统化使用。 这种方法通常是有效的，但对个别企业偶尔也会失效。所以最安全的方法不是单独使用，而是和其他分析方法综合配套，这样得出的结论可能才更客观。

(3) 初选使用。 正如上文中我一再强调的，当投资者面对一只陌生的股票时，把这种方法作为初选手段，尤其是排除一些垃圾企业时，可以起到事半功倍的效果。

第八章

利润表中的关键指标

第一节　毛利率与净利率：
不要单纯迷恋数据而陷入误区

买股票，选企业，我们应该选择毛利率高的标的，因为利润率高，说明其产品有竞争优势，掌握定价权，商业模式可能有着某种天然的、特别的优势。

一、经常陷入的两种误区

我们重视毛利率是对的，但只重视毛利率，是会陷入误区的。举两种常见的误区，跟这种执念唱反调。

1. 毛利率高，不一定净利率也高

典型代表是沃森生物。沃森生物 2021 年的毛利率近 89%，但净利率只有 17%。2012—2021 年平均毛利率高达 70%，但平均净利率只有 8%（见图 8-1）。毛利率高得可以比肩茅台，但净利率却泯然众人矣。

财务比率	2021年	2020年	2019年	2018年	2017年	2016年	2015年	2014年	2013年	2012年	近5年平均	近10年平均
销售毛利率(%)	88.61	86.40	79.75	80.39	67.78	52.50	42.85	43.40	72.28	88.11	80.59	70.21
销售净利率(%)	17.37	41.21	17.32	120.89	-83.54	5.08	-91.91	13.45	0.84	41.92	22.65	8.26

图 8-1　沃森生物的利润率数据截图

何也？我们分析一下它的利润表结构，答案就一目了然了。沃森生物产品的毛利率是高，但销售费用也高。2017—2021 年沃森生物的销售费用率始终在 40% 上下徘徊（见表 8-1）。即营收中的 40% 是用来推销产品的，这样的商业模式焉能不侵害毛利率。所以它超高毛利率是伪超高，不是真正的超高。销售回款再不好，那企

业经营就会非常困难了。

表 8-1　沃森生物的利润结构和数据

单位：亿元

年　份	2017 年	2018 年	2019 年	2020 年	2021 年
营业收入	6.68	8.79	11.21	29.39	34.63
营业成本	2.15	1.72	2.27	4.00	3.94
税金及附加	0.07	0.10	0.09	0.17	0.20
销售费用	2.54	3.49	4.99	11.30	13.31
管理费用	1.98	1.31	1.75	2.19	3.00
研发费用	\	1.25	0.65	1.76	6.21
财务费用	1.03	0.16	-0.04	-0.31	-0.39
销售费用率	37.96%	39.75%	44.52%	38.45%	38.44%
管理费用率	29.67%	14.87%	15.60%	7.47%	8.66%
研发费用率	\	14.28%	5.78%	6.01%	17.95%
财务费用率	15.48%	1.77%	-0.34%	-1.04%	-1.12%

大家查阅相关数据后可以发现，沃森生物的回款情况不是太好（见表 8-2）。销售侵蚀，再加回款欠缺。仅凭此两点，我们基本上就可以排除沃森生物这只股票。管它生产什么产品，管它有多少估值，企业品质不行，敬而远之！

表 8-2　沃森生物的经营性现金流比率

年　份	2017 年	2018 年	2019 年	2020 年	2021 年
收现比	0.98	0.89	0.95	0.52	0.92
净现比	\	-0.06	0.32	0.09	1.17

2. 毛利率不高，不一定净利率不高

典型代表是东方通信。一般而言，制造业所属企业的毛利率低于 30% 就很危险。低于 30%，减去成本减去研发减去三费，基本上

就很难再有利润或者利润很微薄了。

东方通信 2021 年毛利率不足 13%，净利率大约 4%。2012—2021 年平均毛利率不到 15%，而平均净利率约 5%（见图 8-2）。沃森生物 10 年平均毛利率可是 70%，而平均净利率才 8%。

财务比率	2021年	2020年	2019年	2018年	2017年	2016年	2015年	2014年	2013年	2012年	近5年平均	近10年平均
销售毛利率(%)	12.67	11.49	14.92	16.42	17.45	20.42	13.69	13.28	12.55	13.29	14.59	14.62
销售净利率(%)	3.90	3.57	4.98	5.42	4.91	4.66	4.75	4.78	6.06	5.84	4.56	4.89

图 8-2　东方通信的利润率数据统计截图

这样一对比，就可以知道东方通信以不足 15% 的毛利率取得将近 5% 的净利率，是多么不容易。那么东方通信是怎么做到这一点的呢？东方通信这些年核心利润一直非常低，营业利润的绝大部分来自于投资收益。

以 2021 年为例，东方通信通过主营业务获得的核心利润（即营收减掉成本，减掉三费，再减掉研发，所得到的利润额）只有 4000 万元，而投资收益则高达 1.06 亿元（见表 8-3）。

表 8-3　东方通信的利润结构和数据

单位：亿元

年　　份	2017 年	2018 年	2019 年	2020 年	2021 年
营业收入	24.37	24.05	26.83	29.67	30.37
营业成本	20.12	20.10	22.83	26.26	26.52
税金及附加	0.19	0.19	0.16	0.14	0.14
销售费用	0.97	0.98	0.77	0.54	0.61
管理费用	2.59	1.02	1.02	0.99	1.02
研发费用	\	1.48	1.67	1.77	1.92
财务费用	0.05	-0.08	-0.29	-0.21	-0.25
核心利润	0.45	0.36	0.67	0.18	0.41
核心利润率	1.85%	1.50%	2.50%	0.61%	1.35%
投资收益	0.60	0.77	0.50	0.84	1.06

为了搞懂东方通信的投资收益来源，我又顺线检索了东方通信 2021 年的合并资产负债表（见图 8-3）。在东方通信资产端中，货

二、财务报表

合并资产负债表

2021 年 12 月 31 日

编制单位：东方通信股份有限公司

单位：元 币种：人民币

项目	附注	2021 年 12 月 31 日	2020 年 12 月 31 日
流动资产：			
货币资金	七、1	1,204,081,124.63	571,218,033.58
交易性金融资产	七、2	200,076,712.32	600,598,056.16
衍生金融资产			
应收票据	七、3	91,543,279.03	59,628,958.95
应收账款	七、4	1,012,594,430.00	1,063,946,566.04
应收款项融资			
预付款项	七、5	22,315,768.57	27,801,959.00
其他应收款	七、6	24,275,296.18	34,523,043.42
其中：应收利息			
应收股利			
存货	七、7	708,029,315.53	826,104,858.38
合同资产			
持有待售资产			
一年内到期的非流动资产			
其他流动资产	七、8	319,986.21	2,262,582.08
流动资产合计		3,263,235,912.47	3,186,084,057.61
非流动资产：			
债权投资			
其他债权投资			
长期应收款	七、9	112,678,702.35	119,766,844.66
长期股权投资	七、10	149,573,369.68	120,324,972.16
其他权益工具投资	七、11	500,000.00	500,000.00
其他非流动金融资产			
投资性房地产	七、12	262,251,875.89	263,079,288.53
固定资产	七、13	141,646,449.47	165,211,124.15
在建工程	七、14	5,995,018.23	197,905.11
生产性生物资产			
油气资产			
使用权资产			
无形资产	七、15	152,198,081.91	159,990,854.15
开发支出	七、16	2,853,313.67	5,450,930.98
商誉	七、17	12,690,843.48	12,690,843.48
长期待摊费用	七、18	808,065.14	1,047,864.40
递延所得税资产	七、19	3,418,696.43	2,476,378.83
其他非流动资产			
非流动资产合计		844,614,416.25	850,737,006.45
资产总计		4,107,850,328.72	4,036,821,064.06
流动负债			
短期借款			
交易性金融负债			
衍生金融负债			

图 8-3 2021 年东方通信合并资产负债表截图

币资金高达 12 亿元，然后各类投资性金融资产高逾 6 亿元（交易性金融资产 2 亿元+长期股权投资 1.5 亿元+投资性房地产 2.6 亿元）。

在投资性资产中，2021 年相比 2020 年只有交易性金融资产有异动。2020 年，交易性金融资产为 6 亿元，2021 年只有 2 亿元。卖掉的这 4 亿元，大概率就是 2021 年 1.04 亿元投资收益的主要来源。同时，2021 年的货币资金比 2020 年多出了 7 亿元，其中 4 亿元应该也是交易性金融资产的贡献。

我没有细看附则，分析这块资产变化主要是银行理财产品的进出演绎。东方通信账上有这么多现金，未来如果没有更好的投资，估计还会继续进行银行理财的买卖。这样一番分析下来，我们可以给东方通信的经营大致画像。

(1) 主业不振。

(2) 投资来凑。

(3) 最终的经营成果是，ROE 勉强为正。

这样的企业赚钱太难了，无法吸引我。

通过上述两种情形分析，我们可以得出以下两点结论。

（1）毛利率高的企业不一定好，但毛利率差的一定不好。

（2）净利率高的企业不一定好，但净利率差的一定不好。

综合归纳一下：企业利润率高的不一定好，因为我们还得分析它的利润结构和利润来源。但长期利润率低的企业，一定不好，要记得躲开。

二、正确使用指标的方法

从上边的分析中，我们可以得到哪些启示呢？

1. 任何一个财务指标，都不能单独使用

所有的财务指标都不能单独使用。再好的指标，只有与其他指

标一块使用，使之成为一个综合考评体系，才能最大化地发挥作用。不仅毛利率、净利率，包括后边要讲的 ROE，也是如此。过度迷恋某一单项指标的投资者，应该对此有所警示。

2. 利润表比大家想象得还要重要

这些年，一些讲财报的书，可能是为了突显资产负债表和现金流量表的重要性，不断地给我们灌输这样一种观念：菜鸟关注利润表，老手关注负债表，高手关注现金流量表。久而久之，给大家一种印象，好像利润表不是那么重要似的。

通过今天的分析我们可以看到：在利润表中，我们可以还原利润生成的全过程。在毛利率和净利率之间，连接着一个动态的利润结构图。通过这个动态的利润结构图，我们可以相对准确、全面地给企业的整体经营画像。

负债表、利润表和现金流量表就像机械制图中的三视图，它们本身就是一个有机的整体。是从不同的视角、不同的侧面来记录和描述企业。只有把它们合在一起，才有可能看清企业的全貌。所以它们本来就是有机统一、缺一不可的关系。大家在阅读财报时，绝对不要厚此薄彼。

3. 市场上真正优秀的公司很少

财务分析搞得越久，对投资标的的选择就会越少。因为市场上绝大多数的企业是经不起全方位推敲的。如果我们再考虑进市场因素（估值），那可选的标的会更少。我讲这段话有两层意思。

（1）那些追热门板块进行炒作的人，本身就不聪明，因为一个板块里不可能全是优秀的好企业。

（2）那些频繁买来卖去的人，更不聪明。因为全市场之中，真正的好股票就那么几只。

你瞅准好企业，找个合适的时间点（估值）买进，"躺着+定期体检"就行了。频繁交易就是典型的零和游戏，整体上不会赚到钱。

好企业也会有波动，并且向下波动的时间可能还会很久，但最终会向上波动，并不断地创下新高。放长周期看，还是好企业带给大家的投资回报更大。因为好企业会赚钱，赚的钱会越来越多，业绩会推动着股价不断向上。

第二节　"收现比+毛利率"：
分析企业盈利能力的关键

在新能源股票大热的时候，我不停地浇冷水，所以就有朋友不停地诘问："腾腾爸，你成天说新能源企业不好赚钱，不会投资它，可人家银行、保险这些金融机构，现在可都是拼着命地争着抢着地给新能源企业发放贷款呢，难道这些机构都是吃素的，人家的水平还不如你？"盈利能力这个话题很有意思，我觉得有分享的价值，所以专设一节讲解如何分析企业的盈利能力。

一、先要弄清两件事

1. 厘清身份定位

金融机构给企业贷款或买企业债，对企业而言，金融机构是债主；我们从二级市场上购买企业的股票，对企业而言我们是股东。债主和股东是两个完全不同的概念。债主就是债主，借给你钱，收你利息；股东就是股东，从法律意义上讲，就是企业的主人，既有享受企业发展红利的权利，又承担企业经营不利的义务。读本书的朋友，可能有99.99%的人是中小股东，只是企业很小很小一部分的主人。但是无数个你我一起成为企业共同的主人。

2. 不同的身份定位，决定了不同的权利义务关系，而不同的权利义务关系，又决定了大家对企业关注的焦点是不同的

债主对企业最基本也是最重要的要求是：你得能还上我的钱；股东对企业最基本也是最重要的要求是：你得能给我赚到钱。关注点的不同，决定了债主和股东对企业的观察角度、衡量标准、关注指标也是完全不同的。

用大白话讲就是：作为债主，企业只要有良好的现金流入，能及时归还我的借款就行。至于企业赚不赚钱、有没有利润，并不是我关注的核心。但是作为股东呢？**一是你得赚钱（营收里有利润），二是你得保证赚得是真钱（利润里有现金）。**

最后，我们可以看到，具体到财务报表上，债主更重视的是营收及其现金回收，而股东更重视的是利润及其现金回收。债主和股东都重视企业的现金流，翻看企业财报都喜欢看企业的现金流量表。**债主更重视"收现比"，而股东更重视"净现比"。**

二、实战分析企业盈利能力

以宝钢股份为例。钢铁行业是典型的重资产行业，资本开支高、自由现金流差，因此毛利率和净利率都不被看好。也就是说，不太好赚钱。过去这些年，宝钢的净利润率只有可怜的个位数（见图8-4）。不好赚钱，不好给股东做价值创造。

财务比率	2021年	2020年	2019年	2018年	2017年	2016年	2015年	2014年	2013年	2012年	近5年平均	近10年平均
销售毛利率(%)	13.26	10.83	10.88	14.99	14.07	12.73	8.87	9.86	9.47	7.46	12.81	11.24
销售净利率(%)	7.26	4.93	4.62	7.64	7.06	4.96	0.44	3.25	3.18	5.46	6.30	4.88

图 8-4 宝钢股份的盈利能力数据统计截图

作为国内、国际钢铁巨头,宝钢虽然不太好赚钱,但回款非常好,没有任何问题。历年收现比(收现比=销售商品、提供劳务收到的现金÷营业收入)都维持在 1.1 以上(见表 8-4)。可以说,卖出多少产品就能回收多少现金。哪怕是考虑进它巨额的资本开支,现金回收得也是不错的,只是没有报表上表现得这样好而已。

表 8-4 宝钢股份的收现比数据

年份	2012 年	2013 年	2014 年	2015 年	2016 年	2017 年	2018 年	2019 年	2020 年	2021 年
收现比	1.15	1.15	1.17	1.17	1.18	1.10	1.15	1.17	1.13	1.13

作为银行,放贷给这样的企业,你会害怕吗?但是作为股东,每年回收到的钱,还完银行贷款,扣掉成本费用,能留给企业自己(股东)的,就那么一点点,你会高兴吗?这就是腾腾爸不买宝钢股份的股票,但是国内各大中小金融机构争抢着给宝钢股份放贷融资的原因。

通常而言,收现比应该大于 1,处于 1.1~1.2 最健康。卖 1 元钱的商品收回 2 元钱现金的例子也有,但比较极端,不会长久。

同时,**收现比低于 1,也并不意味着现金流就差,因为还有一个毛利率的问题**。比如,有的企业卖出的 1 元钱中,只有 0.2 元是成本,剩下的 0.8 元就是毛利。如果企业卖出 1 元钱,回收 0.7 元,收现比只有 0.7,但这 1 元钱的营收中,成本只占 0.2 元,而企业收回了 0.7 元,哪怕是剩余的 0.3 元全变成坏账了,真实的毛利也高达 0.5 元。企业的造血功能,依然十分优秀。

从上边的分析中,我们可以看到:债主们在衡量企业的收现比时，**只要确保"收现比+毛利率"等于或大于1，就可以视之为回款安全**。用大白话说，企业只要关注在销售商品时，能确保收回成本，就基本上可以保证债主们的现金回收。

明白这些道理，我们再来看看新能源企业的表现。以目前最火热的国产电动车代表企业比亚迪为例，比亚迪的毛利率只有15%上下，净利率只有个位数（见图8-5）。比亚迪的盈利能力看上去确实不怎么样，对吧？

财务比率	2021年	2020年	2019年	2018年	2017年	2016年	2015年	2014年	2013年	2012年	近5年平均	近10年平均
销售毛利率(%)	13.02	19.38	16.29	16.40	19.01	20.36	16.87	15.55	15.36	14.30	16.82	16.65
销售净利率(%)	1.84	3.84	1.66	2.73	4.64	5.30	3.92	1.27	1.47	0.45	2.94	2.71

图 8-5　比亚迪的盈利能力数据统计截图

比亚迪的收现比数据也不是多好。2020年和2021年只有0.9上下，但是"收现比+毛利率"可以轻松大于1（见表8-5）。也就是说，它通过销售产品收回成本还是没问题的。银行给它贷款，不怕它不还本付息。用同样的方法计算和衡量新能源其他龙头企业的数据，得出的结论与比亚迪基本类似。有兴趣的朋友，可以自行计算和分析。

表 8-5　比亚迪的收现比数据

年份	2012 年	2013 年	2014 年	2015 年	2016 年	2017 年	2018 年	2019 年	2020 年	2021 年
收现比	1.16	1.04	0.95	1.01	0.85	0.89	0.80	0.84	0.89	0.94

三、注意事项

关于分析企业的盈利能力，最后我再特别交代两点。

（1）本节讲解的，不仅仅是收现比这个财务指标，更重要的是想提醒大家：**债主和股东在阅读财报和分析企业时，观察问题的角度和衡量好坏的标准是完全不一样的**。这一点，我们一定要心知肚明。不是腾腾爸比银行那些大机构更有能耐，而是我和它们压根就不是一路人。

（2）**银行衡量企业的盈利能力时，肯定不会只看收现比一个指标**。它一定会把收现比跟其他指标，比如有息负债、总负债率，还有我们前边章节讲过的资本负债率、动态资本负债率等一揽子指标放在一起，进行综合考虑。

我最怕那些手持一把锤子就想砸遍天下所有钉子的朋友，线性思维永远是投资的大忌。

第三节　净现比与核心利润获现率：
分析利润质量的关键

股票投资的第一性原理告诉我们：**买股票买的是企业，我们买的那家企业赚钱了，我们就赚钱了**。投资者要做的最重要的功课就是分析企业，而分析企业最关键、最核心的内容，就是我们以前一再强调的：**营收里是否有利润，利润里是否有现金**。

"有利润的营收"和"有现金的利润"是我们考察和评定企业品质时最重要的两个思考方向。**其中，"利润里是否有现金"更是其中的重中之重**。毕竟，企业经营的最终目的，就是为了取得利润，而取得的利润必须有现金支撑，这才是真实有效的。

一、两个指标的概念和作用

1. 净现比

以前我们考察企业"利润里是否有现金"时，最爱使用的指标是**净现比**。净现比的计算公式是：

净现比＝经营性现金流净额÷净利润

净现比指标的基本用法是：如果净现比大于1，说明企业每赚得1元钱的净利润，就为企业带回来了超过1元钱的现金流入，这说明企业获得的利润是有真金白银支撑的，是真实的，而不是只有一个账面上的数字；如果净现比小于1，则说明企业每获得1元钱的净利润，没有为企业带回来1元钱的现金流入，这说明企业赚的利润，可能有一部分是账面上的虚数。

后来我们发现，能给企业带来利润的不仅仅有主业的经营，企业的对外投资、外汇兑换损益、政府补助等，都有可能让企业的利润大增。这时，我们再简单地用净现比来衡量企业，就有可能出现企业真实利润很好，但净现比很低的情况。所以，为了更客观地考察经营活动净现比数据，我们又引入了核心利润的概念。

2. 核心利润

所谓的**核心利润**，实际上就是单指企业通过主业经营获得的营业利润。用经营性现金流净额与其对比，计算出**核心利润获现率**（即核心利润获取现金的能力）：

核心利润获现率＝经营性现金流净额÷核心利润

核心利润是企业在生产经营活动中取得的营业利润，去除了生产经营活动之外的一切其他外在因素的影响。**所以，用核心利润获现率更能考察企业在生产经营活动中取得的利润的真实质量。**

我们分析企业的利润质量时，只看净现比与核心利润获现率，就万事大吉了吗？在初步评估一家企业时，用这两个指标基本上是可以的。但要说万事大吉，那还是远远不够。对企业进行深入分析时，我们还必须做更多的工作。

二、两个指标的应用条件

（1）我们必须清楚，对考察利润质量的两个核心指标（净现比与核心利润获现率）的外部扭曲和扰动因素都有哪些。去除这些外部因素的影响，我们才能计算出它真实的利润获现率是多少。

（2）我们必须清楚，决定企业利润质量，即决定净现比与核心利润获现率高低的真正因素都有哪些。这样，我们不仅能计算出真实的净现比与核心利润获现率是多少，而且还能知道它为什么高或低，正所谓"既要知其然，更要知其所以然"。

（3）我们必须清楚，企业利润质量对企业经营的真正影响是什么。净现比与核心利润率获现率理论上当然是越高越好，可为什么有的企业虽然获现率不高，但依然可以长期保持正常经营呢？也就是说，我们得探究清楚影响企业现金流整体面貌的真正因素是什么？本节的内容，就围绕着上述三条进行展开。

三、两个指标的实战应用

1. 扭曲和扰动利润质量核心指标的外部因素

我们来看第一个问题：扭曲和扰动利润质量核心指标的外部因素都有哪些。

（1）企业的利润结构，可以扭曲和扰动我们对企业利润质量的考察。这一点，在上边介绍核心利润及核心利润获现率时，实际上已经介绍到了。**比如投资收益**，有时可以严重扭曲和扰乱我们对利润质量的考察。

以雅戈尔为例（见图 8-6）。2018 年雅戈尔营业利润为 42.94

合并利润表

2019 年 1—12 月

单位：元 币种：人民币

项目	附注	2019 年度	2018 年度
一、营业总收入		12,421,171,432.59	9,635,479,253.14
其中：营业收入	七．59	12,421,171,432.59	9,635,479,253.14
利息收入			
已赚保费			
手续费及佣金收入			
二、营业总成本		10,978,291,869.07	8,634,958,572.42
其中：营业成本	七．59	5,602,391,004.71	4,351,139,688.79
利息支出			
手续费及佣金支出			
退保金			
赔付支出净额			
提取保险责任准备金净额			
保单红利支出			
分保费用			
税金及附加	七．60	960,319,725.72	467,820,327.75
销售费用	七．61	2,399,281,307.11	2,199,749,589.63
管理费用	七．62	776,568,569.30	693,423,504.08
研发费用	七．63	84,912,667.69	46,415,015.52
财务费用	七．64	1,154,818,594.54	876,410,446.65
其中：利息费用		1,315,708,827.04	1,289,047,190.08
利息收入		244,420,495.62	488,601,374.17
加：其他收益	七．65	49,930,817.14	29,646,563.61
投资收益（损失以"—"号填列）	七．66	2,812,634,477.03	3,484,346,314.31
其中：对联营企业和合营企业的投资收益		1,985,858,124.64	1,715,821,669.98
以摊余成本计量的金融资产终止确认收益			
汇兑收益（损失以"—"号填列）			
净敞口套期收益（损失以"—"号填列）	七．67		
公允价值变动收益（损失以"—"号填列）	七．68	37,576,164.16	16,079,786.30
信用减值损失（损失以"—"号填列）	七．69	131,387,716.31	
资产减值损失（损失以"—"号填列）	七．70	13,945,739.82	−268,902,906.10
资产处置收益（损失以"—"号填列）	七．71	43,796,264.25	31,910,809.47
三、营业利润（亏损以"—"号填列）		4,532,150,742.23	4,293,601,248.31
加：营业外收入	七．72	145,844,804.32	106,065,355.81
减：营业外支出	七．73	176,987,546.94	51,048,852.71
四、利润总额（亏损总额以"—"号		4,501,007,999.61	4,348,617,751.41

图 8-6 2019 年雅戈尔的合并利润表截图

亿元，但仅投资收益就高达 34.84 亿元，投资收益对营业利润占比高达 81.14%。也就是说，当年雅戈尔生产经营活动对利润的贡献不足两成。

2019 年雅戈尔营业利润为 45.32 亿元，投资收益为 28.13 亿元，投资收益对营业利润的占比还是高达 62.07%。虽然，2019 年主业经营对利润的贡献相比 2018 年有所提升，但还是不足四成。

2018 年雅戈尔经营性现金流净额为 27.22 亿元，当年实现净利润为 36.27 亿元，净现比为 0.75（27.22 亿元÷36.27 亿元）；2019 年经营性现金流净额为 27.64 亿元，当年净利润为 39.72 亿元，净现比为 0.7。

如果我们只单纯地看净现比数据，不剥离投资收益的影响，很容易得出雅戈尔利润质量不高、现金流差的结论。

再比如营业外收支，有时也可以严重扭曲我们对利润质量的考察。以中环股份（2022 年 6 月已更名为"TCL 中环"）为例（见图 8-7）。2018 年，中环股份实现净利润为 7.89 亿元，但是营业外收入高达 3.90 亿元，营业外支出为 0.82 亿元。营业外收支对企业贡献了约 3.08 亿元的税前利润，几乎占了总利润的 50%。

2019 年，中环股份的营业外收支虽然大幅降低，但对利润的扰动同样约近 2000 万元。值得一提的是，对于中环股份来说，不仅营业外收支会严重影响我们对利润质量的考察，投资收益对它业绩的影响同样非常巨大。

2018 年，中环股份的投资收益为 0.65 亿元，2019 年则高达 2.88 亿元。如果不去除这些扰动因素的影响，单纯地看净现比数据，我们一定会得出非常错误的结论。

正因为上述考虑，所以我才在考察企业利润质量时，提出核心利润和核心利润获现率的概念。**有了核心利润和核心利润获现率，可以排除很多主业经营以外因素的影响，让我们看到真实的利润到**

底是多少。但这还不是全部，影响利润质量考察的扰动因素还有其他。

项目	2019 年度	2018 年度
二、营业总成本	15,796,924,115.92	13,215,610,560.86
其中：营业成本	13,595,714,849.30	11,368,800,398.46
利息支出		
手续费及佣金支出		
退保金		
赔付支出净额		
提取保险责任合同准备金净额		
保单红利支出		
分保费用		
税金及附加	75,122,635.27	61,969,621.90
销售费用	143,180,770.61	171,176,865.82
管理费用	501,615,794.24	499,316,403.42
研发费用	574,433,960.59	496,729,999.44
财务费用	906,856,105.91	617,617,271.82
其中：利息费用	1,007,291,278.62	706,877,081.68
利息收入	75,659,856.18	74,683,541.37
加：其他收益	220,951,576.18	68,990,077.64
投资收益（损失以"－"号填列）	287,540,889.77	65,029,073.04
其中：对联营企业和合营企业的投资收益	96,949,486.78	6,599,095.77
以摊余成本计量的金融资产终止确认收益		
汇兑收益（损失以"-"号填列）		
净敞口套期收益（损失以"－"号填列）		
公允价值变动收益（损失以"－"号填列）		
信用减值损失（损失以"-"号填列）	-87,755,317.71	
资产减值损失（损失以"-"号填列）	-99,389,386.43	-189,695,205.97
资产处置收益（损失以"-"号填列）	29,274,979.52	6,114,162.61
三、营业利润（亏损以"－"号填列）	1,440,669,961.42	490,543,989.31
加：营业外收入	27,978,902.92	390,313,757.66
减：营业外支出	11,327,362.50	8,183,176.96
四、利润总额（亏损总额以"－"号填列）	1,457,321,501.84	872,674,570.01
减：所得税费用	196,076,743.08	83,651,852.20
五、净利润（净亏损以"－"号填列）	1,261,244,758.76	789,022,717.81
（一）按经营持续性分类		

图 8-7　2019 年中环股份的合并利润表截图

（2）**计提与摊销，同样可以扭曲和扰动我们对企业利润质量的考察**。资产负债表中，商誉、固定资产、无形资产都会产生折旧的计提、摊销和减值损失问题。

计提、摊销和减值损失发生后，会体现在利润表中，减少企业的营业利润，从而降低企业的净利润。其中的计提和摊销会以营业成本、销售费用、管理费用、研发费用的形式进行冲销，因而也会降低企业的核心利润。**因为核心利润和净利润都会因为折旧摊销和减值损失而减小，实质上就是变相增加了净现比和核心利润获现率**。关于这一点，在前边的内容中，我已重点讲解了固定资产折旧对企业利润的影响。

以宝钢股份为例。2019年，宝钢股份实现经营性现金流净额为295.04亿元，核心利润为101.74亿元，这样计算出来的核心利润获现率是2.9，数据非常之高。但是其当年仅固定资产就被计提了184.70亿元的折旧。把这部分计提的折旧加进核心利润的话，则重新计算的核心利润获现率立即下降到1.03附近（见图8-8）。

商誉和无形资产对企业业绩及利润质量（净现比与核心利润获现率）的影响与固定资产相似，大家可以依葫芦画瓢进行推导，这里不再一一重复。很多朋友可能会奇怪：为什么非得把计提的折旧重新加入利润再进行上述比率的计算呢？商誉、固定资产、无形资产是前期一次性的投入，计提摊销和资产减值的部分，当期并没有真实的现金支出。**如果不考虑这部分的影响，企业真实的业绩应该比财报上体现出来的要高**。

上述扭曲和扰动因素的存在告诉我们：**用净现比、核心利润获现率来考察评判企业的利润质量时，利润质量有可能没有财报上表现得那样好，也有可能没有财报上表现得那样差**。

我们不要简单被表面上的数据所蒙蔽。当拿到一个较高或较低的净现比与核心利润获现率数据时，我们应该首先按照上述步骤，

(1). 固定资产情况

√适用 □不适用

单位:元　币种:人民币

项目	房屋及建筑物	机器设备	运输工具	办公及其他设备	合计
一、账面原值:					
1. 期初余额	85,533,849,829.38	264,346,459,803.30	28,345,157,350.70	30,335,619,144.52	408,561,086,127.90
2. 本期增加金额	3,895,487,706.88	9,091,341,398.93	1,775,793,837.22	1,481,345,207.96	16,243,968,150.99
（1）购置	229,768,761.48	316,049,661.60	156,112,034.70	354,862,059.64	1,056,792,517.42
（2）在建工程转入	3,639,425,873.77	8,769,998,049.01	1,617,582,647.83	1,125,553,596.88	15,152,560,167.49
（3）企业合并增加	—	—	—	—	—
（4）投资性房地产转为自用	26,293,071.63	—	—	—	26,293,071.63
（5）外币折算差额	—	5,293,688.32	2,099,154.69	929,551.44	8,322,394.45
3. 本期减少金额	895,362,828.15	3,305,999,078.29	1,138,572,419.86	929,806,424.07	6,269,740,750.37
（1）处置或报废	612,155,251.57	3,150,451,236.72	1,101,325,728.09	921,932,664.14	5,785,864,880.52
（2）转入投资性房地产	187,678,461.40	—	—	—	187,678,461.40
（3）处置子公司减少	80,218,978.51	155,547,841.57	37,246,691.77	7,873,759.93	280,887,271.78
（5）外币折算差额	15,310,136.67	—	—	—	15,310,136.67
4. 期末余额	88,533,974,708.11	270,131,802,123.94	28,982,378,768.06	30,887,157,928.41	418,535,313,528.52
二、累计折旧					
1. 期初余额	44,767,649,892.86	168,622,390,842.84	21,318,882,142.35	21,470,486,530.21	256,179,409,408.26
2. 本期增加金额	3,177,101,402.36	11,642,789,545.26	1,908,126,398.17	1,758,561,363.91	18,486,578,709.70
（1）计提	3,161,343,137.96	11,642,789,545.26	1,907,839,990.91	1,757,785,129.96	18,469,757,804.09
（2）投资性房地产转为自用	15,758,264.40	—	—	—	15,758,264.40
（3）外币折算差额	—	—	286,407.26	776,233.95	1,062,641.21
3. 本期减少金额	480,778,330.65	2,817,557,158.64	1,016,966,157.99	854,954,564.72	5,170,256,212.00
（1）处置或报废	374,846,429.21	2,701,635,654.45	995,341,340.36	848,658,899.02	4,920,482,323.04
（2）转入投资性房地产	62,539,416.14	—	—	—	62,539,416.14
（3）处置子公司减少	39,698,442.93	108,070,759.50	21,624,817.63	6,295,665.70	175,697,685.76
（4）外币折算差额	3,694,042.37	7,842,744.69	—	—	11,536,787.06
4. 期末余额	47,463,972,964.57	177,447,623,229.46	22,210,042,382.53	22,374,093,329.40	269,495,731,905.96
三、减值准备					
1. 期初余额	232,619,697.48	1,360,052,724.37	25,296,228.42	37,875,044.03	1,655,843,694.30
2. 本期增加金额	45,069.27	5,683,994.32			5,729,063.59
（1）计提	45,069.27	5,683,994.32			5,729,063.59
3. 本期减少金额	10,217,333.28	45,504,235.49	725,006.47	1,461,573.96	57,908,149.20
（1）处置或报废	867,302.95	16,506,203.14	625,131.17	1,294,081.16	19,292,718.72
（2）处置子公司减少	9,350,030.33	28,874,550.20	99,875.00	167,492.80	38,491,948.33
（3）外币折算差额	—	123,482.15	—	—	123,482.15

图 8-8　2019 年宝钢股份的固定资产折旧情况截图

检查一下其中是否有严重的扭曲因素存在，从而判断出数据的真实性。

2. 决定指标高低的真正因素

解决完第一个问题，我们再来看**第二个问题：决定企业利润质量，即净现比与核心利润获现率高低的真正因素到底是什么？**

企业理想的经营情况是：卖出产品，实现利润，收回现金。因为有负债经营方式的存在，企业有可能卖出产品，实现利润，但收不回现金。这才有了经营性现金流可能远远小于或远远大于利润的情况出现。

当企业实现利润，同步收回现金时，我们就说企业实现的利润质量高。反之，当企业实现利润，同步收回的现金少或没收回现金时，我们就说企业实现的利润质量差。

因此，从经营性现金流的角度看，能影响净现比与核心利润获现率的主要有两个渠道：一是在销售渠道上，二是在购货渠道上。

销售过程中回收的现金多，购货过程中支出的现金少，"多进少出"，那么经营性现金流净额就会多，净现比与核心利润获现率的分子大，则比率数值就大。反之，销售过程中回收的现金少，购货过程中支出的现金多，"多出少进"，那么经营性现金流净额就会少，净现比与核心利润获现率的分子小，则比率数值就小。

（1）销售渠道。如果企业卖出产品，收回现金，直接影响财报中的**货币资金项**。如果企业卖出产品，收不回现金，直接影响的是收不回来的部分，即**应收款项**了。对应财报中的科目有两个：**应收票据**和**应收账款**。企业在销售过程中还可能遇到一种情况：产品太热销了，还没生产出来却已经被人预订出去了。所以，这样会产生一笔**预收款项**。

因此，在销售渠道可以考察的科目主要有货币资金、应收票据、应收账款和预收款项这四项。但是企业能影响货币资金科目的因素非常之多，除了销售、购货、筹资、投资，其他都可以。这样就让影响货币资产的因素缺乏了唯一性。

所以，我们可以考察的科目就只剩下应收票据、应收账款和预收款项这三个了。其考察的基本逻辑有以下五点。

1）如果应收票据、应收账款的数额大，说明销售中的客户欠款比较多，回收的现金少。

2）如果年度间应收票据、应收账款的数额变大，说明年度间销售中的客户欠款变多，回收的现金变少；反之，则说明客户欠款变少，回收的现金变多。

3）因为应收票据的兑现性远远高于应收账款，所以应收票据和应收账款的比例构成，可以反映整体应收款项的质量。

4）如果预收款项的数额较大，说明销售中客户的预交款比较多，回收的现金多。

5）如果年度间预收款项的数额变大，说明年度间销售中的客户预交款变多，回收的现金变多；反之，则说明客户的预交款变少，回收的现金变少。

这些逻辑读起来容易让人犯迷糊。不要急，先放在这里，我们把基础性的东西先讲完，过会再举个例子，大家前后一串连，就会觉得非常简单。

（2）购货渠道。如果企业花钱买入原料，则**货币资金**会减少；原料买进来后，会计入存货中，则**存货**科目增加。如果买原料时，用的不是现金，而是采用赊款的方式进行，则不仅存货增加，**应付票据**、**应付账款**也会增加。如果买的材料很紧俏，我们支出现金也买不着现货，则不得不用预定的方式进行购买，于是预付的现金不得不计入**预付款项**这个科目。

所以，影响购货渠道的科目包括货币资金、存货、应付票据、应付账款、预付款项五个科目。同样,因货币资金受影响因素过多,没有可考察性。剩下的就只有存货、预付款项、应付票据、应付账款四个科目了。其考察的基本逻辑有以下四点。

1)存货是已经买进来的并入库的原料,预付款项是已经付款但还没入库的原料,它们加在一起,是企业为了维持生产经营一块购入的原料。

2)应付票据和应付账款是企业为了购买原料而对外赊欠的欠款。

3)如果应付票据和应付账款的规模远远大于存货和预付款项的规模,则说明企业在购货过程中,主要是靠欠款来支付资金的。也就是说,企业在购货渠道中占用的现金少。

4)如果应付票据和应付账款的规模远远小于存货和预付款项的规模,则说明企业在购货过程中,主要是靠现金来支付的资金。也就是说,企业在购货渠道中占用的现金多。

基础逻辑介绍完,我再找家企业来进行实例分析,上述内容理解起来就会容易得多。我们以华设集团为例(见表8-6)。2020年净现比仅为0.67,核心利润获现率仅为0.44。2021年净现比仅为0.62,核心利润获现率仅为0.41。华设集团不是重资产行业,计提摊销和资产减值对利润的扰动很小。同时它营业利润的主体结构就是核心利润,这说明投资收益、营业外收支等因素对利润的扰动也很小。

表8-6　华设集团的利润质量基础数据

单位:亿元

年　份	2020年	2021年
营业收入	53.54	58.22
经营性现金流净额	4.04	3.92
核心利润	9.23	9.48
核心利润获现率	0.44	0.41

（续）

年　份	2020 年	2021 年
净利润	6.05	6.37
净现比	0.67	0.62

那么它的净现比与核心利润获现率为什么这么低呢？下面我利用上边讲的基础逻辑进行的分析。

我们先来看看华设集团的销售渠道（见表 8-7）。华设集团 2021 年期初的应收票据、应收账款总规模是 29.78 亿元——2021 年的期初值，也就是 2020 年的期末值——而华设集团 2020 年的营业收入总共才 53.54 亿元。也就是说，当年 53.54 亿元的营收中，光客户欠的款项就高达 29.78 亿元，占总营收的 55.62%。2021 年末，华设集团的应收款项总规模为 38.08 亿元，而 2021 年的营收总计 58.22 亿元，占总营收的 65.41%。

表 8-7　2021 年华设集团的应收款项数据

单位：亿元

科　目	期　初	期　末	增　加
应收票据	0.08	0.15	0.07
应收账款	29.70	37.93	8.23
总计	29.78	38.08	8.30

2019 年前后，我曾分析过华设集团的应收款项，当时应收款项对营收的占比高达 90% 以上，这两年公司加大了回款力度，应收款项的规模有所收缩。虽然如此，目前的客户欠款还是太多了。客户欠款多，就意味着都赊账买东西，销售回笼的现金少。

华设集团 2021 年期末应收款项总规模为 38.08 亿元，期初应收款项总规模为 29.78 亿元，期末比期初增加了 8.30 亿元。期末的应收款项规模比期初的规模变大，说明新增加的应收款，远远高于要回来的应收款。也就是说，2021 年从客户欠款那里回收现金的能力有所减弱。

我们看看华设集团应收款项的整体结构（见表 8-8）。2021 年华设集团应收款项总量为 38.08 亿元，应收票据占比仅为 0.39%，应收账款占比却高达 99.61%。基本上全是应收账款。应收票据的可靠性和可兑换性，要远远高于应收账款，对华设集团来说，这种结构是减分项。理性的投资者应该通过应收账款的账龄和账源分析，以进一步核实账款的安全性。

表 8-8   2021 年华设集团的应收款项整体结构

单位：亿元

科　　目	2021 年	占　　比
应收款项总量	38.08	\
应收票据	0.15	0.39%
应收账款	37.93	99.61%

接下来，我们再来看看华设集团的预收款项（见表 8-9）。2020 年底，华设集团预收款项总计 10.22 亿元，占当年营收 53.54 亿元的 19.09%。2019 年底，华设集团预收款项总计 10.87 亿元，占当年营收 58.22 亿元的 18.67%。这两年的比例都不算低，而且相对稳定。这说明华设集团在对下游客户的预收款项上，回款较好。

表 8-9   2021 年华设集团的预收款项数据

单位：亿元

科　　目	期　　初	期　　末	增　　加
预收款项	10.22	10.87	0.65

华设集团的预收款项期末值比期初值增大，跟业务的增长基本匹配。进一步说明，随着业务的增长，华设集团通过预收款项回收

到了更多的现金。总体上，华设集团在销售渠道上，应收款项的规模远远大于预收款项的规模。所以在销售渠道上对公司占压的现金较多。

下面我们看看华设集团的购货渠道（见表 8-10）。2020 年底，华设集团的"存货+预付款项"共计 6.97 亿元，2021 年两项共计 6.77 亿元。2020 年底，华设集团的应付款项中，"应付票据+应付账款"共计 26.23 亿元，2021 年应付款项共计 31.74 亿元。两年的应付款项规模都远远高于同期的"存货+预付款项"规模。这说明华设集团的购货渠道主要靠赊账，对现金的占压比例低。当然，总体上华设集团应付款项和预收款项的规模，还是与应收款项有一定的差距。这说明公司还是对外赊得多、欠得少。

表 8-10　华设集团的购货渠道数据

单位：亿元

年　份	2020 年	2021 年
存货	4.59	3.75
预付款项	2.38	3.02
总计	6.97	6.77
应付票据	0.30	0.17
应付账款	25.93	31.57
总计	26.23	31.74

综合以上分析，我们可得出基本结论：华设集团之所以净现比与核心利润获现率低，就是因为在销售渠道上回款少，对现金的占压率太高。腾腾爸在本节给大家介绍的方法，比较简单明了，朋友们可以拿自己手中的爱股，来进行一下自我检测和自我试验。

股票的净现比为什么高，高在哪里，或者为什么低，低在哪里，我们很快就能一目了然地得出结论。这就是"既要知其然，又要知其所以然"。

3. 对企业的真正影响

最后，我们来看**第三个问题：企业利润质量对企业经营的真正影响是什么？** 从基础逻辑上来说，企业的利润质量差，回款少，意味着企业的造血功能不足，时间久了就会影响到企业的经营，甚至会影响到企业的生存。实践中，获现率不高，并不必然代表着企业的现金流状况一定会差。

还是以华设集团为例分析（见表 8-11）。2020 年和 2021 年，华设集团总体的现金流还是保持净流入的。不需要过多的对外筹资，只依赖于经营性现金流入，就完全可以满足公司经营和发展的需要。简单地说，就是其净现比与核心利润获现率并不高，但是并没有影响公司的经营和发展。

表 8-11　华设集团现金流数据

单位：亿元

年　　份	2020 年	2021 年
经营性现金流净额	3.92	4.04
投资性现金流净额	1.34	-1.34
筹资性现金流净额	-2.62	-0.98

为什么会出现这种局面呢？一般地说，主要有两种状况可以造成这种局面。

（1）企业产品的毛利率很高。 毛利率很高，意味着企业只要回笼一小部分资金，就可以完成资本回收工作。

举个例子，一家企业产品的毛利率为 80%，意味着售价 100 元的产品生产成本只有 20 元，以 100 元的价格卖掉，收回 50 元现金，就能远远地覆盖掉 20 元的生产成本对资本金的消耗。比较有名的例子还有欧普康视，尽管它的净现比不高，但企业经营没有任何问题，主要原因就是产品的毛利率比较高，销售回款足够支撑企业经营和发展。

（2）企业的资本开支较少。 在轻资产运营模式下，企业维持正常经营和发展所需要的资本开支较少，意味着对企业现金的消耗就少。这种模式下，较少的现金回笼，同样可以满足企业正常的生产经营需要。

我们再看下华设集团的例子。华设集团的毛利率长期维持在30%上下。这个水平不算低，但也并不算太高（见表8-12）。

表 8-12　华设集团的毛利率数据

年　　份	2017 年	2018 年	2019 年	2020 年	2021 年
毛利率	31.68%	26.22%	31.21%	32.98%	31.86%

华设集团 2020 年和 2021 年的资本开支对净利润、归母净利润的占比极低，不到 15%（见表8-13）。我在下一章中会讲解资本开支，**资本开支对净利润的占比低于 50%，就说明企业可能在商业模式上具有某种重要的竞争优势；低于 30%，就非常具有关注和研究的价值。** 而华设集团的这个数据不到 15%，表现已经是非常出色了。这个也好理解，华设集团主要以勘探设计业务为主，这是一种典型的轻资产运行模式，所以对资本开支的要求不是很高。

表 8-13　华设集团的资本开支数据

单位：亿元

年　　份	2020 年	2021 年
资本开支	0.69	0.32
净利润	6.05	6.37
归母净利润	5.83	6.18

综上，华设集团净现比不高，但公司整体现金流并不紧张，根本原因在于它是轻资产运营，资本开支少，对现金的消耗自然低。

四、注意事项

至此，本节知识点的分享全部完成。写作本节的主要目的，就是想告诉大家，在分析企业财报和进行股市投资时需要注意以下三点。

（1）理论上讲，企业的净现比与核心利润获现率可以体现出企业的利润质量，数据越高越好。但碰到高数据时，我们一定得分清它为什么这样高，是真高还是假高。

（2）净现比与核心利润获现率低时，并不代表企业一定处于危险中。毛利率和资本开支需求，都是企业现金流是否够用的决定性因素，我们需要细细考察。

（3）净现比与核心利润获现率高，并且是真高，同时毛利率和资本开支等因素又有利于企业进行现金回笼，那么这样的企业就是我们努力寻找的优质企业。如果找到了，我们就要密切关注，在合理的估值范围内，大胆下注。

第四节　净资产收益率：分析企业投资收益的关键

一、重要的财务指标

巴菲特说："如果只能给我一个指标来选择股票，那我就选择ROE。"ROE的中文全称叫"净资产收益率"。比如，一家企业如果年初有1000万元的净资产，年底盘算后，发现赚到了200万元的净利润，那么我们就可以说它今年的ROE大约为20%（200÷

1000）。也就是说，ROE 的基本计算公式为：

$$净资产收益率=净利润÷净资产$$

因为企业在一年的经营周期内是以净资产为起点的，一边经营一边赚钱，一边赚钱一边将利润再投入。所以，年中赚到的钱再投入的话，也会积累成新的净资产。

还是上边的那家企业，年初净资产为 1000 万元，一年总共赚了 200 万元，但这 200 万元是一年的时间内陆陆续续赚到的，一边赚一边重新投入企业——年底净资产达到了 1200 万元（1000 万元年初的净资产+200 万元净利润）。也就是说，全年的 200 万元净利润并不仅仅是年初的 1000 万元净资产赚到的，还应该有利润再投入的功劳，这时的 ROE 怎么计算呢？

有一个平均 ROE 的概念，也就是把年初值 1000 万元与年末值 1200 万元相加，取一个平均值 1100 万元，作为平均净资产，然后用全年的净利润除以平均净资产，公式为：

$$平均净资产=（年初净资产+年末净资产）÷2$$
$$平均净资产收益率=净利润÷平均净资产$$

平均 ROE 体现了计算周期内新投入资本的收益贡献。上文中，我们举的例子是按基本公式计算的 ROE 为 20%，按平均净资产收益率计算的平均 ROE 为 18.18%（200÷1100）。

关于 ROE，芒格也说过一番话："如果投资者持有一家企业股票的时间足够长，那么他的投资收益率将无限接近于这家企业在存续期间实现的 ROE。"也就是说，当你长期持有一只股票时，你在这只股票上实现的投资收益将近似于这只股票背后的企业的长期年化复合 ROE。用大白话说就是：**你买的那家企业赚钱，你就赚钱；你买的那家企业有多赚钱，你就有多赚钱；你买的那家企业赚了多少钱，你就赚了多少钱。**

ROE 如此重要，以至于各式各样的投资大佬和我们这些普通投资者都不得不对它高度重视。ROE 看起来很简单，但是仔细分析起来是非常复杂的。打个比方说，有 A、B 两家企业，某年的 ROE 同样都是 20%，但有的人可能选择 A 企业而不是选择 B 企业。一样的 ROE 为什么不一样的选择结果？

举个好理解的例子：两个年轻人同样都有 1000 万元身家，一个是靠自己本事赚来的，一个是意外中了彩票得来的，如果择婿权在你手里，你会把闺女嫁给哪一个人呢？这就是具有同样的 ROE 的企业却意味经营本质并不相同的道理所在。

为什么看起来一样的 ROE，实际上意味并不一样呢？是什么因素造成了这种差异呢？这些差异又会对我们的投资产生何种启示或者说指导呢？这就是本节要重点探讨的内容。

二、ROE 指标的产生过程

我们回顾一下 ROE 的基础公式，分子是净利润，分母是净资产。对一家固定的企业来说，分母是一个相对的恒量，年初值是多少它就是多少，变化的是分子——哪怕是计算平均净资产时，年末值也是由年初值加上当年利润形成的。所以，整个公式中的变量就是分子，即利润。利润的生成过程，决定了 ROE 的不同。

为了把复杂的问题尽量讲得简单明了一些，我再给大家假设一个例子。假如有一种高端设备，国外售价是 100 万元一套，国内售价是 120 万元一套，我们有一位朋友叫张三，他看到了其中的商机，于是注册了一家外贸企业，叫"张三外贸有限公司"——下边我们简称为张三公司——专事此种设备的进口生意。

第一年，张三公司从国外花 100 万元买了一套设备，到国内卖了 120 万元，赚了 20 万元。很显然，这 20 万元是利润，进口设备的 100 万元是成本，卖掉设备得到的 120 元是营业收入，利润率是

$20÷100×100\%=20\%$。这个数据，相当于张三公司进行一次经营活动所取得的效益。**即：ROE＝利润率**。

因为张三的公司一年只做了这一次生意，所以利润除以净资产，就得到了它今年的净资产收益率，即 $ROE=20÷100×100\%=20\%$，跟这一年的利润率正好相同。

第二年，张三就想了，我一年做一次这样的生意赚 20 万元，要是一年做两次这样的生意呢？这不就赚得更多吗？于是，第二年张三在上半年花 100 万元从国外买了一套设备，到国内卖了 120 万元，赚了 20 万元；下半年，他又花 100 万元从国外买了一套设备，到国内卖了 120 万元，又赚了 20 万元。相当于年初的 100 万元，做了一次生意之后，紧接着又做了一次生意。

这一次又一次的生意，我们称之为"周转次数"，学名"周转率"。一年做一次，周转率为一次。一年做两次，周转率为两次。依此类推，周转次数越多，张三公司赚得就会越多。

这时候我们发现，张三公司的净资产收益率计算公式发生了变化：**ROE＝利润率×周转率**。如果利润率代表的是企业的效益的话，那么周转率代表的就是企业的效率。**效益越高，ROE 越高；效率越高，ROE 也越高**。

第三年，张三又想了，我只有 100 万元的资金，一次只能买一套设备，一年只能做两次，如果我要能再借 100 万元，一次买两套设备，一年再做两次，那不就赚得更多了吗？于是，张三从他的表哥李四那里借了 100 万元，加上自己的 100 万元，上半年从国外进口了两套设备，一套赚了 20 万元，两套赚了 40 万元；下半年，又这样经营运作了一次，下半年又赚了 40 万元；全年赚了 80 万元。

自己有 100 万元（净资产），借了 100 万元（筹资），这就是我们常说的"加杠杆"了。他借了 100 万元后，总共有 200 万元（总资产），相比自己的 100 万元净资产，有了 2 倍。这个 2 倍，我们就称之为杠杆倍数。

这时我们发现，张三公司的利润等于一套设备的利润乘以周转次数再乘以杠杆倍数，即：张三公司第三年利润=20万元×2次×2倍=80万元。而这一年张三公司的净资产收益率计算公式再一次发生了变化：**ROE=利润率×周转率×杠杆倍数**。这个公式实际上就是净资产收益率的分解公式。它的基本含义是：**一家企业的利润率越高，周转次数越多，杠杆倍数越大，则所获利润越多，ROE越高！**

三、影响ROE指标的核心因素

从上边讲的这个例子中，我们可以清晰地看到，影响一家企业ROE的核心因素就三个。

1. 利润率

利润率代表了企业的效益，主要分为毛利率和净利率。ROE分解公式中的利润率主要是指净利率。利润率的计算公式为：

毛利率=(营业收入−营业成本)÷营业收入

净利率=净利润÷营业收入

因为利润率高，会对企业的ROE有正向影响。所以在选择股票时，我们会倾向于寻找高利润率的企业进行投资。

这里特别交代一下：为什么ROE分解公式中引入的是净利率，我们还要关注毛利率呢？**因为毛利润直接体现了企业产品或服务的盈利能力。** 比如，上例提到张三公司买100万元的设备，转手卖出120万元的价格，20万元差价就是毛利润。有了这20万元的毛利之后，扣除各种管理、销售、财务、税金等费用之后，才是净利润。

同时，根据新的会计准则，企业获得的一些营业外收入，也可以归入净利润。比如，外贸企业得到的政府补助，也可能加入到净利润中，从而让企业的净利润数据出现扭曲。

所以，在考察企业利润率时，我建议大家计算出毛利率和净利率两个数据，这样对企业进行的综合判断，才能得出更客观、合理的结论。

2. 周转次数

上文说了，周转次数又称为周转率，这个指标代表了企业的效率，可划分为总资产周转率、存货周转率、固定资产周转率等。**ROE 分解公式中的周转次数，主要是指总资产周转率。**总资产周转率的计算公式为：

总资产周转率＝营业收入÷总资产

因为一年之内，总资产也有期初与期末两个值，所以我们通常会计算出平均总资产周转率作为考察对象进行统计和分析，即：

平均总资产＝（期初总资产＋期末总资产）÷2
平均总资产周转率＝营业收入÷平均总资产

总资产周转率越高越好，因为它跟利润率一样，对 ROE 的影响也是正向的。

3. 杠杆倍数

总资产对净资产的比率。杠杆倍数的计算公式很简单，就是企业的总资产除以企业的净资产。即：杠杆倍数＝总资产÷净资产。从杠杆倍数的计算公式上我们可以看到，它跟企业的负债率有比较亲近的渊源。负债率＝总负债÷总资产，总负债＝总资产－净资产。**也就是说，负债越多，负债率越高，企业的杠杆倍数越大。**

理论上讲，企业的负债率越高，杠杆倍数越大，企业的 ROE 越大。但是杠杆过大，也就是负债过高的话，企业的经营就会有风险。所以，**这个指标需要具体情况具体分析，并不是越高越好**。就像一个人借债度日，你有 10 元钱，借 1 元钱，还账不难，但若借 100 元、1000 元，则还账风险极大。

就像我们借钱炒股，自己只有 1 元钱，却借了 99 元，买的股票只要向下波动超过 1%，就意味着我们已经亏损了全部的本金。如此杠杆倍数下的经营风险显然是非常巨大的。

综上，我们把上述公式代入 ROE 分解公式，则变成：

ROE = 利润率×周转率×杠杆倍数

= (净利润÷营业收入)×(营业收入÷总资产)×(总资产÷净资产)

我们在分析企业的 ROE 主要是由哪方面因素支撑的时候，可以重点考察毛利率、净利率、总资产周转率和负债率四个指标。

四、实战推演指标的计算过程

很多朋友经常抱怨，看道理我们都能看得懂，只是一到面对某家具体的企业，需要实际操作时，就彻底懵了。为了更直观地展示实际操作的计算过程，腾腾爸就以同花顺公司 2021 年年报为例，演示一下上述四大指标的计算过程。

计算毛利率和净利率时，我们需要营业收入、营业成本、净利润等数据；计算总资产周转率时，我们需要营业收入、总资产等数据；计算负债率时，我们需要总资产和总负债等数据。大家看，这些数据主要集中在企业的资产负债表和利润表两张报表中。

我们先打开同花顺 2021 年年报，找到它的合并利润表（见图 8-9）。2021 年，同花顺的营业收入约为 35.10 亿元，营业总成本约为 14.67 亿元。这两个数据是不是不用计算，直接在报表中就可以提取出来？知道这两个数据了，我们就可以计算出同花顺 2021 年的毛利率：毛利率(同花顺 2021 年) = (营业收入-营业成本)÷营

单位：元

项目	2021 年度	2020 年度
一、营业总收入	3,509,864,834.40	2,843,697,937.51
其中：营业收入	3,509,864,834.40	2,843,697,937.51
利息收入		
已赚保费		
手续费及佣金收入		
二、营业总成本	1,466,535,372.09	1,114,113,569.13
其中：营业成本	301,317,736.88	237,047,486.83
利息支出		

图 8-9　2021 年同花顺的合并利润表截图 1

业收入×100% = （35.10-14.67）÷35.10×100% = 58.21%。

有了毛利率，我们再来计算一下净利润率。同样在同花顺的合并利润表中，我们可以直接提取出公司 2021 年的净利润为 19.11 亿元（见图 8-10）。由此，我们可以计算出公司 2021 年净利润率：

资产处置收益(损失以"一"号填列)	19,591.86	-6,795.00
三、营业利润（亏损以"一"号填列）	2,095,663,779.57	1,814,882,129.62
加：营业外收入	351,000.00	365,633.33
减：营业外支出	6,976,948.50	809,862.69
四、利润总额（亏损总额以"一"号填列）	2,089,037,831.07	1,814,437,900.26
减：所得税费用	177,833,190.00	90,462,871.88
五、净利润（净亏损以"一"号填列）	1,911,204,641.07	1,723,975,028.38
（一）按经营持续性分类		
1.持续经营净利润（净亏损以"一"号填列）	1,911,204,641.07	1,723,975,028.38
2.终止经营净利润（净亏损以"一"号填列）		
（二）按所有权归属分类		
1.归属于母公司股东的净利润	1,911,204,641.07	1,723,975,028.38
2.少数股东损益		

图 8-10　2021 年同花顺的合并利润表截图 2

净利润率 (同花顺 2021 年) = 净利润÷营业收入×100% = 19. 11÷
35. 10×100% = 54. 44%。

利润率数据计算出来后, 我们可以翻到同花顺 2021 年的合并
资产负债表, 接着计算它的总资产周转率 (见图 8-11)。同花顺
2021 年总资产, 期初值 (2021 年的期初值, 实际上就是 2020 年的
期末值) 约为 71. 56 亿元, 期末值约为 85. 01 亿元。那么平均总资
产为: 平均总资产 (同花顺 2021 年) = (期初总资产+期末总资产) ÷
2 = (71. 56+85. 01) ÷2 = 78. 29 (亿元)。再往下一步: 平均总资产周
转率 (同花顺 2021 年) = 营业收入÷平均总资产 = 35. 10÷78. 29 =
0. 45。也就是说, 同花顺的总资产大约一年只能周转 0. 45 次。

商誉	3,895,328.16	3,895,328.16
长期待摊费用	480,105.01	266,185.16
递延所得税资产	782,182.42	236,393.06
其他非流动资产	12,500,000.00	
非流动资产合计	1,144,918,668.05	946,520,852.60
资产总计	8,501,216,297.49	7,155,697,274.87

图 8-11　2021 年同花顺的合并资产负债表截图 1

那么负债率怎么计算呢? 我们继续翻其资产负债表 (见
图 8-12)。我们找到同花顺年底的总负债为 20. 25 亿元。负债率为:
负债率 (同花顺 2021 年) = 总负债÷总资产×100% = 20. 25÷85. 01×
100% = 23. 82%。

长期应付职工薪酬		
预计负债	2,340,637.58	1,815,393.32
递延收益	1,097,644.84	1,715,415.16
递延所得税负债		
其他非流动负债	66,010,526.99	137,316,068.41
非流动负债合计	69,448,809.41	140,846,876.89
负债合计	2,024,501,454.24	1,931,486,248.51

图 8-12　2021 年同花顺的合并资产负债表截图 2

企业的负债率不高，意味着杠杆倍数也不高。负债率和杠杆倍数这两个数据是可以互相推算的，所以我们只要大致计算出其中一个，就能得出另外一个。我个人喜欢通过负债率来分析和对比企业，所以这里就只计算负债率。

五、ROE 指标的实战应用

计算和统计出企业的毛利率、净利率、总资产周转率、负债率，我怎样对企业 ROE 进行分析和利用呢？主要有以下三个方面。

（1）如果企业的利润率比较高，主要是因为利润率推高了企业的 ROE，那我们就可以把这类企业归类为"效益驱动型企业"。这样的企业，往往意味着其产品或服务更有竞争力。

（2）如果企业的周转率比较高，主要是因为周转率推高了企业的 ROE，那我们就可以把这类企业归类为"效率驱动型企业"。这样的企业，往往需要更好的管理才能实现高 ROE。

（3）如果企业的负债率比较高，主要是因为高负债、高杠杆推高了企业的 ROE，那我们就可以把这类企业归类为"杠杆驱动型企业"。这样的企业，得具体问题具体分析——在风险可控的范围内，当然是杠杆越高越好。这样的企业，对资产质量和偿债能力往往要求较高。

为了更简单生动地解决问题，我还是遵循老制——举例子！通过多举例子，让大家对上述知识点能有更直观的认识。

1. 第一种类型：效益驱动型企业

一提到效益驱动型企业，我马上想到的是白酒行业。所以我找到了贵州茅台和五粮液这两家龙头企业，计算和统计了它们 2017—2021 年共计五年的相关数据。

贵州茅台在这五年中，毛利率始终维持在 90% 上下的水平上，净利率则始终维持在 50% 上下的水平上。而总资产周转率一年不过 0.4~0.5 次，资产负债率从来没超过 30%（见表 8-14）。产品赚钱，效益好，所以它的 ROE 构成中，主要是利润率高企支撑。这就典型的效益驱动型企业。

表 8-14　贵州茅台的相关数据

年　　份	2017 年	2018 年	2019 年	2020 年	2021 年
毛利率（%）	89.80	91.14	91.30	91.41	91.54
净利率（%）	47.50	49.00	49.49	50.54	50.90
总资产周转率（次）	0.49	0.52	0.52	0.49	0.47
资产负债率（%）	28.67	26.55	22.49	21.40	22.81

五粮液跟茅台类似，毛利率在 75% 上下，净利率在 35% 上下。该数据比茅台低，但同样是非常高的了。其总资产周转率和负债率跟茅台差不多（见表 8-15）。

表 8-15　五粮液的相关数据

年　　份	2017 年	2018 年	2019 年	2020 年	2021 年
毛利率（%）	72.01	73.80	74.46	74.16	75.35
净利率（%）	33.41	35.07	36.37	36.48	37.02
总资产周转率（次）	0.45	0.51	0.52	0.52	0.53
资产负债率（%）	22.91	24.36	28.48	22.95	25.24

因此，两家企业在 2017—2021 年的 ROE 数据对比就非常鲜明了（见表 8-16）。同样是效益驱动型企业，因为茅台的利润率更高，所以这些年茅台的 ROE 数据明显高于五粮液。特别是，为什么 2018 年和 2019 那两年五粮液的股价明显强于茅台呢？想一想那两年五粮液干了什么，而茅台没干什么？酒价上涨。

表 8-16　贵州茅台与五粮液的 ROE 数据对比

年　　份	2017 年	2018 年	2019 年	2020 年	2021 年
贵州茅台 ROE（%）	33.74	35.45	33.92	31.99	30.56
五粮液 ROE（%）	19.61	23.44	25.82	25.53	25.91

　　茅台死坚持酒价不涨，而五粮液已经悄悄地涨过好几轮了。价格涨，则同样卖一瓶酒，成本不变，营收增加，这意味着未来的利润率会更高。**利润率高，其他条件不变的情况下，ROE 会提高**。这就是白酒行业酒价与股价紧密联动的基础逻辑。

　　再想想 2021 年之后，茅台的股价为什么又明显强于五粮液呢？因为在下跌趋势中，投资者更看重质。茅台的 ROE 总体上要高出五粮液一大截，所以投资者在股市下跌中愿意给茅台更高的估值。

2. 第二种类型：效率驱动型企业

　　效率驱动型企业的典型是商业性企业，所以我选了两个做外贸的企业进行分析：一家叫上海物贸，另一家叫兰生股份。大家先看看它们的基础数据。2017—2021 这五年，上海物贸的毛利率从来没有超过 6%，净利率很少超过 2%（见表 8-17）。这是典型的低利润率企业。好在它的总资产周转率高，一年可以周转三四次，是茅台和五粮液的七八倍！当然，上海物贸的杠杆率也不低，这五年负债率全部高于 50%，这也可以推高它的 ROE 水平。但相比起来，显然它的周转率在 ROE 的主导作用更明显。

表 8-17　上海物贸的相关数据

年　　份	2017 年	2018 年	2019 年	2020 年	2021 年
毛利率（%）	5.75	6.00	5.44	4.43	5.72
净利率（%）	0.65	0.83	1.04	1.57	2.24
总资产周转率（次）	2.96	3.30	4.41	4.14	3.13
资产负债率（%）	69.78	61.30	54.10	61.55	50.77

　　如表 8-18 所示，兰生股份的毛利率和净利率都不高，2017 年和 2018 年居然还出现了倒挂，即净利润率居然比毛利率还高，这说明这家企业的非主营业务收入影响了净利润数据。这就是我上边提到的不能单看净利率来考察企业，最好是用毛利率和净利率进行综合观察的原因所在。商业企业本来应该有高周转率才对，而兰生股份的周转率却从来没有超过 1 次过。由此可见，它的真实 ROE 水平不会多好看。

表 8-18　兰生股份的相关数据

年　份	2017 年	2018 年	2019 年	2020 年	2021 年
毛利率（%）	5.80	5.09	5.05	10.52	29.66
净利率（%）	9.92	7.31	4.99	4.85	13.91
总资产周转率（次）	0.68	0.75	0.85	0.66	0.19
资产负债率（%）	25.90	25.97	20.97	17.29	27.38

　　下面我将两家企业 ROE 放一块做一下对比（见表 8-19）。2017 年，包括更早的 2015 年和 2016 年，兰生股份的 ROE 数据都要高于上海物贸，若不进行分项分析，兰生股份明显好于上海物贸。那时候，如果大家要是兴冲冲买了兰生股份，那以后可就真是掉坑里了。

表 8-19　上海物贸和兰生股份的 ROE 数据对比

年　份	2017 年	2018 年	2019 年	2020 年	2021 年
上海物贸 ROE（%）	6.62	7.99	10.83	15.65	16.04
兰生股份 ROE（%）	8.92	7.47	5.53	3.94	3.40

　　这一部分的内容，不仅仅是想告诉大家什么叫效率驱动型企业，而且还在告诉大家如何在同类企业中进行对比。**从 ROE 的效率端进行思考，这是筛选同类企业的方法之一。**

3. 第三种类型：杠杆驱动型企业

杠杆驱动型企业的典型代表应该是银行。但因为银行业的特殊性，很多分析比率与生产制造企业（从本质上讲，服务业也是生产制造企业，只不过提供的产品是某种服务而已，但分析方法可与生产制造类企业相同）是不相同的。

所以，我又想到了房地产企业。房地产企业先拿一些钱买地，买下地后拿地去贷款，房子还没盖好，先销售出去了。这些都是加杠杆的措施，所以房地产企业的杠杆倍数通常比较高。体现在财报上，就是资产负债率比较高。

以房地产龙头企业万科和保利为例。如表 8-20 所示，万科在2020 年前毛利率维持在 35% 上下，净利率维持在 15% 上下，2020年之后，因为政策调控的原因，利润率出现了明显的下降。这样的利润率水平跟白酒企业相比，不可同日而语，但跟一般的生产制造企业相比，并不低。

表 8-20　万科的相关数据

年　　份	2017 年	2018 年	2019 年	2020 年	2021 年
毛利率（%）	34.10	37.48	36.25	29.25	21.82
净利率（%）	15.32	16.55	14.99	14.15	8.41
总资产周转率（次）	0.24	0.22	0.23	0.23	0.24
资产负债率（%）	83.98	84.59	84.36	81.28	79.74

万科总资产周转率每年只有 0.23 次上下。这个好理解，房地产正常的一个经营周期，大约就是 3~4 年。好在它的资产负债率较高，这样就可以驱动 ROE 整体处在一个不错的水平上。

同样的特征也体现在保利地产身上。如表 8-21 所示，其各项数据所处的水平，跟万科极为相似。

表 8-21　保利发展的相关数据

年　份	2017 年	2018 年	2019 年	2020 年	2021 年
毛利率（%）	31.05	32.48	34.96	32.56	26.78
净利率（%）	13.45	13.44	15.91	16.47	13.05
总资产周转率（次）	0.25	0.25	0.25	0.21	0.22
资产负债率（%）	77.28	77.97	77.79	78.69	78.36

综合起来看，在数据统计期的这五年中，万科的 ROE 总体上稍高于保利，但 2020 年之后万科在 ROE 数据上表现不及保利好（见表 8-22）。

表 8-22　万科与保利发展的 ROE 数据对比

年　份	2017 年	2018 年	2019 年	2020 年	2021 年
万科 ROE（%）	21.36	23.34	21.78	19.12	10.25
保利发展 ROE（%）	14.24	15.17	18.05	16.14	13.06

效益驱动型企业、效率驱动型企业、杠杆驱动型企业是根据 ROE 三个核心决定因素，划分出的对应的三个基础类型。企业在某一方面突出，我们就把它称为什么类型。但在实际操作过程中，我们碰到的具体案例，远比理论上的内容要丰富。比如，有些企业中的各个因素都不是特别突出，或者各个因素都比较不错，这样在三个基础类型之外，还会衍生出一些其他综合型类别。根据最终 ROE 的数值不同，可划分为综合低效型和综合高效型。这两个类型，可作为三大基础类型的有益和必要补充。

4. 第四种类型：综合低效型企业

综合低效型企业以钢铁企业为例，我们看看宝钢股份和鞍钢股份的情况。2017—2021 这五年，宝钢股份的利润率、周转率、负债率等指标都不突出（见表 8-23）。

表 8-23　宝钢股份的相关数据

年　份	2017 年	2018 年	2019 年	2020 年	2021 年
毛利率（%）	14.07	14.99	10.88	10.83	13.26
净利率（%）	7.05	7.63	4.61	4.92	7.24
总资产周转率（次）	0.94	0.89	0.87	0.82	0.99
资产负债率（%）	50.18	43.53	43.70	43.93	44.61

我们再看看鞍钢股份的相关数据（见表 8-24），是不是有一种难兄难弟的感觉？

表 8-24　鞍钢股份的相关数据

年　份	2017 年	2018 年	2019 年	2020 年	2021 年
毛利率（%）	13.72	16.20	8.34	9.21	9.69
净利率（%）	6.66	7.56	1.67	1.98	5.09
总资产周转率（次）	0.95	1.17	1.19	1.15	1.47
资产负债率（%）	43.52	41.72	40.16	38.83	38.28

两家企业没有一项数据特别突出，可想而知，它们的 ROE 数据也好不到哪里去（见表 8-25）。

表 8-25　宝钢股份与鞍钢股份的 ROE 数据对比

年　份	2017 年	2018 年	2019 年	2020 年	2021 年
宝钢股份 ROE（%）	13.34	12.80	7.08	7.15	12.89
鞍钢股份 ROE（%）	11.73	15.46	3.35	3.75	12.20

很多年前，我还持有一定比例的宝钢股份。持有几年也没赚到什么钱，后来赶上 2015 年水牛市，我才借市场情绪之力，小盈沽清。我搞明白其中的道理了，所以借机逃出。如果我们不考虑市场情绪，单从长期投资的角度看，投资这类企业要慎重。

5. 第五种类型：综合高效型企业

综合高效型企业的利润率不是特别高，但也不算低。周转率不是特别高，但也不算低。杠杆率又恰到好处。于是，几好搭一好，最后的 ROE 数据就相当喜人了。

在医药行业中，这种类型的企业比较多，比如爱尔眼科，详看数据（见表 8-26），我不多说了，相信大家自己也可以独立分析。

表 8-26　爱尔眼科的相关数据

年　　份	2017 年	2018 年	2019 年	2020 年	2021 年
毛利率（%）	46.28	47.00	49.30	51.03	51.92
净利率（%）	13.30	13.31	14.33	15.76	16.47
总资产周转率（次）	0.89	0.85	0.93	0.87	0.80
资产负债率（%）	41.24	37.98	40.96	31.46	44.05

同属医药行业细分的子行业眼科，我又找了一个专职做器械（OK 镜）的企业欧普康视。欧普康视的三项数据中，利润率很高、周转率一般、负债率一般，但综合在一块，ROE 很高（见表 8-27）。所以严格地讲，它已经不是综合高效型了，而是效益驱动型了。

表 8-27　欧普康视的相关数据

年　　份	2017 年	2018 年	2019 年	2020 年	2021 年
毛利率（%）	76.21	77.98	78.41	78.54	76.69
净利率（%）	47.68	45.76	45.58	50.99	45.68
总资产周转率（次）	0.49	0.43	0.46	0.46	0.50
资产负债率（%）	11.95	11.83	10.47	10.02	14.68

同为眼科，我们将爱尔眼科与欧普康视的 ROE 数据做对比（见表 8-28）。是不是都很不错，但欧普更为出色呢？

表 8-28　爱尔眼科与欧普康视的 ROE 数据对比

年　　份	2017 年	2018 年	2019 年	2020 年	2021 年
爱尔眼科 ROE（%）	18.85	18.63	22.03	21.24	21.59
欧普康视 ROE（%）	26.34	22.14	23.40	25.89	26.13

六、ROE 指标的四大价值优势

买股票买的就是企业，买企业前，我们一定得先分析企业，分析企业一定得分析透、分析准。ROE 就是一把剔骨刀，在我们分析企业和选择股票时，至少可以帮我们做好下边四件事。

1. 为分析企业指明方向

碰到效益驱动型和效率驱动型企业，我们得重点思考：它为什么能有这么高的效益，能保持吗？它为什么有这么高的效率，能保持吗？我们要围绕重点，结合企业的商业模式来进行分析和思考。

比如，上文提到的贵州茅台和五粮液，白酒行业已经存在一两千年了，从来都是一把米、一碗水然后卖个好价钱。这种商业模式依靠产品的成瘾性、普及性以及品牌黏性，让这个行业里的龙头企业具有了无与伦比的竞争优势。所以我们可以近乎 100% 地确定，它们的高效益在未来不会改变。

而上文提到的欧普康视和爱尔眼科两家企业都属医疗器械行业。这个行业后来发生了一件事，就是冠脉支架集采，导致产品价格降幅高达 90% 以上。而这两家企业的产品都较为单一，且都属医疗器械，它们面临的集采风险，就成了我们在分析和考察企业时，必须首先思考的问题。

而碰到杠杆驱动型企业时，我们必须得重点思考：企业的资产质量如何？负债率是否过高？有息负债率多少？真实负债率几何？

上文中也讲到了，企业的负债率高，意味着杠杆倍数也高，这对提升 ROE 起到一个正向的作用，但企业的负债率并不是越高越好，因为过高的负债可能为企业带来严重的，甚至是致命的经营风险。

负债跟负债是不一样的。从总体上讲，企业的负债有两类，一类叫金融性负债，另一类叫经营性负债。短期借款、长期借款、应付债券、一年未到期流动负债、交易性金融负债，甚至有利息要还的长期应付款，这些都属于金融性负债。简单地说，它主要是企业向金融机构等债权人借贷来的钱。这些钱都是需要还利息的，所以我们又称它们为有息负债。

预收款、合同负债、应付款、应付工资等，这是企业在生产经营过程中占压的上下游的资金，这些通常是不用付利息的，因此我们又通常称它们为无息负债。无息负债体现的是企业在产业链中的定价权和竞争力。所以有息负债过高，企业的经营风险就大。碰到这种情况，我们就得分析企业的偿债能力。

至于无息负债，理论上讲就是多多益善，只要上下游企业还愿意跟你做生意就行。总之，通过分析企业 ROE 驱动因素，针对不同类型的企业，我们就可以有的放矢地进行企业分析。

2. 可以在不同行业间进行对比

通过分析影响 ROE 指标的三大核心因素，我们可以感受到以下不同行业的四个经营特点。

（1）竞争激烈的行业，利润率不会高；反之，形成寡头垄断的行业，则利润率通常会很高。

（2）上升期、成熟期的行业，利润率通常会高；衰落期的夕阳

行业，利润率通常不会太高。

（3）轻资产运行的行业，周转率会高；重资产运行的行业，周转率通常不会太高。

（4）在产业链中占上游的行业，负债率会占优势；反之，需要大量金融融资的行业，负债率就很是让人担心。

以上种种，很容易让我们判断自己分析的企业所处的行业居于什么位置和水平上，这为我们进一步认识和分析企业打牢了基础。

3. 可以在不同企业间进行对比

选到好行业，还得选到好企业。同样是白酒行业，茅台的利润率就是比五粮液高；同样是眼科行业，欧普的利润率就是比爱尔高；同样是商业企业，上海物贸的周转率就是比兰生股份要高。

这些行业内的对比，是在行业优势的基础上进行的精细化对比，直接考验的是企业的管理水平和经营水平。我们通过这些因素的分析和追踪，甚至还能看到和总结出企业的发展战略。有的企业实施的是薄利多销战略，所以利润率会低，但周转率会高。有的企业走的是精品化路线，高举高打高端战略，所以利润率会高，但周转率会低。如此等等，我们都可以通过对比的方式来进行分析和研判。

4. 可以指导我们选择恰当的投资标的

我个人首先比较喜欢选择效益驱动型和综合高效型企业，其次选择健康的杠杆驱动型企业。**总体择股标准是：行业竞争不激烈、企业财务稳健、管理水平高、ROE 高。**这也就是俗称的"特别能赚钱"的那类企业。那么 ROE 多高才叫高呢？按五年一倍的标准，长期（至少 10 年内）年化不低于 15%，就完全符合我的要求。

第九章

现金流量表中的关键指标

第一节 自由现金流：检验企业品质的关键

做股市投资的人经常听到"自由现金流"这个名词，比如巴菲特就曾说过，所谓的价值，就是指企业在存续期间创造的自由现金流的折现值。所以搞不明白什么是自由现金流，就好像没有入门似的。

那么什么是自由现金流呢？先看看教科书上是怎么说的：**自由现金流就是企业产生的、在满足了再投资需要之后剩余的现金流量，这部分现金流量是在不影响公司持续发展的前提下可供分配给企业资本供应者的最大现金额。**

怎么样，看起来是不是很高大上，而且高大上得让人继续一头雾水。下面我来给朋友们讲解一下自由现金流的来龙去脉。

一、自由现金流是什么

企业建立起来之后，就会开展生产经营活动。开展生产经营活动，就会有现金的流进流出——这部分因为生产经营产生的现金流进流出，就会产生一部分净额。这部分净额，我们就称之为"经营活动产生的现金流量净额"。

经营活动产生的现金流量净额的多少，体现出企业通过生产经营产生和制造现金的能力。如果一家企业产生和制造现金的能力强大，我们就认为这是一家好的企业。我们建立企业的目的就是赚钱，但是企业在通过经营活动产生现金的同时，它还得考虑如何持续生存和发展。

比如购置的机器、建设的厂房、老板用的轿车，会不断发生损耗。为了让生产经营能够持续发展，企业必须拿出一部分钱不断地购置新的机器、建设新的厂房，还有更换老板用的轿车。

　　这部分钱是企业为了生存和发展，必须进行的资本投入。因为这是一种刚性需求，所以我们就称之为资本开支。换言之，这部分钱是不能不花的钱。经营活动会创造现金，资本开支是不得不花的钱。所以经营活动创造出现金后，企业还不能任性地想怎么花就怎么花，它必须先扣掉资本开支这一经营企业的刚性需要，剩下的钱才能让企业自由支配。

　　也就是说，**经营活动产生的现金流量净额减去资本开支**后，剩下的这部分钱，才是企业可以自由支配的钱。我们称之为"自由现金流量"，简称自由现金流。

　　看完上边的解释，大家是不是明白什么是自由现金流了？是不是还顺带着明白了自由现金流的求值公式了？自由现金流的求值公式就是：

　　　　自由现金流＝经营活动产生的现金流量净额-资本开支

　　写到这里，有点财务基础的朋友就知道以后怎么计算企业的自由现金流了，但对某些财务小白来说，还是一头雾水："经营活动产生的现金流量净额"怎么计算呢，"资本开支"又怎么计算呢？很简单——正所谓难者不会，会者不难——看完本节的内容，你一定会有"原来如此"或"这么简单"的感叹。

　　经营活动产生的现金流量净额和资本开支**这两项数据，都不需要自己计算！**翻开企业的财务报表，具体地说，就是在三张报表的"现金流量表"中，都可以直接查找到。

　　以伟星股份为例，我们打开它2021年的财报，找到它的合并现金流量表。在"经营活动产生的现金流量"最后一个科目中，可以找到**"经营活动产生的现金流量净额"**，这个科目里的数字，就是当年企业在经营活动中产生的现金流进流出相抵后，能留在企业里的现金。简单地说，它就是企业在经营活动中创造的现金。如

图 9-1 中方框所示，2021 年伟星股份的"经营活动产生的现金流量净额"大约为 6.34 亿元。

收到的税费返还	74,487,290.75	67,024,153.75
收到其他与经营活动有关的现金	41,046,398.51	88,378,067.88
经营活动现金流入小计	3,505,829,973.	2,730,047,157.4
购买商品、接受劳务支付的现金	1,615,953,377.	1,048,947,571.9
客户贷款及垫款净增加额		
存放中央银行和同业款项净增加额		
支付原保险合同赔付款项的现金		
拆出资金净增加额		
支付利息、手续费及佣金的现金		
支付保单红利的现金		
支付给职工以及为职工支付的现金	810,612,522.09	681,880,424.66
支付的各项税费	277,203,558.51	204,106,211.38
支付其他与经营活动有关的现金	167,627,022.42	185,554,137.30
经营活动现金流出小计	2,871,396,480.	2,120,488,345.2
经营活动产生的现金流量净额	634,433,492.93	609,558,812.21
二、投资活动产生的现金流量:		

图 9-1   2021 年伟星股份的经营性现金流量表截图

那么"资本开支"科目又在哪里找得到呢？我们可以继续往下拉现金流量表，在第二部分"投资活动产生的现金流量"中，有**"购建固定资产、无形资产和其他长期资产支付的现金"**科目，如图 9-2 方框部分所示。

"购建固定资产、无形资产和其他长期资产支付的现金"这个科目，是企业为了持续经营和发展必须进行的长期资本投入。这个科目的小名，也就是我们平常习惯叫的名字，就叫"资本开支"。

2021 年伟星股份的资本开支约 4.50 亿元。由此我们可以计算出，2021 年伟星股份的自由现金流是：6.34 亿 -4.50 亿 =1.84（亿元）。自由现金流的概念和计算方法，就是这么简单！

二、投资活动产生的现金流量：		
收回投资收到的现金	25,000,000.00	243,000,000.00
取得投资收益收到的现金	329,975.97	606,962.83
处置固定资产、无形资产和其他长期资产收回的	4,247,711.96	2,807,720.47
处置子公司及其他营业单位收到的现金净额		278,638,883.27
收到其他与投资活动有关的现金		163,134,564.39
投资活动现金流入小计	29,577,687.93	688,188,130.96
购建固定资产、无形资产和其他长期资产支付的	449,653,055.23	328,826,427.17
投资支付的现金	76,848,945.70	224,510,000.00
质押贷款净增加额		
取得子公司及其他营业单位支付的现金净额		
支付其他与投资活动有关的现金		10,785,000.00
投资活动现金流出小计	526,502,000.93	564,121,427.17
投资活动产生的现金流量净额	-496,924,313.0	124,066,703.79
三、筹资活动产生的现金流量：		

图 9-2　2021 年伟星股份的投资性现金流量表截图

二、自由现金流指标的实战应用

为什么投资者都这么重视自由现金流呢？或者说，自由现金流的用处到底在哪里呢？主要有两点。

1. 可以用来为企业估值

正如本文开头所述，巴菲特是用自由现金流折现来为企业估值的，这一点通常被市场当成自由现金流的主要用途。研究者甚众，著述充栋，这里不再多说。

2. 可以用来检验企业品质

企业在经营过程中，理论上有多少营收就应该带来多少净利润，有多少净利润就应该带来多少现金流。这里"多少"的意思并不是指同样多，而是指"相应"的量。

同样的道理，也可以说，企业有多少营收，就应该带来多少现金流，有多少现金流就应该带来多少自由现金流。所以，自由现金流是可以和净利润直接挂钩的。也就是说，**一家健康的企业，相应的净利润应该带来相应的自由现金流。**

这个好理解：净利润带来经营性现金流，经营性现金流减去企业为维持经营所必须支付的资本开支，剩下的就是自由现金流。因此，和经营性现金流（即"经营活动产生的现金流量净额"）一样，**自由现金流对净利润的占比越高，则意味着企业创造现金的能力越强，企业的品质越高。**

通常而言，自由现金流对净利润的占比超过50%就基本达标。但优秀企业的自由现金流会接近，甚至超过净利润。即自由现金流对净利润的占比可以接近，甚至超过100%。

按照上述标准，我们就可以在阅读和分析企业财报时，对企业的品质进行一番检验。因为企业在生产经营过程中，在个别的年份会突然加大一些资本开支。比如企业不可能年年都会盖新厂房，或董事长年年都会更换新车，但总有一年会盖新厂房或购置新车的，所以个别年份的资本开支就会突然加大。这就造成企业当年自由现金流突然降低。

如果我们看到企业某一年的自由现金流低，就贸然认定这家企业生产制造现金能力不足，显然是不合适的。为了在检验中平抑自由现金流的正常波动，我们需要提取企业5年或者10年的自由现金流数据进行综合分析。

我们还是以伟星股份为例，来看如何通过自由现金流指标判断企业的品质。如表9-1所示，2012—2021年伟星股份的自由现金流总计20.24亿元。

表9-1　伟星股份的自由现金流数据

单位：亿元

年份	2012年	2013年	2014年	2015年	2016年	2017年	2018年	2019年	2020年	2021年	总计
经营现金	4.04	3.55	3.32	3.39	3.35	5.19	4.32	5.28	6.10	6.34	44.89
资本开支	2.11	1.37	1.12	1.16	1.60	3.72	2.85	2.92	3.29	4.50	24.64
自由现金	1.93	2.18	2.20	2.23	1.75	1.47	1.47	2.36	2.81	1.84	20.24

伟星股份同期共实现净利润总额为30.39亿元（见表9-2），10年自由现金流占比净利润约为66.60%（20.24亿÷30.39亿）。其占比超过了60%为基本合格，但还算不上特别优秀。

表9-2　伟星股份的净利润数据

单位：亿元

年份	2012年	2013年	2014年	2015年	2016年	2017年	2018年	2019年	2020年	2021年	总计
净利润	1.72	2.12	2.34	2.48	3.14	4.09	3.27	2.83	3.95	4.45	30.39

特别优秀的企业，会是什么样的数据呢？我们选择贵州茅台为例进行分析。2012—2021年，贵州茅台10年间自由现金流总计2880.34亿元（见表9-3）。

表9-3　贵州茅台的自由现金流数据

单位：亿元

年份	2012年	2013年	2014年	2015年	2016年	2017年	2018年	2019年	2020年	2021年	总计
经营现金	119.21	126.55	126.33	174.36	374.51	221.53	413.85	452.11	516.69	640.29	3165.43

（续）

年份	2012年	2013年	2014年	2015年	2016年	2017年	2018年	2019年	2020年	2021年	总计
资本开支	42.12	54.06	44.31	20.61	10.19	11.25	16.07	31.49	20.90	34.09	285.09
自由现金	77.09	72.49	82.02	153.75	364.32	210.28	397.78	420.62	495.79	606.20	2880.34

贵州茅台同期10年净利润总计2966.78亿元（见表9-4）。贵州茅台10年间的自由现金流与净利润之比接近100%，这就是非常优秀的企业了。

表9-4　贵州茅台的净利润数据

单位：亿元

年份	2012年	2013年	2014年	2015年	2016年	2017年	2018年	2019年	2020年	2021年	总计
净利润	140.08	159.65	162.69	164.55	179.31	290.06	378.30	439.70	495.23	557.21	2966.78

第二节　资本开支：从财务上筛选出优秀企业的关键

什么样的企业才是好企业呢？这是股市投资者经常提到的问题。为了搞清这个问题，有的人去研究宏观经济，有的人去研究相关政策，有的人去研究企业管理，有的人去研究K线走势，还有的人去大翻财报。答案其实非常简单。概括地说，那些成立后**投入少而产出多**的企业，就是好的企业；那些成立后**投入越来越少而产出越来越多**的企业，就是最好的企业。

企业成立后，为了维持生存和发展，有些费用是必须支出的。比如，利润表上著名的"三费支出"，即销售费用、管理费用、财务费用，其中研发费用、资本开支费用等又都陈列其中。

科目虽然多，只要记住一点：从财务的角度讲，凡是往外流出的资金，**在不影响经营和竞争优势的前提下**，越少越好。为了更形象和直观地说明这个问题，下面我们专门讲解资本开支这个科目。

一、资本开支的来龙去脉

前文已经讲到，"资本开支"在企业的现金流量表中称为"购建固定资产、无形资产和其他长期资产支付的现金"。

企业为了维持经营，追求或维持行业中的优势地位，资本开支是必须支出的一项费用。但是优秀的企业和平庸的企业最大的差别就在于：**优秀的企业往往只需要付出很少的资本开支就能维持住自己的经营和优势地位，而平庸的企业只能不断地增加资本开支才能维持经营，更遑论优势地位了。**

一家企业，如果连续多年都维持着高强度的资本开支，就会严重影响它的现金流，亦会严重影响其利润。原因不难理解：总是往外流出资金，现金流当然不会好。资本开支购入的固定资产、无形资产虽然不会在财报上一次性费用化，但会通过固定资产折旧、无形资产摊销或资产减值的方式逐年扣除。费用增加，当然会降低利润。所以资本开支的多寡，直接影响着企业的现金流量，亦直接影响着企业最终的利润。

根据这个逻辑，我们很容易得出一个结论：**通过分析企业连续多年的资本开支与其净利润总和的占比关系，可以从财务上筛选出优秀的企业。**简而言之，那些优秀的、具有持续竞争优势的企业，资本开支对净利润的占比会非常低。而平庸的公司则恰好相反。

二、用资本开支指标检验企业品质

1. 龙头白马企业

我们找几家公司来测试一下，看看资本开支指标好不好用。先找几家众所周知的龙头白马企业。

2012—2021 年，贵州茅台 10 年间的资本开支总计 285.09 亿元，实现净利润 2966.78 亿元，资本开支对净利润占比为 9.61%（见表 9-5）。这个占比确实不高，意味着茅台每付出 1 元资本，可以给公司多赚回 10.41 元利润。

表 9-5 贵州茅台的净利润与资本开支数据

单位：亿元

年份	2012年	2013年	2014年	2015年	2016年	2017年	2018年	2019年	2020年	2021年	总计
净利润	140.08	159.65	162.69	164.55	179.31	290.06	378.30	439.70	495.23	557.21	2966.78
资本开支	42.12	54.06	44.31	20.61	10.19	11.25	16.07	31.49	20.90	34.09	285.09

2012—2021 年，五粮液 10 年间的资本开支总计 85.85 亿元，实现净利润 1259.56 亿元，资本开支对净利润占比为 6.82%（见表 9-6）。它比贵州茅台还少。

表 9-6 五粮液的净利润与资本开支数据

单位：亿元

年份	2012年	2013年	2014年	2015年	2016年	2017年	2018年	2019年	2020年	2021年	总计
净利润	103.36	83.22	60.58	64.10	70.57	100.86	140.39	182.28	209.13	245.07	1259.56
资本开支	3.56	3.42	4.11	3.95	3.07	21.61	3.81	16.99	9.94	15.39	85.85

2012—2021 年，格力电器 10 年间的资本开支总计 352.34 亿元，实现净利润 1796.49 亿元，资本开支对净利润占比为 19.61%（见表 9-7）。这个数据比茅台和五粮液高出不少，这说明家电行业比白酒行业的商业模式要差一些。相比起来，家电行业要想维持经营和优势地位，比白酒行业要付出更多的资本开支。但总体上讲，这个占比数据还是不高，依然称得上"优秀"的称号。

表 9-7 格力电器的净利润与资本开支数据

单位：亿元

年份	2012年	2013年	2014年	2015年	2016年	2017年	2018年	2019年	2020年	2021年	总计
净利润	74.46	109.35	142.53	126.24	155.66	225.08	263.79	248.27	222.79	228.32	1796.49
资本开支	36.02	24.61	17.77	28.85	32.77	24.25	38.38	47.13	45.29	57.27	352.34

2012—2021 年，美的集团 10 年间的资本开支总计 368.30 亿元，实现净利润 1776.31 亿元，资本开支对净利润占比为 20.73%（见表 9-8）。这个数据比格力电器又高些。说明它在维持经营和优势地位方面，需要付出更多一些的资本开支。当然，从绝对数据看，这个占比还是不高的，也称得上"优秀"。

表 9-8 美的集团的净利润与资本开支数据

单位：亿元

年份	2012年	2013年	2014年	2015年	2016年	2017年	2018年	2019年	2020年	2021年	总计
净利润	61.41	82.97	116.46	136.25	158.62	186.11	216.50	252.77	275.07	290.15	1776.31
资本开支	28.19	21.15	26.78	31.31	23.23	32.18	56.12	34.52	46.57	68.25	368.30

2. 热门企业

看完几个龙头白马企业的数据，我们再来统计一下创业板中两个热门股的相关数据统计。

温氏股份曾经是创业板的顶梁柱和热门企业。2012—2021 年，温氏股份 10 年间的资本开支总计 1009.10 亿元，实现净利润 448.05 亿元，资本开支对净利润占比居然高达 225.22%（见表 9-9）。

表 9-9　温氏股份的净利润与资本开支数据

单位：亿元

年份	2012年	2013年	2014年	2015年	2016年	2017年	2018年	2019年	2020年	2021年	总计
净利润	28.09	6.09	28.77	66.36	122.38	69.99	42.56	144.45	74.84	-135.48	448.05
资本开支	48.48	53.62	40.83	45.25	72.89	97.77	94.03	123.92	299.91	132.40	1009.10

温氏股份在 2012—2021 年为了维持经营和利润增长，必须持续不断地增加资本开支，否则经营和利润增长就不能持续，并且为了获得 1 元的利润至少需要付出 2.25 元的资本开支。更可怕的是，其利润忽高忽低，每年的资本开支却一直在稳步大幅地增长，尤其在一些收入和利润不好的年份，资本开支反而要继续加大，说明其处于一个必须逆周期加大投入的行业。分析到这里，我只能说：养猪真是一个苦行业！

金雷股份的主营业务是风电设备，正处于当下最热门的行业之一，属于典型的"赛道股"，最近几年营收及利润增长也较为迅速。这跟它的资本开支数据对应得起来：2012—2021 年，金雷股份 10 年间的资本开支总计 15.93 亿元，实现净利润 20.32 亿元，资本开支对净利润占比为 78.40%（见表 9-10）。这个数据不低，一方面跟它的商业模式有关，另一方面跟它正处在业绩成长期有关。

表 9-10 金雷股份的净利润与资本开支数据

单位：亿元

年份	2012年	2013年	2014年	2015年	2016年	2017年	2018年	2019年	2020年	2021年	总计
净利润	0.45	0.52	0.91	1.45	2.10	1.50	1.16	2.05	5.22	4.96	20.32
资本开支	0.39	0.07	0.28	1.94	2.25	1.15	1.21	2.74	2.50	3.40	15.93

三、应用资本开支指标的注意事项

资本开支指标是一个有效检验企业品质的财务指标，我们在实际应用中，还要根据具体情况来分析和判断，我为此总结以下七点注意事项。

（1）**通过观察和分析资本开支与净利润的占比数据，来辅助分析企业品质和做出最有利的投资决策，这个思路是切实可行的。**这个数据好统计、好分析，简单实用，希望引起朋友们的注意。

（2）《巴菲特教你读财报》这本书告诉我们：当资本开支对净润占比低于50%时，这家企业就值得我们关注。**当数据低于25%时，这就说明企业具有某种持续竞争优势，非常值得我们在合适的价格上买入并长期持有。**

（3）我不得不再次提醒的是，分析和判断一家企业并不能单靠某一项指标。**尤其是进行同类企业对比时，该指标也并非越低越好。**

以茅台和五粮液来讲，五粮液的资本开支对净利润的占比数据，比贵州茅台要低很多，单从这一项数据看，五粮液比贵州茅台优秀得多。但具体情况具体分析之后，我们又会得出完全相反的结论。

1）近年来，五粮液的利润增长幅度远远低于贵州茅台。2012—2021年，贵州茅台利润增长2倍，五粮液利润增长1倍多，茅台明显优于五粮液！

2）五粮液不仅利润增幅不及贵州茅台，利润的平稳性也远远不及贵州茅台。

2012—2021 年贵州茅台增速有起伏，但从来没有负增长过，而五粮液已经多次发生负增长的情况。再考虑到贵州茅台制约企业发展的问题，始终是在产品供不应求前提下的产量制约性，贵州茅台为提高产量而比五粮液多付出一些资本开支，就是一件理所当然的事情。事实上，贵州茅台每次释放出增加投资加大技改的消息，市场都解读为特大利好消息，从而更好地支撑股价。

所以，我们对同类企业的占比数据进行分析时，一定要具体情况具体分析。对于贵州茅台这类企业，适当增加资本开支，反而是好事，不是坏事。

（4）占比的数据统计，时间跨度一定要足够长。因为只有时间足够长，跨越多个年度，才能尽量消除个别年份资本开支过大对企业品质判断的影响。**如果有可能，我建议最好用 10 年期数据。**

（5）**这一指标并不是万能的，不排除通过这一指标的筛选，会将某些初创的优秀企业排除在外。** 但是对这个问题，我们可以通过以下比喻来形象说明。假如，你有一位待字闺中的漂亮女儿，现在有两位追求者。一位有才有貌，还可以确定人品很好；另一位有才有貌，但人品还有待确定。作为女孩的父亲，你会倾向选择其中的哪一位作为未来的乘龙快婿呢？

（6）承接着第（5）点，我想再强调一遍。该指标不是万能的，**但把它和其他指标放到一起，融合成一个成套的判断体系进行综合运用，则是一项非常重要、不可或缺的指标。**

（7）我再提醒一个投资要点：**企业的好坏是投资决策的必要条件，但还不是必要充分条件——确定企业品质不错之后，还得看企业估值。** 说句大白话就是：再好的企业，也得有一个好的价格才能成就一项好的投资。

下 篇

———

财报分析的
实战应用

第十章

关于生活的大消费

第一节　伊利股份：消费龙头，还能买吗

本文写作于 2020 年 6 月 22 日。

伊利股份是一只公认的消费龙头白马股，这些年股价的涨势也很好。关注腾腾爸的朋友中，购买和持有伊利股份的恐怕不在少数，所以每次看腾腾爸的财报分析文章，总会有人留言：腾腾爸，抽空写写伊利股份吧。或者：腾腾爸，翻翻伊利股份的财报，看看伊利还能买吗？下面我就来分析一下伊利股份。

一、看好的理由

我解读财报时，喜欢一分为二地看待问题。先讲讲它好的地方，再讲讲它不足的地方。最后再权衡利弊，得出自己的投资结论。就像评价一个人，你不能光看他的优点或不足，二者结合起来，得出一个客观一点、立体一点的结论才可能更容易一些。

刚才说了，朋友们中购买或者想购买伊利股份的人可能很多。伊利打动他们的地方在哪里呢？概括地说，主要有以下四点。

1. 赛道好

伊利股份的主业是生产、销售乳制品，属于典型的消费行业。消费行业出牛股，众所周知的可口可乐、贵州茅台，中外皆同，都跟嘴巴有关系。所以，奶市场、乳制品、大消费这些字眼，天生就很吸引人。

不要多精确的数据，大家闭上眼睛回忆一下自己平时逛超市的场景，琳琅满目的百货中，什么时候也少不了牛奶的身影。而且一提到牛奶，不是伊利，就是蒙牛。这个行业，似乎已经形成了寡头

垂断的格局。你的感受是对的：如图 10-1 所示，2019 年中国乳制品全品类的市占率，排在前两名的就是伊利股份和蒙牛乳业，伊利股份为 24%，蒙牛乳业为 20%。光明乳业也有一定知名度吧？抱歉，市占率只有 3% 左右。

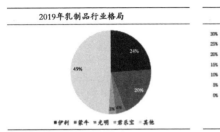

图 10-1 伊利股份的市场占有率

"两强争霸"，这就是目前伊利股份所在的乳制品行业的真实写照。2011 年的时候，伊利股份的市占率还不足 20%。这几年，伊利股份还在持续不断地提升。赛道好，往往意味着两件事。

（1）赚钱简单，所以企业过得很舒服。

（2）外在表现就是，企业业绩增长得快。

先不说它过得舒服不舒服，伊利股份增长快，倒是真的。

2. 增长快

表 10-1 是伊利股份 2010—2019 年的营业收入、净利润、经营性现金流净额三个主要经营数据统计，大家可以好好看一下。

表 10-1 伊利股份的主要经营数据

单位：亿元

年份	2010年	2011年	2012年	2013年	2014年	2015年	2016年	2017年	2018年	2019年	总计
营收	296.65	374.51	419.91	477.79	544.36	603.60	606.09	680.58	795.53	902.23	5701.25

（续）

年份	2010年	2011年	2012年	2013年	2014年	2015年	2016年	2017年	2018年	2019年	总计
净利润	7.96	18.32	17.36	32.01	41.67	46.54	56.69	60.03	64.52	69.51	414.61
经营现金	14.75	36.70	24.09	54.75	24.36	95.36	128.17	70.06	86.25	84.55	619.04

伊利股份的营收从 2010 年的 296.65 亿元增长到 2019 年的902.23 亿元，增长幅度为 204.14%，年化复合增速为 13.16%。净利润从 2010 年的 7.96 亿元，增长到 2019 年的 69.51 亿元，增长幅度为 773.24%，年化复合增速更是高达 27.22%。经营性现金流净额也从 2010 年的 14.75 亿元增长到 2019 年的 84.55 亿元，增长幅度为 473.22%，年化复合增速 21.41%。

规模增长得快，利润增长得更快。经营性现金流充足，净现比高达 1.49（619.04÷414.61）。这家企业不仅增长得快，而且增长的质量好像也很不错。

3. 现金流好

循着上边的思路，我又梳理和统计了伊利股份 2010—2019 年的现金流数据（见表 10-2）。整体上看，数据还不错。

表 10-2　伊利股份的现金流数据

单位：亿元

年份	2010年	2011年	2012年	2013年	2014年	2015年	2016年	2017年	2018年	2019年	总计
经营现金	14.75	36.70	24.09	54.75	24.36	95.36	128.17	70.06	86.25	84.55	619.04
投资现金	-21.81	-34.76	-30.57	-62.60	-9.99	-34.87	-32.43	-31.17	-53.74	-99.99	-411.93
筹资现金	-0.87	-1.32	-9.05	72.41	28.82	-62.79	-88.15	40.53	-107.49	-10.16	-138.07

2010—2019 年，伊利股份整体上的经营性现金流净流入 619.04 亿元；投资性现金流，整体上净流出 411.93 亿元；筹资方面，整体上净流出 138.07 亿元。

伊利股份是 1996 年就上市的老企业——腾腾爸的统计期数据表明：在这 10 年间，企业仅仅靠自身经营获得的现金流入，就完全能够支撑得起企业正常的经营和扩张需求。甚至这 10 年，企业不用对外融资（这里是指整体上）就能应付得过来。现金流充足，这是很多价值投资者喜欢的一项指标。

4. 投资者回报高

投资者更关心的还是投资回报，之所以市场上有这么多人津津乐道于伊利股份，根本原因还是因为在过去的岁月里，它给投资者带来了丰厚的回报。伊利股份的 ROE 数据表现超级靓眼（见表 10-3）。所以，过去一直表现突出的 ROE 数据，果然给长期投资者带来了超级的回报：截至 2019 年，伊利股份上市 24 年，后复权股价涨逾 340 倍，年化复合收益率超过 27%。如果在伊利股份上市的第一天，你全仓买入，然后卧倒"躺平"。那么在这 24 年，你的投资收益率将远远超过同期的"巴菲特+芒格"组合。

表 10-3　伊利股份的 ROE 数据

年　　份	2015 年	2016 年	2017 年	2018 年	2019 年
ROE	23.87%	26.58%	25.22%	24.33%	26.38%

可惜，这么好的一只股票，我却从来没有买过。前期是因为它上市太早——我在 2006 年前后才开始进入股市，完全是菜鸟，不会选股，也是瞎炒……等到我终于开了点窍，又以低估值、高股息的姜家鸡汤式企业为主要投资标的……拖、拖、拖，然后就到了现在。现在发现它的确是一只优质龙头白马股，堪称中国股市的"核

心资产"，但左思右想，暂时还是下不了手。

二、我暂时没买的理由

下文重点讲讲伊利股份的不足。以前再好，是以前，投资投的是现在，更是未来。我对伊利股份的现在和未来进行了分析，它的不足，或者说让我疑虑不敢动手的原因，主要有以下五点。

1. 赛道并没有想象中的好

现在人人都知道，投资要找湿的雪和长的坡赛道。也都知道伊利股份的赛道是奶市场、乳制品、大消费……但是我们在翻阅行业资料的时候，却看到了下面不愿意看到的数据（见图10-2）。

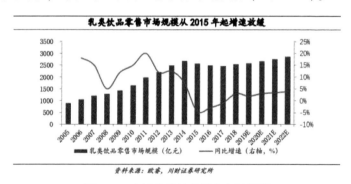

图 10-2 中国乳类饮品零售市场规模

奶市场、乳制品确实增长得好，但那是以前。2000—2014年这15年是乳制品增长的黄金期，整体增长速度（年化复合）高达14%以上。但是2015年之后，我国的乳制品市场就进入了增长放缓的成熟期。2018年和2019年的增长速度甚至勉强维持在5%上下。

可以确定地说，行业已经度过了快速增长的成长期。这是没办法的，也是不可逆的事情，"树不能长到天上去"。

2. 增长并没有想象中的快

行业增长放缓，不可能不反映到经营业绩和财务数据上来。所以再回看伊利股份 2010—2019 年的主要经营数据，我们可以发现：自 2015 年之后，企业无论从营收上，还是从净利润上，增长速度都大幅放缓了。

营收从 2014 年的 544.36 亿元到 2019 年的 902.23 亿元，5 年增长 65.74%，年化复合增速为 10.63%，比 10 年总数据低了近 3 个百分点。净利润从 2014 年的 41.67 亿元到 2019 年 69.51 亿元，5 年增长了 66.81%，年化复合增速为 10.78%，比 10 年总数据低了整整 17 个百分点！

2018 年和 2019 年这两年的净利润增速更惨，已经跌落到了 7%~8% 的个位数上来。别忘了，最近一期的股权激励，伊利股份可是有业绩承诺的（见图 10-3）。

2019 年限制性股票激励计划解除限售要求

本激励计划授予的限制性股票解除限售考核年度为 2019-2023 年五个会计年度，每个会计年度考核一次，本次授予的限制性股票分五期解除限售，达到下述业绩考核目标时，限制性股票方可解除限售。

解除限售期	公司业绩考核目标
第一个解除限售期	以 2018 年净利润为基数，2019 年净利润增长率不低于 8%，净资产收益率不低于 15%。
第二个解除限售期	以 2018 年净利润为基数，2020 年净利润增长率不低于 18%，净资产收益率不低于 15%。
第三个解除限售期	以 2018 年净利润为基数，2021 年净利润增长率不低于 28%，净资产收益率不低于 15%。
第四个解除限售期	以 2018 年净利润为基数，2022 年净利润增长率不低于 38%，净资产收益率不低于 15%。
第五个解除限售期	以 2018 年净利润为基数，2023 年净利润增长率不低于 48%，净资产收益率不低于 15%。

图 10-3　伊利股份股票激励计划业绩承诺截图

为了完成股权激励，企业在实行股权激励期间，通常会千方百计保证业绩承诺兑现。但是，伊利股份 2019 年的净利润增速居然没达标。

3. 自由现金流创造能力也没有想象中的好

在观察和分析企业时，我会非常在意资本开支和自由现金流这两个数据。实际情况有些意外，伊利股份的资本开支较大。2010—2019 年，伊利股份 10 年间的资本开支高达 408.21 亿元，而同期实现的净利润才 414.61 亿元（见表 10-4）。也就是说，伊利股份的资本开支与净利润基本持平。

表 10-4　伊利股份的资本开支与自由现金流数据

单位：亿元

年份	2010年	2011年	2012年	2013年	2014年	2015年	2016年	2017年	2018年	2019年	总计
净利润	7.96	18.32	17.36	32.01	41.67	46.54	56.69	60.03	64.52	69.51	414.61
经营现金	14.75	36.70	24.09	54.75	24.36	95.36	128.17	70.06	86.25	84.55	619.04
资本开支	19.87	37.89	31.02	32.41	39.46	36.52	34.19	33.51	50.91	92.43	408.21
自由现金	−5.12	−1.19	−6.93	22.34	−15.10	58.84	93.98	36.55	35.34	−7.88	210.83

我们以前在介绍资本开支这个科目时说过，优秀的企业资本支开对净利润的占比，通常不会超过 50%。这个占比越小，说明企业的商业模式越优秀：因为占比越小，说明越小的资本开支可以带来越多的回报。当然，判断一家企业是否优秀，资本开支对净利润的占比，并不是唯一标准。但这个占比大，至少说明企业的商业模式可能并不太好。

资本开支大会带来什么结果呢？当然就是自由现金流差。2010—2019 年，伊利创造的自由现金流才 210.83 亿元，刚达到净利润的一半。这 10 年间，伊利股份的自由现金流居然有五次是负数。

通常而言，企业资本开支大有两个原因：一是企业处在高速成长期，二是企业的商业模式天然决定。上文已经进行了分析，数据表明，伊利股份已经过了高速成长期，2018 年和 2019 年无论是营收，还是净利润，增速都大幅下滑。显然原因一，不是伊利股份资本开支大的主因。那么原因二就是合理的推测与判断了。

不管你信不信，伊利股份这些年过得并没有想象得那样好。

4. 销售费用高，竞争压力大

我在翻伊利股份的财报时还发现，它的毛利率很高，连续多年高达 35% 以上。但是净利率非常低。大家自己简单计算一下，10 年总营收为 5700 亿元，净利润仅为 413 亿元，净利率约 7%。是什么原因造成的这种结果呢？

我排查的结果是：伊利股份的销售费用一直居高不下。10 年时间伊利股份的总营收为 5701.25 亿元，带来的净利润仅为 414.61 亿元，但付出的销售费用却高达 1242.34 亿元（见表 10-5）。销售费用对营收的占比高达 21.79%，竟然 3 倍于利润。

表 10-5 伊利股份的销售费用数据

单位：亿元

年份	2010年	2011年	2012年	2013年	2014年	2015年	2016年	2017年	2018年	2019年	总计
营收	296.65	374.51	419.91	477.79	544.36	603.60	606.09	680.58	795.53	902.23	5701.25
净利润	7.96	18.32	17.36	32.01	41.67	46.54	56.69	60.03	64.52	69.51	414.61
销售费用	68.07	72.91	77.78	85.46	100.75	132.58	141.14	155.22	197.73	210.70	1242.34

回头想一想很合理，无论伊利还是蒙牛，都有那些铺天盖地的电视广告！其实，牛奶是日常消费品不假，但它不是日常必需消费

品。生活条件好了，喝一杯牛奶，可以增加营养，提高生活品质。条件差了，不喝牛奶喝豆奶，也过得去。

非必需消费品的护城河主要在哪里呢？一是渠道，二是品牌。通俗点说就是，知名度高，销售渠道宽广，像这类非必需消费品才会好卖一点。而这两项的建设，都是需要烧钱的。

虽然伊利很优秀，但其商业模式和商品属性决定了，伊利过得实际上非常艰苦。我可以肯定地说，无论伊利还是蒙牛，为了维护和提升自己的市场地位，以后还得继续大把地烧钱用于市场销售。这也是没办法的事情。

我再延伸一下，在奶市场的天下，伊利和蒙牛虽然通过残酷的竞争已经成长为当之无愧的市场两强，但激烈的行业竞争还将持续。我们翻一下这两强的竞争历史，会发现一个残酷的现实：2006年之前，伊利的规模高于蒙牛；2007年之后，蒙牛超越了伊利；2011年之后，伊利再次反超蒙牛……名次的变迁，也折射出了行业和企业的生存环境。

5. 估值有点儿高

我没买伊利股票的最重要的一个原因，还是因为它目前的估值确实有点儿高了。在2010—2019年，伊利的估值中枢在25倍上下。在2015—2019年，其估值中枢最高在30倍上下，最低在20倍上下，它明显处在估值高位区域（见图10-4）。以前伊利的利润增速高达30%上下，市场给30倍、40倍的估值，我们还好理解。现在它的增速已经回落到了10%以下，市场凭什么还给它30倍的估值呢？所以，我认为它现在的高估值，在很大程度上得益于这几年市场流行的"消费风"。

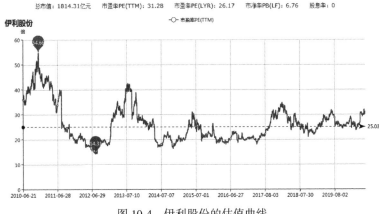

图 10-4 伊利股份的估值曲线

三、伊利的优势和未来在哪里

写到这里，可能有些朋友会感到悲观：原来伊利还有这么多毛病，那赶快把手里的这点股份统统卖掉吧……别！投资最忌线性思维。伊利的确有不足之处，有些不足甚至是天生的，但这并不代表它没有优势和未来！在我眼中，它的优势和未来体现在以下三点。

1. 部分奶制品还有增长空间

目前，国内的一二线城市，人均牛奶消费量已经跟发达国家持平，但三四线城市及农村地区，还有很大增长空间。而我国的主要人口，还是分布在一二线城市之外的地区。

对于这一点，我们可以对标跟中国饮食习惯相近的日本。从跟日本的对比数据看（见图 10-5），中国常温奶增长空间已经不大了，但鲜奶和酸奶的人均消费量还很低，还有很大的增长空间。甚至在婴幼奶粉市场，目前也在进行国产替代。尤其是此次疫情在世界范围内持续，导致进口不畅，代购受阻，反而有助于国产奶企推出国产奶粉产品，尤其是高端产品。也就是说，伊利完全可以通过产品结构调整，在主业市场继续实现一定量的稳步提升。

2018 年中日乳制品细分品类消费情况一览

	中国年消费量（千克）	日本年消费量（千克）	日本：中国（倍）	中国年消费额（USD）	日本年消费额（USD）	日本：中国（倍）	中国均价（USD/千克）	日本均价（USD/千克）	日本：中国（倍）
常温奶	5.3	0.2	0.04	10.2	0.7	0.07	1.9	3.1	1.63
鲜奶	1.7	16.6	9.52	3.4	40.5	12.02	1.9	2.4	1.26
酸奶	6.8	11.2	1.64	15.2	70.7	4.64	2.2	6.3	2.84
风味乳饮	3.9	0.9	0.23	6.5	3.7	0.58	1.7	4.2	2.54
豆奶	1.0	2.9	3.01	1.3	4.3	4.97	1.3	1.5	1.65
奶粉	0.5	0.2	0.40	18.0	4.5	0.25	38.3	23.8	0.62
冰淇淋	1.4	4.5	3.18	4.8	49.0	10.17	3.4	10.9	3.20
奶酪	0.0	1.1	36.33	0.7	29.7	45.71	21.7	27.3	1.26

资料来源：欧睿，川财证券研究所

图 10-5　中日乳制品消费情况对比

2. 饮料产业布局可能培育出新的增长点

伊利的主打产品还是液体乳，占总营收的 82.41%。但企业已经开始布局饮料行业，冷饮产品已经占据总营收的 6.29%（见表10-6）。饮料行业的市场容量很大，豆奶、功能饮料、矿泉水等细分领域都容易推出爆款大单品。在乳制品市场空间不足的情况下，伊利完全可以通过布局饮料行业向快消平台转型。常温奶的销售渠道与饮料行业的销售渠道可以有效协同。同时，伊利的品牌也有助于产品推广。

表 10-6　2019 年伊利股份的主营业务构成

科　　　目	营 业 收 入	对总营收占比	毛 利 率
液体乳	737.61 亿元	82.41%	35.20%
奶粉及奶制品	100.55 亿元	11.23%	48.12%
冷饮产品	56.31 亿元	6.29%	46.51%
其他产品	0.62 亿元	0.07%	34.81%

伊利本身就从事乳制品业务，伊利开拓饮料市场，跟当年恒大卖矿泉水完全不是一个概念。伊利是在根据自身主业进行外延式的业务拓展，而恒大完全是跨界，二者成功的概率完全不在一个档次上。目前看，伊利已经开始介入和布局饮料行业，但整体上还处在探索阶段，并没有一味地追求扩张速度，但的确有可能成为伊利最有想象力的新增长点。

3. 管理和销售依然有优势

我们通过分析可以看出，乳制品行业整体上在中国已经进入成熟期，增长空间有限，这个行业的商业模式又没有想象中的优秀，护城河不深，所以竞争激烈，企业必须靠自身出色的经营，才能出人头地。

伊利和蒙牛能有今天的市场地位，本身就说明它们在经营管理上一定有过人之处。2009—2011 年，伊利借三聚氰胺事件的影响，反超蒙牛，成为中国乳业老大，并维持市场地位至今，依靠的经营优势就两点。

（1）依靠多层次的激励机制，建立了更稳定成熟的管理层。通过限制性股票、员工持股、股票期权等多重激励方式，伊利深度绑定了员工、高管与公司的利益。最鲜明的表现就是伊利的管理层相比蒙牛更稳定，这保证了经营政策的连续性和有效性。

（2）伊利尽早而全面地实现了渠道下沉，销售控制力非常强大。伊利的销售网络从 2006 年开始布局全国，终端至乡镇，触角至村队。2019 年，伊利线下液态奶终端网点有 191 万家，乡镇村网点近 103.9 万家。在全国所有的奶制品行业中，建立起了最缜密、最细致的销售网络。

相比伊利，蒙牛最初采取的是"大商分销"体系，实际上就是经销模式。蒙牛发现落后于伊利后，开始努力追赶，现在还在向

"配送模式"转变中。在销售渠道上，伊利下了先手棋，追赶者就很被动和吃力。优秀而稳定的管理层，横到边、竖到底的销售网络，这些都不是一朝一夕就能建立起来的。在经营上，伊利可能会在未来很长一段时间继续领先全国，执行业之牛耳。

在分析伊利股份的时候，我很自然地想到了前几年我研究分析的福耀玻璃。福耀玻璃所处的行业本身并不算好（甚至可以称之为很差），其商业模式也并不优秀（高资本支出），但经过一个优秀的管理层长久经营，最终也建立起了自己的商业帝国，所以我称福耀玻璃为"沙漠之花"。

伊利股份所处的行业看似不错，但通过数据分析表明，这个行业也并不具备天然优秀的商业模式，企业的成功需要像福耀玻璃那样，更多地依靠自身管理层的努力。

四、伊利股份的操作策略

写到这里，我们可以对伊利股份进行简短的小结了：伊利股份在一个并不算太好的赛道上，跑成了龙头白马，未来依然可期，但投资者需要理性看待它的商业模式问题，以及耐心等待更优秀的投资机会。具体地说，有以下两点。

（1）如果你已经长期持有伊利股份，那就请继续持有下去。

（2）如果你以前没买过，现在正计划买入，那就应该再耐心地等一等。至少得等到目前略显高估的估值回归到中枢线下方。如果能等到20倍以下的估值，那就具有了很好的投资价值；如果能等到15~16倍的估值，那就放心大胆地买入吧。

五、投资建议

分析和写作伊利股份的财报，让我产生了一些强烈而深刻的感

受。这些感受对股市投资可能具有某种普遍性的启示，我总结如下
三点建议供大家思考。

（1）看似很好的赛道，可能并不是真的好。

（2）并不算优秀的赛道上，可能跑出优秀的选手。

（3）投资者的脑子里，永远不能只装着一个答案。

第二节　海天味业：太疯狂了

本文写作于 2022 年 5 月 18 日。

2021 年初，海天 220 多元的股价，110 多倍的估值。现在呢？
70 多元的股价，50 多倍的估值。单从股价上来看，海天味业的跌
幅已经近 70%。

一、核心财务指标分析

2021 年初，其股价还 220 多元的时候，我说它有腰斩的潜力，
嘲讽者众。现在一语成谶，已经变为现实。眼前这价，再往下跌
20%，基本就能实现"二次腰斩"了。一个曾经叱咤风云的大赛道
股沦落至此，真是让人唏嘘。但实话实说，海天味业确实是一家优
秀的企业。它具有高 ROE、高利润率，以及天生的好商业模式
（见图 10-6）。

财务比率	2021年	2020年	2019年	2018年	2017年	2016年	2015年	2014年	2013年	2012年	近5年平均	近10年平均
销售毛利率(%)	38.66	42.17	45.44	46.47	45.69	43.95	41.94	40.41	39.23	37.28	43.69	42.12
销售净利率(%)	26.68	28.12	27.06	25.63	24.21	22.82	22.22	21.29	19.12	17.08	26.34	23.42
ROE(平均)(%)	30.69	31.91	35.15	34.06	32.45	30.30	30.91	36.66	42.42	35.81	33.46	34.34
ROE(摊薄)(%)	28.51	31.91	32.28	31.46	30.05	28.39	28.68	27.92	41.04	33.00	30.84	31.32
ROA(%)	21.22	23.59	23.85	23.93	23.70	22.78	22.31	23.59	25.04	22.44	23.26	23.24
ROIC(%)	29.95	34.08	34.66	34.03	32.40	30.26	30.91	36.66	42.42	35.81	33.02	34.12

图 10-6　海天味业的利润率及 ROE 数据截图

资本开支少、自由现金流充沛。这是天生的现金奶牛（见图 10-7）。

财务比率	2021年	2020年	2019年	2018年	2017年	2016年	2015年	2014年	2013年	2012年	近5年平均	近10年平均
资本开支(百万元)	1030.74	907.00	582.63	223.92	262.03	788.07	744.28	881.60	1013.66	471.46	601.26	690.54
自由现金流(百万元)	5292.77	6043.43	5984.94	5772.32	4458.95	3285.98	1450.55	1857.73	916.53	1699.68	5510.48	3676.29

图 10-7　海天味业的资本开支和自由现金流数据截图

海天味业的应收账款一年居然可以周转几百上千次，说明应收账款少；存货周转率一年可以周转七八次，说明存货转化非常快；三项费用对营收占总只有百分之十几。这些数据均说明该企业的商品紧俏、管理出色、财务健康（见图 10-8）。全都是好事儿。

财务比率	2021年	2020年	2019年	2018年	2017年	2016年	2015年	2014年	2013年	2012年	近5年平均	近10年平均
应收账款周转率(次)	512.69	1037.17	8080.36	6938.69	5912.61	0.00	0.00	0.00	0.00	0.00	0.00	2248.14
存货周转率(次)	7.09	6.75	7.19	8.13	8.00	7.20	6.09	5.47	5.68	7.43	7.43	6.70
总资产周转率(次)	0.80	0.84	0.88	0.93	0.96	1.00	1.00	1.11	1.31	1.31	0.89	1.02
三项费用占比(%)	4.67	5.86	10.91	13.67	17.01	16.33	15.17	15.16	15.93	15.6	10.42	13.03

图 10-8　海天味业的资产周转率和三项费用占比数据截图

二、股价表现与财务数据背离的原因

既然这样，为什么海天味业的股价还跌得这样狠呢？我认为原因就两个。

1. 泡泡被吹得太大了

2020 年最疯狂时，海天味业的估值居然被吹到了 114.4 多倍（见图 10-9）。按传统经典价值投资理论，这么高的估值，最少也得靠达到长期年化 100% 的业绩增长率来支撑。哪怕是按现代成长股理论，这么高的估值，至少也得达到长期年化 50% 上下的业绩增长吧。这两项数据中，哪一项对业绩增长要求低？

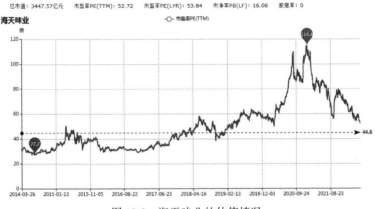

图 10-9　海天味业的估值情况

2. 业绩增长失速了

前几年，海天味业还有 15%~20% 的业绩增长。2021 年，其业绩增长突然只有 4% 上下（见图 10-10），这跟自己的历史和大众的预期都相差太大了。估值又高，增长又不好，你说它不跌谁跌？

财务比率	2021年	2020年	2019年	2018年	2017年	2016年	2015年	2014年	2013年	2012年	近5年平均	近10年平均
营业收入增长率(%)	9.71	15.13	16.22	16.60	17.06	10.31	15.05	16.85	18.84	16.07	14.98	15.20
净利润增长率(%)	4.18	19.61	22.64	23.60	24.21	13.29	20.06	30.12	33.03	26.36	18.85	21.71
净资产增长率(%)	16.61	21.03	19.51	18.05	17.37	14.43	16.87	91.29	6.98	18.58	18.51	24.07

图 10-10　海天味业的业绩增长速度数据截图

三、海天味业的操作策略

大家可能最关心的一个话题：**现在的海天味业，可以买了吗**？比泡沫期，它现在确实很便宜了；比它历史的低估值，现在显然还是太贵了。**现在买不是不可以，但持有的期限一定要长。**

四、投资建议

海天味业的案例，能给我们带来什么样的启示呢？

（1）再好的企业，也有经营周期处于低谷的时候。世上压根就没有恒等速成长的企业。如果有，那一定是骗子。

（2）再好的股票，也怕泡沫大。泡沫大，早晚破。

（3）想做好投资，一定得学会耐心等待。低估的股票，早晚会涨上去。高估的股票，早晚会跌下来。在没有涨上来之前，要耐心持有；在没有跌下来之前，要耐心等待。

第十一章

关于身体的大健康

第一节　凯莱英：大机构盯上了，跟吗

本文写作于 2020 年 3 月 4 日。

2020 年 2 月 16 日，凯莱英医药集团（天津）股份有限公司发布公告，2020 年度计划定增发行 1870 万股，每股作价 123.56 元，募集金额约 23.1 亿元。此次定增，全部由高瓴资本认购。

消息发布后，一石激起千层浪，凯莱英的股价次日即告涨停，而后一路上涨，每股股价最高上探至 200 元附近。当时有朋友跑过来问：腾腾爸，凯莱英这家公司怎么样，现在还能买吗？我翻了翻凯莱英的财报，收集了一些数据，并制作了相关的图表，下面就讲讲这个话题。

一、高瓴资本为什么相中了凯莱英

答案就在下边这张表里（见表 11-1），从这张表中我们可以看到哪些信息呢？主要有以下三点。

表 11-1　凯莱英的主要经营数据

单位：亿元

年份	2011 年	2012 年	2013 年	2014 年	2015 年	2016 年	2017 年	2018 年	总计
营业收入	4.06	4.24	5.43	7.16	8.31	11.03	14.23	18.35	72.81
净利润	0.76	0.71	0.85	1.14	1.70	2.76	3.60	4.06	15.58
经营性现金流	0.26	0.34	1.06	1.27	2.57	2.78	1.96	4.15	14.39

（1）营业收入从 2011 年的 4.06 亿元增长到 2018 年的 18.35 亿元，增长幅度为 351.97%，年化复合增速为 24.05%。净利润从 2011 年的 0.76 亿元增长到 2018 年的 4.06 亿元，增长幅度为 434.21%，年化复合增速为 27.05%，比营收增长得更快。经营性现金流净额也是水涨船高，从 2011 年的 0.26 亿元，增长到 2018

年的 4. 15 亿元，增长幅度为 1496. 15%！

营业收入、净利润、经营性现金流三项指标增长的趋向完全一致，而且是一个比一个增长得快。无论从相对值，还是从绝对值看，凯莱英是一家处于快速扩张中的优质成长型企业。

（2）从 2011 年到 2018 年，凯莱英 72.81 亿元的总营收共创造了 15.58 亿元的净利润，净利率高达 21.40%！

我随手查了下它的毛利率数据（见表 11-2）。连续五年都高达 40%以上，最高的年份接近 52%。各个行业的情况不太一样，但总体而言，一家企业的毛利率能超过 30%，就相当不错了，意味着盈利空间较大。而凯莱英的毛利率可以高达 40%以上，净利率长期维持在 20%附近，盈利能力也比较出色！

表 11-2　凯莱英的毛利率数据

单位：亿元

年　　份	2014 年	2015 年	2016 年	2017 年	2018 年
毛利率	43. 53%	48. 22%	51. 60%	51. 74%	46. 50%

（3）从 2011 年到 2018 年，公司共创造了 15.58 亿元的净利润，带来了 14.39 亿元的经营性现金流净额，净现比为 1.08。再加上它有超过 40%的毛利率，凯莱英已经实现了"多少利润带来多少现金流入"的目标。

业绩超高速增长，盈利能力又非常强悍，经营性现金流还很健康——这就是高瓴资本相中凯莱英的根本原因。除此之外，凯莱英还有漂亮的资产负债率（见表 11-3）。我翻了下它 2019 年三季度财报公布的合并资产负债表，干净得让人窒息！

表 11-3　凯莱英的资产负债率数据

单位：亿元

年　　份	2014 年	2015 年	2016 年	2017 年	2018 年
总资产	10. 58	12. 72	24. 45	26. 37	31. 85
总负债	2. 73	3. 34	6. 12	4. 82	6. 75
资产负债率	25. 80%	26. 26%	25. 03%	18. 28%	21. 19%

公司有息负债只有 3000 万元，而且全部是短期贷款，长期借债和应付债券均为 0！而无息负债却高达 3.42 亿元，分别为应付账款 2.99 亿元，预收款项 0.43 亿元。这是公司对上下游的占款，体现了它在行业上下游的议价能力较强。扣除无息负债的影响，公司的真实负债率比财报体现出来的还要小——虽然 20% 上下的资产负债率本身就不高！

更重要的是，业绩快报表明：凯莱英的营收、净利润、净资产又都实现了快速增长（见图 11-1）！凯莱英不仅财务健康，经营业绩从来、一直、一向、总是——可圈可点。

一、2019 年度主要财务数据和指标

单位：人民币元

项目	本报告期	上年同期	增减变动幅度
营业总收入	2,460,827,073.10	1,834,877,624.25	34.11%
营业利润	625,596,546.38	461,386,854.30	35.59%
利润总额	625,515,563.37	460,621,755.20	35.80%
归属于上市公司股东的净利润	555,700,071.02	428,295,474.66	29.75%
基本每股收益（元）	2.43	1.88	29.26%
加权平均净资产收益率	19.98%	18.88%	1.10%
	本报告期末	本报告期初	增减变动幅度
总资产	3,763,633,961.95	3,185,341,441.90	18.15%
归属于上市公司股东的所有者权益	3,046,946,255.22	2,510,569,180.56	21.36%
股本	231,319,762.00	230,718,837.00	0.26%
归属于上市公司股东的每股净资产（元）	13.17	10.88	21.05%

注：上述数据均以公司合并报表数据填列。

图 11-1　2019 年凯莱英的主要财务数据和指标截图

二、凯莱英为什么要定增

财务数据这么优秀的公司，为什么还得进行定增呢？定增可是要稀释老股东股份的。如果是我，抱着棵摇钱树，自己珍惜还来不及呢，怎么会轻易拿出来给他人分享？

我再给大家看一张表，这是我统计的凯莱英 2011—2018 年的现金流量总貌（见表 11-4）。大家不要看单独年份的数据，要看总计数据：2011—2018 年，公司创造的经营性现金流净额为 14.39 亿元，但是对外投资净流出了 16.28 亿元。钱不够，怎么办？对外筹资。所以这八年间，凯莱英对外筹资净额为 7.7 亿元。当然，主要筹资额还是来自于 2016 年上市带来的公开发行股份。上述数据非常符合一个高速增长中企业的现金流特点，即：**高收入，高投入**。

表 11-4　凯莱英的资本现金流数据

单位：亿元

年份	2011 年	2012 年	2013 年	2014 年	2015 年	2016 年	2017 年	2018 年	总计
经营现金流	0.26	0.34	1.06	1.27	2.57	2.78	1.96	4.15	14.39
投资现金流	-1.46	-1.22	-0.77	-0.58	-1.41	-2.00	-3.00	-5.84	-16.28
筹资现金流	2.41	-0.15	-0.10	-0.07	-0.13	6.82	-0.65	-0.43	7.7

处于这个时期的企业，通常都会患"资本饥渴症"，所以我又统计制作了表 11-5。2011—2018 年，凯莱英的资本开支是非常大的，八年时间的净利润总计 15.58 亿元，而资本开支为 16.33 亿元。**收入虽高，但投入更高**。企业又不愿意从银行借钱（也许是银行势利眼，不愿意给成长中的小公司借钱），所以只好到资本市场里来融资。而且提升企业的直接融资比例，又符合国家的大政方针。一举两得，何乐而不为呢？

表 11-5 凯莱英的资本开支和自由现金流数据

单位：亿元

年份	2011 年	2012 年	2013 年	2014 年	2015 年	2016 年	2017 年	2018 年	总计
净利润	0.76	0.71	0.85	1.14	1.70	2.76	3.60	4.06	15.58
经营现金流	0.26	0.34	1.06	1.27	2.57	2.78	1.96	4.15	14.39
资本开支	1.37	1.32	0.92	0.67	1.23	2.36	3.03	5.43	16.33
自由现金流	-1.11	0.98	0.14	0.60	1.34	0.42	-1.07	-1.28	-1.94

因为高投资，资本消耗大，所以凯莱英这些年自由现金流情况是很差的。在 2011—2018 年，公司创造的自由现金流总计竟然是负的！缺钱，政策又允许，所以凯莱英就选择了定增。

三、凯莱英的投资策略

1. 高度关注

腾腾爸从财务的角度已经分析过了，凯莱英的业绩非常好，增长快，回款也不差，并且它显然还处在业务扩张期。最重要的是，现在又有了高瓴资本的加持！高瓴资本这些年在江湖上的地位如何，有兴趣的朋友可以自行到网上搜集些资料。

腾腾爸就是一个普通的个人投资者，研究能力和能够找到的信息资料都非常有限。而机构就不同了，尤其是像高瓴这样近些年几乎没有失过手的机构投资者，就更是不同了。它们能看到的东西，能分析的东西，一定会远远超过我。综合上述两点，这家企业、这只股票，至少不会像乐视网那样。

像我这样的保守主义者，能用上"高度关注"这样的字眼，已经很不简单了。但是，赞同高度关注，跟赞同现在马上就买入，还是区别很大的两码事。

2. 保持谨慎

对是否马上买入，以及应该买入多少的问题，我的建议，还是应该保持一定的谨慎。为什么要谨慎呢？

（1）因为估值。当时凯莱英总股本共 2.13 亿股，定增发行 1870 万股后，总股本将增至 2.32 亿股。

根据业绩快报，2019 年凯莱英的归母净利润为 5.56 亿元。据此测算，定增后每股收益约为 2.40 元。如果我们以 2020 年 3 月 3 日收盘价每股 194.15 元价格买入，则意味着是以 80.90 倍的市盈率估值买入的。80 倍的市盈率，相比于每年 30% 的增长，PEG（市盈增长比率）约为 2.70 倍。哪怕是考虑到 2020 年的增长——如果还能维持过去几年 30% 左右增长的话——目前的市盈率也高达 62 倍，PEG 约为 2.07 倍。显然，这个数据太高了点。

而高瓴资本呢？定增价格是 123.56 元，相比定增后稀释后的每股收益 2.40 元，相当于是以 51.48 倍的市盈率估值买入的。50 对 80，显然，高瓴资本的买入价更有优势。如果考虑到 2020 年的增长——我们还是以 30% 为增长假设——则市盈率只有 39.6 倍。PEG 值约为 1.3 倍。显然，这个数据相对合理。

如果考虑到 2021 年的增长，则以定增价格买入，市盈率估值只有 30 倍，PEG 值约为 1。照此速度，2022 年时，市盈率估值就下降到 23 倍，PEG 值降为 0.77 倍——这就是处在非常低估的水平了。也就是说，以高瓴资本的定增买入价，只需要持有至多两年时间，就可以让投资变得相当有吸引力。

用相同的逻辑和数据进行推算，我们以目前的市场价买入，想让估值和 PEG 值降到跟高瓴资本大致相同的水平，则至少需要持有五年时间，比高瓴资本整整延迟了三年时间。

所以，**同样一只股票，人家能买，我们未必能买。原因就在于**

双方买入的价格不同。同样一家企业，买入价格不同，则意味着买入的安全性不同，付出的时间成本不同，造成的潜在投资收益率也会完全不同。

当然，也许这家企业异常优秀，就像恒瑞医药一样，可以长期维持高市盈率估值。如果这样，则现价买入，未来几年同样可以享受到每年30%左右的股价增长。

但万一无法实现长期维持呢？并且上述推算的基础前提是，公司每年都能实现30%的增长，万一某一年公司实现不了这个增长率呢？你能承受得起远远高于高瓴资本的估值杀吗？

（2）因为不懂。我翻凯莱英财报的时候，首先看到的是这样的业务介绍（见图11-2）。

一、报告期内公司从事的主要业务

公司是否需要遵守特殊行业的披露要求

否

（一）主要业务情况

凯莱英是一家全球行业领先的CDMO（医药合同定制研发生产）解决方案提供商，主要致力于全球制药工艺的技术创新和商业化应用，为国内外大中型制药企业、生物技术企业提供研发、生产一站式CMC服务。目前已形成包括国内创新药CMC服务、MAH业务、制剂研发生产、仿制药一致性评价、临床试验服务、生物样本检测以及药品注册申报等在内的全方位服务体系。成立二十年来，公司坚持以技术革新作为核心驱动力，不断研发出多项国际领先专利技术并应用于商业化生产，深耕cGMP高级中间体和原料药领域并延伸覆盖至制剂领域，服务客户包括默沙东、辉瑞、百时美施贵宝、艾伯维、礼来等世界大中型制药企业以及和记黄埔、再鼎医药等国内创新药公司，同时与国际制药巨头、Biotech公司形成深度嵌入式合作关系。公司还与全球药物创新产业链中的领先企业、知名CRO企业展开多方面战略合作，向临床CRO业务及大分子生物领域扩展延伸，逐步打造完善的创新药一体化服务生态链。

（二）业务模式及主要治疗领域

作为一家技术驱动型的CDMO企业，公司严格按照cGMP标准服务创新药和重磅药物的研发生产，业务范围涵盖新药临床前研发、临床阶段工艺研发与制备，上市药商业化阶段的工艺优化及规模化生产。主要服务的药品包括涉及病毒、感染、肿瘤、心血管、神经系统、糖尿病等多个重大疾病治疗领域。部分药物成为全球突破性重磅新药。

（三）经营模式

公司所从事的CDMO行业系制药行业分工细化的产物，公司以受托定身份，为制药公司提供从研发到商业化的一站式服务。通过高质量高标准的服务，公司所提供的工艺开发与生产服务可做到与制药公司自身FDA法规规范完全接收，为客户提供最佳的药品研发生产解决方案。公司坚持"以客户为中心"的业务导向，不断提升客户服务能力，满足客户多元化的需求。

1. 技术革新为核心业务发展持续赋能。保持高研发投入，构建了不断进化的技术研发平台，凭借全球领先的连续化反应技术、生物酶催化技术等核心技术的持续创新和应用，以及国际标准的质量管理体系，公司在海外及国内市场获得订单的能力进一步提升。

2. 与客户建立持续稳定的深度战略合作模式。通过与全球制药客户的深度战略合作，为客户提供有竞争力的解决方案，使公司形成强大的行业壁垒，项目管线不断扩充，订单获取能力持续提升。部分代表性重磅新药进入增长期、临床阶段、商业化阶段的项目储备结构进一步优化。

3. 依托小分子CDMO竞争优势，稳步扩展新市场和新业务。继续夯实成熟小分子业务，进一步拓展多肽、多糖及寡核苷酸等化学大分子业务。推动临床CRO业务发展，布局生物大分子业务。在巩固海外市场的同时，国内外市场持续拓展，服务国内创新药数量持续增加，成为从创新药IND到NDA的一站式服务首选供应商。

图11-2　凯莱英的主营业务介绍截图

大家试一试能读懂吗？我相信，关注腾腾爸的朋友，一定有从事医疗行业的，读得懂。更多的，一定是像腾腾爸这样的，完全像读天书似的，一头雾水。在这里，我们再次碰到了"**普通投资者困境**"。我们翻拣的标的，超出了我们的能力范围。按照"不熟不做"的价值投资原则，我们买这家企业前，还是应该多加一层谨慎。

四、投资建议

综上，如果你真的相信高翎资本，相信凯莱英一定是一家优秀的成长型企业，内心深处实在是想跟着买，那就看以下两点具体投资建议。

（1）密切关注它的股价发展，半年内在每股价格低于 150 元的价格时，或在更长远的将来静态市盈率下降到 50 倍上下时，适当买入一点。

（2）最多不要超过自己 10% 的仓位。

也许有朋友会问：如果你假设的条件达不到呢，比如半年内它的股价回不到 150 元下方，或者将来它的静态市盈率下降不到 50 倍，怎么办呢？我的建议是：那就不买。宁愿看错，不要做错！

第二节　欧普康视：好企业，太贵了

本文写作于 2020 年 10 月 2 日。

在欧普康视刚上市的时候，我详细阅读了它的招股说明书，并搜集了它上市前几年的财务数据，最后写了一篇长长的财报分析文章。当时我就说它是一家好企业，独角兽，前途远大。

一、分析财务数据的重点和逻辑

在分析欧普康视的同时，顺带着分享一下我阅读和分析财务数据的重点和逻辑框架。

1. 三大必看数据

分析一家公司的财务报表时，我喜欢先看最近几年的总体经营数据。**毛利率、净利率、ROE是三大必看数据。**

毛利率体现的是企业产品的竞争力，毛利率越高意味着企业产品的竞争力越强。优秀企业的毛利率可以高达90%以上，比如贵州茅台。而毛利率低于30%的企业，后续的费用管理就会出现极大压力，净利率很难提高。**所以，毛利率低于30%的企业，我通常会慎重考虑投资。**

净利率体现的是企业的经营管理盈利能力，因为毛利率是营收扣除了成本，净利润则主要是扣除了研发、三费、税费等项目后的净值。**其中的研发及三费支出，体现的就是企业的管理能力。**

净利率多少才称得上好呢？当然是越高越好，但因为各行各业的商业模式不同，研发及三费支出完全不同。**对我个人来说，一般对净利率低于10%的行业和企业，就提不起关注的兴趣了。**

对长期投资者而言，ROE数据当然也是越高越好。**ROE能长期处于15%左右，就非常好了。**

我们看看欧普康视的这三大必看数据（见表11-6）。欧普康视2019年的毛利率为78.41%、净利率为45.58%，这样的生意，绝对是好生意。ROE在上市前高达40%，上市之后，因为筹资的原因，净资产大增，造成该项数据下降。

表 11-6　欧普康视的利润率和 ROE 数据

年　份	2012 年	2013 年	2014 年	2015 年	2016 年	2017 年	2018 年	2019 年
毛利率（%）	75.96	79.61	77.14	76.96	74.08	76.21	77.98	78.41
净利率（%）	43.98	27.25	48.46	50.13	48.46	47.68	45.76	45.58
ROE（%）	35.99	21.73	38.63	40.04	38.56	21.40	23.59	26.13

我在之前的财报分析时就说过，未来几年应重点关注 ROE 能否迅速回升——如果能够尽快回升到上市前水平的话，就说明这家企业把所筹资金迅速投入到生产中并转化成经营效益了。2019年，欧普康视的 ROE 相比 2018 年提升了近 3 个百分点。这是一个不错的数据，且未来几年也能继续得到改善。持有和打算持有欧普康视的朋友，可以继续重点关注这几项数据。

2. 看企业的增长情况

检验完整体的财务比率数据，我喜欢通过观察企业的营收、净利润、净资产等主要经营数据，以观察和分析企业的整体经营情况。说直白点，就是看**企业的增长**情况。重点看两处。一是企业是否实现了正增长，增长多少？二是企业各项重点数据的增长趋势是否同向，有无异常点？

我们通过表 11-7 看到，欧普康视的业绩增长情况表现为以下三点。

表 11-7　欧普康视的业绩增长速度数据

年　份	2012 年	2013 年	2014 年	2015 年	2016 年	2017 年	2018 年	2019 年
营收增长率（%）	\	33.08	42.71	35.69	33.35	32.60	47.10	41.12
净利润增长率（%）	\	-17.55	157.14	39.10	28.56	32.29	43.34	41.92
净资产增长率（%）	\	38.59	30.71	32.40	23.40	158.43	27.20	29.93

（1）**过去几年，企业不仅获得了正增长，而且增长率相当可观**。2013 年以后，三大指标的增长率还从来没有低于 20% 过。上市之后，还有加速增长的趋势，这说明上市融资的助力功能得到了体现。这一点，跟上文提到的 ROE 回升相响应。

（2）**三大营业指标（营收、利润、资产）都获得了同向的正增长**。尤其是在 2016 年上市之后的三年，营收和净利润增长从 30% 上升到 40%，同向同步。净资产在 2018—2019 年增长近 30%，稍落后于营收和利润，但考虑进现金分红因素，这种情况也合理了。

（3）**通过数据对比，可以发现两个异常点**。首先，2013 年欧普康视的营收和净资产同步大增 30% 以上，但净利润却跌超 17%。正常情况下，投资者应该找到这一年的财报，细究一下原因。但考虑到那一年距离企业上市还有四年，公开的财报可能不太好找，也可以忽略之。其次，2017 年企业的净资产大增至 158.43%，远远超过同期的营收和净利润增幅。

但这一点好理解，因为企业刚上市，IPO 筹集到的资金加大了净资产的总量。

总体上，对于该企业的增长情况，我们可以得出非常乐观的结论。

3. 看资产健康情况

看完企业的增长情况，我们再来审查下企业的**资产健康**情况。这方面，我喜欢看两个数据：**一是资产负债率，这个数据可以从总体上反映出企业的偿债能力；二是有息负债比率，这个数据可以撇去企业中"有益的负债部分"**，即企业利用经营优势、占压上下游资金形成的负债，比如预收账款、应付账款等，以考察企业的真实负债水平。

从逻辑关系上，有息负债率可以无限接近于资产负债率，但永远不可能大于资产负债率。有些企业资产负债率看起来很高，但很大部分是无息负债，即有益负债，这说明其偿债能力是没问题的。

欧普康视总的资产负债率才10%左右，这是一个很低的数据了（见表11-8）。也就是说，有息负债率最高也就10%，非常安全。我们不用翻年报，也能推测到这一点。

表11-8 欧普康视总的资产负债率数据

单位：亿元

年　　份	2012年	2013年	2014年	2015年	2016年	2017年	2018年	2019年
总资产	1.16	1.63	2.10	2.97	3.58	9.23	12.28	16.06
总负债	0.11	0.17	0.18	0.43	0.42	1.10	1.45	1.68
资产负债率	9.48%	10.43%	8.57%	14.48%	11.73%	11.92%	11.81%	10.46%

我们可以自己算有息负债："短期借款+一年内到期的非流动负债+长期借款+应还债券"，四项数据之和除以所有者权益（即企业净资产），得出的百分比就是有息负债比率。

为了展示计算过程，我们还是打开欧普康视2019年年报中的资产负债表，检索出企业的四项有息负债数据是：短期借款为20万元、长期借款为0、应付债券为0、一年内到期的非流动负债为0。也就是说，欧普康视2019年的总资产为16.06亿元、净资产为14.38亿元，而有息负债仅为20万元，有息负债率基本接近于0。欧普康视的资产负债表干净得几乎让人窒息。

4. 看营运能力情况

对企业的盈利能力、成长能力、资产质量分析完后，我还喜欢通过观察企业的**经营周期**变化来分析和推测企业的劳动能力。表11-9反映的主要就是企业的**营运能力**。通过这张表提供的相关数据，我们可以计算企业的一个完整生产经营周期。

表 11-9　欧普康视的资产周转率数据

年份	2012年	2013年	2014年	2015年	2016年	2017年	2018年	2019年
应收账款周转率（次）	3.84	5.98	10.54	11.89	11.48	10.34	8.10	7.40
存货周转率（次）	7.83	5.89	6.57	5.10	5.05	4.61	2.97	2.73
总资产周转率（次）	0.59	0.65	0.70	0.70	0.72	0.49	0.43	0.46

以 2019 年为例，欧普康视的应收账款周转率为 7.40 次，意味着应收账款周转天数约为 49 天（360÷7.40）；存货周转率为 2.73 次，意味着存货周转天数约为 132 天（360÷2.73）。二者加总，即生产经营周期约为 181 天。企业的生产经营过程，就是从现金到材料到生产到存货到应收账款再到现金的过程，生产经营周期为 181 天，意味着企业一年可以完整地组织两次生产经营周期。

计算和分析这个数据有两个作用：一是跟同类企业进行对比，**生产经营周期越短的企业，说明生产经营效率越高**；二是跟自己的过往历史进行对比，**生产周期变长了，说明企业的生产经营效率变低了**。

欧普康视的生产经营周期在上市之后明显比上市前变长了，但 2019 年又比 2018 年缩短了，说明上市后的经营效率开始向上市前回归。这个数据可以和 ROE 一样，作为观察新上市企业的一个重要指标。

5. 其他重要看点

检索完上述这些指标还不够，在财报分析中，我还非常看重以下三点。

（1）**企业的利润质量到底如何**。根据"营收有利润，利润有现金"的原则，我主要是分析净利比这个数据和自由现金流的创造情况。

（2）**通过企业的资本开支，检索企业商业模式的优劣**。主要是计算和分析企业每年资本开支对净利润的占比情况。

（3）**企业总的现金流状况**。主要从经营性、投资性、筹资性现金流量净额三项数据的相对关系，来进行分析和研判。

二、高效检验欧普康视

欧普康视是否是优秀企业，从下面两张表格上就能体现出来。从表 11-10 中，我们能看到什么信息呢？

表 11-10　欧普康视的资本开支和自由现金流数据

单位：亿元

年　　份	2013 年	2014 年	2015 年	2016 年	2017 年	2018 年	2019 年	总计
净利润	0.25	0.63	0.88	1.14	1.49	2.10	2.95	9.44
经营现金流	0.53	0.62	0.80	1.09	1.45	1.49	2.75	8.73
资本开支	0.05	0.03	0.15	0.29	0.63	0.35	0.57	2.07
自由现金流	0.48	0.59	0.65	0.80	0.82	1.14	2.18	6.66

（1）从 2013 年到 2019 年，企业的净现比约为 0.90，不到 1。**这说明企业每年的经营性回款不是太好。**但是考虑到它超高的毛利率（70%以上），这样的回款水平是没有太大风险的，再考虑到它的特殊合作伙伴，就更不用过于担心了。

因为欧普康视的产品是视力矫正器械（OK 镜），需要专门的、合规的医疗机构（三级甲等医院）来推荐使用，产品采用的是"以需定产"的模式，即：客户到医院检查就医，医院根据客户个人情况计算出产品参数，然后向欧普康视进行订购，欧普康视根据医院需要生产个性化产品，产品生产后交付医院，医院收款后再向欧普付款。简单地说，因为合作的对象主要是正规且有一定资质的医院（通常为县级以上人民医院），所以其应收账款的坏账率极低——有压款的现象，但总能适时回收。

（2）同期，企业资本开支总计2.07亿元，净利润总计9.44亿元，资本开支对净利润的占比仅0.22。0.22的含义是企业1元钱的资本开支，大约可以带来4.55元左右的利润。资本开支的使用效率非常之高了。这样高的资本效率说明了什么？**说明企业的商业模式好，具有某种特别的竞争优势。**

（3）虽然企业同期的经营性回款不是特别优秀，但因为超低的资本开支，我们发现企业创造自由现金流的能力超强。7年时间，创造了6.66亿元的自由现金流。

从表11-11中，我们能看到什么样的信息呢？

表 11-11　欧普康视的现金流数据

单位：亿元

年份	2013年	2014年	2015年	2016年	2017年	2018年	2019年	总计
经营性现金流	0.53	0.62	0.80	1.09	1.45	1.49	2.75	8.73
投资性现金流	0.14	0.22	-0.10	-0.27	-5.92	-1.40	-2.38	-9.71
筹资性现金流	-0.04	-0.17	-0.08	-0.70	3.84	0.04	0.02	2.91

（4）从2013年到2019年，欧普康视的经营性现金流净额为8.73亿元、投资净出9.71亿元，筹资净入2.91亿元。**总体上，入大于出。**

（5）2018年和2019年，经营性现金流净额都远大于投资性现金流净额，**这说明上市后，企业仅靠经营性增长就能覆盖企业对外投资和扩张性发展的需要。**

（6）2018年和2019年，企业的投资性现金流净额基本与企业的经营性现金净额规模相当。**这说明企业还处在扩张期。**

综上，我们可以对欧普康视得到如下分析结论。

（1）企业的商业模式具有很好的竞争力，资本开支少，自由现金流丰沛，毛利率、净利率、ROE数据表现亮眼。

（2）企业在过去的几年中发展较好，增长较快，而且基本上达到了"有利润的营收，有现金的利润"的总体要求。

（3）根据财务数据推测，企业还处在招兵买马的扩张期，未来的成长和发展可以相对乐观。

总之，从企业本身来说，欧普康视是一家各方面都符合腾腾爸要求的优秀企业。但是，千好万好就有一点不好。当时市场给它的估值太高了！滚动市盈率，居然达到了140余倍！哪怕是静态市盈率，也接近110倍（见图11-3）。

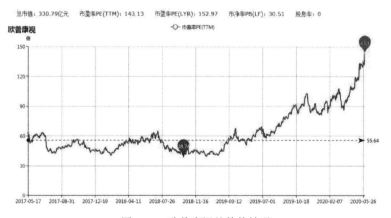

图 11-3　欧普康视的估值情况

三、欧普康视的投资策略

这又让我们碰到了老问题：好企业，但是价格和估值畸高，我们该如何操作呢？

我是这样思考的：哪怕企业未来几年都能保持 2019 年 40% 左右的业绩增长水平，那么根据成长股"多大的增长能支持多大的估值"的估值原则，欧普康视想把估值从目前的 140 倍降到 40 倍附近，也得需要 3~5 年时间。

这意味着，哪怕是欧普康视能再这样超常规发展，消化估值也得需要 3~5 年时间。换句话说，当时欧普康视的股价已透支了未来三五年的业绩增长。如果将来欧普康视的业绩增长降低——哪怕是降低一半，也高达 20% 以上——那么股价透支的时间更长。

从投资的角度，欧普康视碰到了跟茅台一样的问题：企业是好企业，但是估值太高。今天欧普碰到的问题，比茅台还要尖锐——因为它当时的静态估值已经是茅台的四五倍了。投资这类企业，想赚钱必须取决于两个前提条件的同时存在。

（1）目前的高增长，未来还能长期延续。

（2）几年后，市场人气犹存。

二者有一点缺失，高增长不再或市场风向改变，这种高估值就不大容易维持，极易引发踩踏。

腾腾爸投资过欧普康视，而且很成功。最初在 40 倍左右上车，拿了两个月的工资买入了几百股；半年后，又在一次股价回调中，加买了两个月的工资。持有大约两年，在 100 余倍估值时清空。通过"估值提升+业绩提升"，我获得了 300% 多的投资收益，相当于用 4 个月的工资，通过两年的时间多挣来了 1 年的工资。

当时卖出后，欧普康视的股价、估值继续上涨和提升。有朋友问我：面对此情此景作何感受？我答：我会继续关注欧普康视，我坚信以后还会有更好的投资机会出现。朋友追问：如果市场长期不给你这样的机会呢？我答：不给就不给，让自己的投资资金处在绝对的安全保护之下，了无遗憾。

四、投资建议

在我看来，欧普康视尽管是家优秀的企业，但并非没有经营风险。我在前几年写它的财报分析文章时就总结过其风险点：一是产品使用的主要原材料来自美国进口，供货来源高度集中和单一；二是国内竞品的出现。

投资者要密切关注企业会否出现"增量降价"的情况。这种情况通常出现在产品竞争加剧的时候。从财务报表上看，就是营收大幅增长而净利润滞涨，甚至出现降低等。

第三节　片仔癀：净现比低，为什么现金流好

本文写作于 2020 年 12 月 21 日。

企业是不是真有利润、利润是真高还是假高、高在哪低在哪。关于这些老大难问题，我们在前文已经做了很多的分析和探讨。下面我用我们以前分析和探讨过的内容深度分析片仔癀这家上市企业，并用具体的案例来展示整个分析和思考的过程。

一、备受关注的明星企业

之所以选择片仔癀进行案例分析有三个原因。

1. 明星企业

片仔癀自 2003 年上市，至 2019 年，只有 3 年年线"收绿"，除去上市第一年的高开低走，实际上只有两年股价有所回调，其余

一路向上。尤其是在 2019 年，涨幅轻松逾倍，估值高达百倍。这样的大牛股，在市场上自然而然备受世人瞩目。

2. 存在争议

关于它的利润和现金流的问题一直备受市场质疑，经常陷入"真赚钱还是假赚钱"的争议中。如表 11-12 所示，片仔癀五年来的净现比最高不过 0.87，核心利润获现率最高不过 0.76，都未过 1。而且在 2019 年，它的经营性现金流净额居然为负数，且负值高达 8.79 亿元。这也直接造成净现比与核心利润获现率指标失效，无法进行计算和分析。

表 11-12　片仔癀的利润质量基础数据

单位：亿元

年　　份	2015 年	2016 年	2017 年	2018 年	2019 年
经营性现金流净额	3.06	3.95	6.77	6.12	-8.79
核心利润	5.43	6.17	8.95	12.55	16.15
核心利润获现率	0.56	0.64	0.76	0.49	\
净利润	4.63	5.07	7.80	11.29	13.87
净现比	0.66	0.78	0.87	0.54	\

那么，片仔癀是真赚钱还是假赚钱呢？它的经营风险是大呢还是小呢？有这样的疑问和难题存在，就充分说明，它可能正是我们需要专门寻找和重点剖析的企业。

3. 有很多朋友的期待

之前我写的关于企业财报的分析文章发表后，马上就有朋友向我推荐片仔癀，认为用我提供的分析方法，无法对其进行分析和解读。我认为恰恰相反，用我提供的方法，同样可以深入和细致地对片仔癀进行分析和应用。

二、高效检验片仔癀

我决定花一点时间，来分析一下片仔癀的利润质量，并对它整体的现金流状况进行检视和分析。我们先来看看片仔癀利润及其获取现金的能力，有无扭曲的因素存在。

1. 检视固定资产、无形资产、商誉对利润质量指标的扭曲影响

2019 年底，片仔癀的固定资产为 2.30 亿元、无形资产为 1.56 亿元、商誉为 0（见图 11-4）。三者相对于其 88.11 亿元的总资产，

其他流动资产	七、12	111,546,959.08	69,716,425.86
流动资产合计		7,352,299,916.69	5,230,072,459.91
非流动资产：			
发放贷款和垫款			
债权投资			
可供出售金融资产			357,225,545.80
其他债权投资			
持有至到期投资			
长期应收款	七、15		8,580,000.00
长期股权投资	七、16	474,649,827.77	536,321,876.14
其他权益工具投资	七、17	421,547,830.58	
其他非流动金融资产			
投资性房地产	七、19	34,062,367.48	38,571,883.15
固定资产	七、20	229,592,875.06	231,427,477.76
在建工程	七、21	11,156,863.75	4,721,944.50
生产性生物资产	七、22	12,648,278.79	12,679,175.27
油气资产			
使用权资产			
无形资产	七、25	155,664,275.15	121,064,514.76
开发支出			
商誉	七、27		6,096,505.10
长期待摊费用	七、28	32,826,255.05	31,561,017.76
递延所得税资产	七、29	76,196,973.40	64,262,417.97
其他非流动资产	七、30	10,150,927.01	15,173,067.06
非流动资产合计		1,458,496,474.04	1,427,685,425.27
资产总计		8,810,796,390.73	6,657,757,885.18

图 11-4　2019 年片仔癀的合并资产负债表截图

占比都非常低。这说明，片仔癀的资产非常轻，计提摊销的部分不会严重降低会计利润。**这种轻资产运营的模式，对净现比与核心利润获现率的扭曲影响是不大的。**

2. 检视利润结构对利润质量的扭曲影响

表 11-13 是我统计的片仔癀 2015—2019 年的核心利润及营业利润数据。在这五年中，片仔癀的核心利润对营业利润的占比，几乎都高达 90%，甚至在 95% 以上。**这说明企业的利润主要来自于主营业务。**投资收益、营业外收支对片仔癀利润的影响略近于无。

表 11-13　片仔癀的核心利润生成数据

单位：亿元

年　份	2015 年	2016 年	2017 年	2018 年	2019 年
营业收入	18.86	23.09	37.14	47.66	57.22
营业成本	9.99	11.79	21.07	27.44	31.91
税金及附加	0.21	0.31	0.40	0.43	0.46
销售费用	1.66	2.75	4.04	3.92	5.23
管理费用	1.77	2.18	2.02	2.41	2.73
研发费用	\	\	0.70	1.01	1.19
财务费用	-0.20	-0.11	-0.04	-0.10	-0.45
核心利润	5.43	6.17	8.95	12.55	16.15

我们可以看到，片仔癀是轻资产运营模式，利润主要来源于主业的生产经营。**所以，利润及最能体现利润质量的两大核心指标率（净现比和核心利润获现率）受到的扭曲因素影响是非常低的。**换言之，净现比与核心利润获现率的真实性比较可靠。

我们再来看看，2019 年片仔癀经营性现金流净额大幅为负的问题。往年片仔癀的经营性现金流相对于净利润的比值是不高，但还从来没有出现过负数。2019 年不仅为负，而且是大幅为负，原因何在呢？

公司财报给出的答案是：公司把一部分现金存成了定期存款，而且计划把这部分定期存款持有到期，不作为现金及现金等价物来看待，所以减少了经营性现金流净额。看到这个解释，我脑子里马上出现以下四个问题。

（1）这笔现金具体有多大规模？

（2）它是从现金流量表中的哪个科目里削减掉的？

（3）它又放到了资产负债表中的哪个科目里了？

（4）这种操作安排合理吗？

为了寻找答案，我马上对它 2019 年的合并现金流量表进行了检查：相比于 2018 年，2019 年经营性现金流量项目下，"支付的其他与经营活动有关的现金"中的数据，有了大幅的提高，2019 年比 2018 年多支出了 20.45 亿元。正是这个科目的支出"异常"，直接让片仔癀的经营性现金流转为了负数。根据标注，我们可以找到年报注释"七、合并财务报表项目注释"中的第 76 小项，对"支付的其他与经营活动有关的现金"这个科目进行具体的查阅（见图 11-5）。

（2）. 支付的其他与经营活动有关的现金

√适用 □不适用

单位：元 币种：人民币

项目	本期发生额	上期发生额
销售费用、管理费用等扣除工资、折旧、摊销后等费用支出	500,794,304.04	304,960,292.99
财务费用中手续费支出及其他	3,628,295.97	2,776,993.25
营业外支出中扣除长期资产处置损失	2,179,973.10	3,298,579.99
受限的货币资金	1,846,262,437.00	100,000,267.31
往来及其他	135,210,685.91	32,031,924.56

图 11-5　2019 年片仔癀年报的附注截图

我们可以看到，所谓的"支付的其他与经营活动有关的现金"中，"受限的货币资金"高达 18.46 亿元，较上年末的 1.00 亿元，大幅上涨了17.46亿元。这18.46亿元就是片仔癀从2019年经营现金流中扣减的，用于定期存款的资金，并且在资产负债表中，它被放进了"货币资金"科目中。

为了核实这个分析和判断，我又在2019年年报中检索了货币资金的具体构成。2019年片仔癀合并货币资金中，因抵押、质押或冻结等对使用有限制的款项总额期末为24.94亿元，较期初值6.15亿元多出了18.79亿元。这一数据和上边提到的18.46亿元受限制的货币资金大体相合（见图11-6）。

1、货币资金

√适用 □不适用

单位：元　币种：人民币

项目	期末余额	期初余额
库存现金	124,306.40	84,805.08
银行存款	4,231,931,740.11	2,769,547,349.32
其他货币资金	31,318,089.78	16,901,571.63
合计	4,263,374,136.29	2,786,533,726.03
其中：存放在境外的款项总额	39,367,774.42	37,851,930.94
因抵押、质押或冻结等对使用有限制的款项总额	2,493,639,809.98	615,026,113.65

其他说明

注1：其他货币资金期末余额31,318,089.78元，其中：票据保证金存款及信用证保证金存款22,002,760.21元，证券资金账户余额837,541.07元，支付宝账户余额8,477,788.50元。

注2：银行存款中管理层认为有能力和意图持有至到期的定期存款及计提利息2,470,901,139.28元、诉讼保全冻结定期存款332,910.49元以及其他货币资金中信用证保证金及票据保证金存款22,002,760.21元、支付宝账户保证金403,000.00元，在现金流量表中不作为现金及现金等价物反映。

注3：截止2019年12月31日，除上述保证金外，本公司不存在质押、冻结，或有潜在收回风险的款项。

图11-6　2019年片仔癀年报的货币资金部分截图

多出的部分，可以看成是由往年的货币资金转换成定期存款而受限使用的，对分析本年度的利润质量不造成任何影响。从经营性现金流中活生生"抠掉"的这18.46亿元资金，是企业的真实现金流入，只是在流入企业体内后，被转化用途，人为地"消减"掉了。

如果加上这部分资金，那么片仔癀这五年的利润获现能力数据如表 11-14 所示。企业 2019 年经营性现金流马上从 -8.79 亿元转为 9.67 亿元（-8.79 亿元 +18.46 亿元）、净现比为 0.70、核心利润获现率为 0.60。这两项数据还是不算高，但跟其自身往常年份数据相比，完全恢复正常了。

表 11-14　片仔癀的利润质量修正后数据

单位：亿元

年　份	2015 年	2016 年	2017 年	2018 年	2019 年
经营性现金流净额	3.06	3.95	6.77	6.12	9.67
核心利润	5.43	6.17	8.95	12.55	16.15
核心利润获现率	0.56	0.64	0.76	0.49	0.60
净利润	4.63	5.07	7.80	11.29	13.87
净现比	0.66	0.78	0.87	0.54	0.70

正常情况下，定期存款应该算投资支出，在现金流量表中从投资性现金流中核减、在资产负债表中纳入"其他流动资产"更合理一些。但是为什么片仔癀偏偏要把它按"支付的其他与经营活动有关的现金"从经营性现金流量中核减掉呢？难道就是想掩饰它现金回款不足的缺陷吗？除了糊弄一下投资小白，意义不大呀？对这一点，我始终想不太明白。但是不论如何，我们只要有一点追根溯源的精神，还原真相就很简单。

3. 检视利润获现水平

做完上述对扭曲因素影响的考察，计算出片仔癀真实的利润获现率，我们再来分析一下它的利润获现水平为什么这么低。我们前文已述，能决定企业利润获现水平的主要集中在两个渠道，一个是销售渠道，另一个是购货渠道。

总体逻辑是：**销售中回收的现金多、购货中占用的现金少，则企业的经营性现金流回款就好；反之，销售中回收的现金少、购货中占用的现金多，则企业的经营性现金回款就差。**

这是个底层逻辑，比较容易理解。所以我们先来看看片仔癀销售渠道上的回款（见表 11-15）。2019 年，片仔癀应收款项总计 4.81 亿元，对当年营收 57.22 亿占比为 8.41%。**这个比例不高，说明销售中赊销的部分不多。** 应收款项期末总额为 4.81 亿元，比期初的 5.13 亿元，还减少了 0.32 亿元。**这说明企业不仅赊销少，而且对以往赊销的部分，还进行了很好的回收。**

表 11-15　2019 年片仔癀的应收款项数据

单位：亿元

科　　目	期　　初	期　　末	增　　加
应收票据	0.69	0.11	−0.58
应收账款	4.44	4.70	0.26
总计	5.13	4.81	−0.32

我顺便还分析了下片仔癀的应收款项结构（见表 11-16）。兑现性最好的应收票据占比很小，只有 2.29%。应收款项的主要构成部分是应收账款，占比为 97.71%。这个是减分项，但好在应收账款的总体规模不大。

表 11-16　2019 年片仔癀的应收款项结构数据

单位：亿元

科　　目	2019 年	占　　比
应收款项总量	4.81	\
应收票据	0.11	2.29%
应收账款	4.70	97.71%

然后，我们再检查预收款项（见表 11-17）。片仔癀 2019 年期末预收款为 2.02 亿元，对当年 57.22 亿元的营收占比仅 3.53%。但期末值相比期初值，增加 1.12 亿元，**说明下游现金订货的客户增多了。**

表 11-17　2019 年片仔癀的预收款项数据

单位：亿元

科　　目	期　　初	期　　末	增　　加
预收款项	0.90	2.02	1.12

总体而言，在销售渠道上，片仔癀回款情况不错，赊销少，现金订货的客户增多。

下面我们再来分析片仔癀购货渠道的占压款情况（见表 11-18）。2019 年底，片仔癀已经购入的存货和用预付款购入的原料，共计 22.86 亿元，而应付款项总计只有 2.61 亿元。也就是说，在购货时片仔癀赊购的部分很少，绝大部分原料得靠现金购买。这种购货方式，显然会占用企业大量的现金。

表 11-18　片仔癀购货渠道应付款数据

单位：亿元

年　　份	2018 年	2019 年
存货	16.67	20.97
预付款项	1.53	1.89
两项总计	18.20	22.86
应付票据	0.59	0.55
应付账款	1.91	2.06
两项总计	2.50	2.61

综合以上三方面考察，我们可以得出一个基本结论：片仔癀的净现比与核心利润获现率之所以不高，主要是因为它在购货渠道中，消耗了企业大量的现金。结合企业的具体生产经营，我们知道

片仔癀对上游的采购目标，主要是一些名贵的药材，可能比较紧缺，所以造成了企业的议价能力不足。

三、片仔癀的投资策略

1. 现金流充足

企业的利润现金回款不足，并不代表企业的经营就必然有风险。只要企业的整体现金流表现稳定、充足，就没有任何问题。那么片仔癀的整体现金流状况如何呢？表 11-19 是片仔癀 2015—2019年的现金流总貌数据统计。大家可以看到，这五年当中的任何一年，片仔癀通过经营性活动取得的现金流净额（修正后），就足以支撑得起企业正常的生产经营和投资性扩张。**片仔癀的现金流总况是非常充沛和稳定的**。所以，你不要为企业利润回款的不足而过于焦虑。

表 11-19　片仔癀现金流总貌数据

单位：亿元

年　　份	2015 年	2016 年	2017 年	2018 年	2019 年
经营性现金流净额	3.06	3.95	6.77	6.12	9.67
投资性现金流净额	-0.39	-2.78	0.63	0.65	0.68
筹资性现金流净额	-0.46	2.46	-4.16	-1.16	4.05

2. 对现金流影响的因素

明明是利润中的现金含量不足，为什么企业的现金流总体又表现不错呢？这同样取决于两个方面因素的影响。

（1）来自于企业产品的毛利率水平。片仔癀 2015—2019 年的毛利率水平始终维持在 40% 以上（见表 11-20）。这意味着企业卖出 10 元钱的产品，只要收回 60% 左右的现金，就能完全覆盖得过来生产成本对企业资本金的消耗（事实上，片仔癀的核心利润获现率也就维持在 0.6 倍上下）。在生产制造企业中，40% 的毛利率水平，已经是中上水平了。**所以它的毛利率高，有利于它的现金回转。**

表 11-20　片仔癀的毛利率数据

单位：亿元

年　　份	2015 年	2016 年	2017 年	2018 年	2019 年
营业收入	18.86	23.09	37.14	47.66	57.22
营业成本	9.99	11.79	21.07	27.44	31.91
毛利率	47.03%	48.94%	43.27%	42.43%	44.23%

注：毛利率的计算结果以该表中的营业收入和营业成本数据得出。

（2）来自于企业的资本开支水平。 上边讲到了，片仔癀是典型的轻资产运营模式，所以对资本开支的需求理应不会太大。统计数据也说明，它每年的资本开支非常低（见表 11-21）。

表 11-21　片仔癀的资本开支数据

单位：亿元

年　　份	2015 年	2016 年	2017 年	2018 年	2019 年
净利润	4.63	5.07	7.80	11.29	13.87
资本开支	0.79	0.91	0.52	0.74	0.65
占比	17.06%	17.95%	6.67%	6.55%	4.69%

低到什么程度呢？2017—2019 年的资本开支对净利润的占比，居然不到 7%，这一数据甚至比贵州茅台和五粮液表现得还要优秀。这主要是两方面因素所致：一是毛利率水平比较高，二是资本开支又极低。这一高一低就决定了片仔癀利润的含金量不高，但整体现金流状况依然很好。

四、投资建议

作为股市投资者，我们对企业的分析主要包含着两个方面的内容：一是对企业的品质进行分析，二是对企业的投资价值进行分析。就是我以前反复念叨的"品质+估值"。

本节内容主要是围绕着片仔癀的利润质量和现金流状况进行分析的，关键是弄清企业的品质，但这只是企业品质分析的一个方面。所以好为人师的腾腾爸，只是拿片仔癀开刀，教授投资之"技"。我并没有说片仔癀到底是该买还是该卖。估值的部分，艺术性的成分更大，见仁见智。

第四节　豪悦护理：数据很优秀，顾虑在哪里

本文创作于 2021 年 1 月 12 日。

之前有朋友向我推荐豪悦护理这家企业。推荐的理由是，它具有超高 ROE。寻找具有高 ROE 企业进行投资，是价值投资者最喜欢干的一件事。于是我分析了豪悦护理的 ROE 数据，结果倒吸了一口凉气。

我为啥倒吸一口凉气呢？2017—2019 年，豪悦护理的 ROE 数据一直高于 50%，在上市的前一年，也就是 2019 年，其 ROE 数据居然高达 65.39%（见表 11-22）。大家知道这个数据意味着什么吗？如果我们去翻看一下贵州茅台同期的 ROE 数据：牛如茅台，ROE 数据也没超过 35%。

表 11-22　豪悦护理的 ROE 数据

年　份	2016 年	2017 年	2018 年	2019 年
ROE	37.62%	52.94%	64.49%	65.39%

一、看懂公司的主营业务和产品结构

豪悦护理凭什么比贵州茅台的 ROE 数据表现还惊艳呢？在进

行财务数据分析之前，我们先来了解一下这家公司是干什么的。表 11-23 是豪悦护理的产品列表，它是生产纸尿裤、卫生巾、湿巾等一次性卫生用品的企业。

表 11-23　豪悦护理的产品列表

项　目	类　别	产品细分	具 体 产 品
一次性卫生用品	吸收性卫生用品	婴儿卫生用品	主要包括婴儿纸尿裤（包含婴儿拉拉裤和婴儿纸尿片）
		成人失禁用品	主要包括成人纸尿裤（包含成人拉拉裤和成人纸尿片）和护理垫
		女性卫生用品	卫生巾、经期裤
	非吸收性卫生用品及其他产品		湿巾
其他			复合芯体、膜、围兜等

再具体一点，该公司生产的一次性卫生用品中，婴儿卫生用品占了 70.98%、成人失禁用品占了 11.99%，女性卫生用品占了 15.24%（见表 11-24）。说白了，豪悦护理主要是给小孩子生产纸尿裤的企业。

表 11-24　豪悦护理的细分产品营收结构数据

单位：万元

项　目	2019 年度		2018 年度		2017 年度	
	金额	比例	金额	比例	金额	比例
婴儿卫生用品	136,304.10	70.98%	95,667.66	67.64%	41,886.31	55.76%
成人失禁用品	23,029.34	11.99%	21,348.60	15.10%	16,604.10	22.10%
女性卫生用品	29,261.96	15.24%	20,013.92	14.15%	11,772.78	15.67%
非吸收性卫生用品及其他产品	3,434.32	1.79%	4,396.85	3.11%	4,861.60	6.47%
合计	192,029.73	100.00%	141,427.03	100.00%	75,124.79	100.00%

豪悦护理有 87.35% 的产品市场在国内，有 12.65% 销往了国外（见表 11-25）。换言之，这是一家深耕国内市场的企业，不是一家外向型企业。

表 11-25　豪悦护理的国内外市场营收结构数据

单位：万元

项　目	2019 年度		2018 年度		2017 年度	
	金额	比例	金额	比例	金额	比例
国外	24,297.83	12.65%	24,908.85	17.61%	21,400.53	28.49%
国内	167,731.90	87.35%	116,518.18	82.39%	53,724.26	71.51%
合计	192,029.73	100.00%	141,427.03	100.00%	75,124.79	100.00%

豪悦护理的销售模式主要是 ODM，占比 91.59%（见表 11-26）。ODM 就是公司"研发+生产"，然后产品贴上**下游客户**的牌子，也就是我们平常所谓的"贴牌"生产。

表 11-26　豪悦护理的销售模式和营收结构数据

单位：万元

项　目		2019 年度		2018 年度		2017 年度	
		金额	比例	金额	比例	金额	比例
ODM		175,876.21	91.59%	126,861.98	89.70%	61,583.58	81.98%
自有品牌	线下销售	3,419.92	1.78%	3,236.07	2.29%	2,892.65	3.85%
	线上销售	12,733.60	6.63%	11,328.99	8.01%	10,648.57	14.17%
合计		192,029.73	100.00%	141,427.03	100.00%	75,124.79	100.00%

二、高效检验豪悦护理

一家生产纸尿裤的企业，凭什么获得了比贵州茅台还高 ROE 水平呢？影响和决定一家企业 ROE 水平有三个方面的要素：**效益、**

效率和杠杆倍数。可以直接体现这三个方面要素的财务指标分别是：**毛利率和净利率（对应的是效益）、总资产周转率（对应的是效率）、总资产负债率（对应的是杠杆倍数）**。

1. 分析企业效益

我们先来看看豪悦护理的毛利率和净利率数据（效益）。2017—2019 年，豪悦护理的毛利率一直高于 25%，2019 年还上升到了 30% 以上。净利率水平也是一路攀升，2019 年上升到了 16% 以上（见表 11-27）。**应该说，其利润率水平并不高，只是趋势不错。** 跟贵州茅台长期 90% 以上的毛利率水平比起来，豪悦护理简直就是小巫见大巫。豪悦的 ROE 数据却远远高于茅台，因此**豪悦能逆袭，一定是因为其效率高或杠杆倍数大。**

表 11-27　豪悦护理的主要经营数据

单位：亿元

年　　份	2017 年	2018 年	2019 年
营业收入	7.61	14.50	19.53
营业成本	5.56	10.64	13.60
净利润	0.67	1.85	3.15
毛利率	26.94%	26.62%	30.36%
净利率	8.80%	12.76%	16.13%

注：毛利率和净利率的计算结果以该表中的营业收入、营业成本和净利润数据得出。

2. 分析企业效率

我们再来看看豪悦护理的总资产周转率（效率）。豪悦的总资产周转率一年可以 1 次以上，2019 年更是实现了总资产一年周转 1.56 次的水平（见表 11-28）。这样的总资产周转率已经非常高了。

贵州茅台是多少呢？ 2019 年一年约 0.5 次。同为生产制造型企业，豪悦的效率可是不一般得高啊。

表 11-28　豪悦护理的总资产周转率数据

单位：亿元

年　份	2017 年	2018 年	2019 年
营业收入	7.61	14.50	19.53
总资产	6.64	9.18	12.54
总资产周转率（次）	1.15	1.58	1.56

注：总资产周转率的计算结果以该表中的营业收入和总资产数据得出。

3. 分析杠杆倍数

最后，我们再来看看豪悦护理的总负债率（杠杆倍数）。豪悦护理 2019 年总资产负债率约为 49.04%，这意味着其总负债和净资产旗鼓相当（见表 11-29），同时，这还意味着豪悦护理的杠杆倍数约为 2 倍（总资产÷净资产）。

表 11-29　豪悦护理的总资产负债率数据

单位：亿元

年　份	2017 年	2018 年	2019 年
总资产	6.64	9.18	12.54
总负债	4.67	5.66	6.15
总资产负债率	70.33%	61.66%	49.04%

通过上述分析，我们可以看到，豪悦护理 2019 年的效率、效益和杠杆三美兼具，所以才造成了它超高的 ROE 水平。问题是：**这样的 ROE 水平能长期维持吗？** 毕竟，它在 2020 年 9 月才刚上市。我们再分头来具体分析一下豪悦护理。

4. 高 ROE 是否能维持

主营业务单纯是生产纸尿裤、卫生巾的企业，我查找了一下，**A 股还没有一家企业可以与豪悦护理完全对标**。退而求其次，我找到了与其相关行业的恒安国际和中顺洁柔两家企业与之对标。如表 11-30 所示，恒安国际的毛利率长期维持在 40%上下，哪怕在 2018 年和 2019 年略有下降，也要比豪悦数据最高的 30%强！中顺洁柔的毛利率水平，也长期维持在 30%以上。

表 11-30　恒安国际和中顺洁柔的毛利率数据

年　　份	2015 年	2016 年	2017 年	2018 年	2019 年
恒安国际毛利率	47.61%	48.68%	41.78%	38.20%	38.63%
中顺洁柔毛利率	32.03%	35.92%	34.92%	34.07%	39.63%

我们通过对比可以明显地感觉到，豪悦护理在招股说明书里披露的毛利率水平还是比较中肯的，整个行业的毛利率就这个水平。豪悦甚至还比同行水平略低，这应该跟它的 ODM 销售模式有关。

对于贴牌生产，光设计、生产，不做具体销售，肯定会对大客户们有所让利。但不论怎么说，这样的毛利率水平，反而让我们心安，这是因为它意味着未来公司想维持目前这个利润率水平。

未来一定会变化并且最不确定如何变化的，还是效率和杠杆倍数。图 11-7 是豪悦护理 2020 年三季报的主要财务数据截图。大家看公司的总资产、净资产和营业收入这三项数据：2020 年第三季度末，其总资产为 32.62 亿元，相较于 2019 年末的 12.54 亿元，增加了 160%多。而净资产增加的幅度更大，直接从 2019 年末的 6.39 亿元暴增至期末的 26.81 亿元，增加了近 320%。

这个好理解。一方面，豪悦护理在 2020 年 9 月才新上市，上市融资了超 15 亿元，前三季还有近 5 亿元的盈利，这些都属于净

单位：元币种：人民币

	本报告期末	上年度末	本报告期末比上年度末增减(%)
总资产	3,261,892,321.72	1,254,018,596.49	160.12
归属于上市公司股东的净资产	2,681,223,590.34	638,574,501.18	319.88
	年初至报告期末（1-9月）	上年初至上年报告期末（1-9月）	比上年同期增减(%)
经营活动产生的现金流量净额	550,527,974.40	436,181,377.75	26.22
	年初至报告期末（1-9月）	上年初至上年报告期末（1-9月）	比上年同期增减（%）
营业收入	2,038,077,399.02	1,389,229,370.91	46.71
归属于上市公司股东的净利润	492,396,339.45	205,262,701.81	139.89
归属于上市公司股东的扣除非经常性损益的净利	481,285,415.76	199,573,506.20	141.16

图 11-7　2020 年豪悦护理三季报的主要财务数据截图

资产的范畴。总资产的增加，主要靠净资产的增加，所以这两个数据的相对变化，意味着企业的杠杆倍数明显降低了。豪悦护理 2019 年的杠杆倍数约为 2 倍，而 2020 年三季度末时，已经降到了 1.22 倍。另一方面，其总资产上涨了 160% 多，而前三季度营收只增长了 46.71%，这意味着公司的总资产周转率也将发生剧烈的下滑。

如果 2020 年整个年度都维持上述数据比例，则意味着公司的总资产周转率会从 2019 年每年 1.56 次的水平，下降到 2020 年一年 0.6 次上下的水平。因此，**其 2020 年的 ROE 数据出现大幅下降，就是必然的。**

当然，我强调一下：**作为新上市的企业，第一年的 ROE 数据下降，几乎都是必然的，也是正常的。**因为新融资金都会加大企业的资产，但同时还没有来得及转化成相应的生产力。所以，未来我们关注豪悦护理的重点，就是观察和分析它的 ROE 数据能否再朝上市前水平恢复，以及在恢复中的效率和杠杆倍数的具体表现。

关于豪悦护理能否维持高 ROE，我有以下两点判断。

（1）2020 年前三季度营收增长了 46%，净利润增长了 139%。企业公告说，这是受新型冠状病毒感染影响，公司新增加了抗疫卫生用品的生产，增加了营收和利润。这也就意味着其未来高基数之上的增长，难度增加。**所以，我至少对其未来的企业营收、利润增长是抱有谨慎态度的。**这不可避免地会影响到企业总资产周转率的恢复。

（2）公司上市的杠杆倍数以前之所以可以达到 2 倍，是因为企业通过金融性负债，给自己加了杠杆。

上市前的 2019 年底，公司的金融性负债（**短期借款+长期借款+应付债券+一年内到期**的非流动性负债）共约 1.89 亿元，占总负债 6.51 亿元的 29.03%，占总资产 12.54 亿元的 15.07%。上市后，长期贷款与一年内到期的非流动性负债均降至 0，应付债券原本就是 0，这样金融性负债马上降到 0.51 亿元，占总负债的 7.83%，占总资产的 4.07%。

企业在资本市场融到资了，所以就可以迅速地降低杠杆了。我的意思是，未来豪悦的杠杆倍数很难再回升到 2 倍了。也就是说，在其他两个 ROE 影响因素不变的情况下，豪悦的 ROE 数据也不可能再高达 50%，甚至 60% 了。以后它的 ROE 数据能长期维持在 20%~30% 就很牛了。

三、豪悦护理的投资策略

朋友们最关心的一个话题：**豪悦护理的股票，能买吗？**

按 2019 年业绩计算，豪悦护理有 60 倍估值；按 2020 年业绩计算，豪悦护理可能只有 30 倍估值。如上边分析所述，站在 2020 年的高基数上，其未来的业绩增长可能会失速，所以 30 倍的估值是贵还是便宜，见仁见智吧。

豪悦护理貌似是一家好企业，值得我们花点心思再多点追踪和分析。但因为存在上述不确定性，我的建议是：现在少买点，最多别超过总仓位的5%，多观察两年再说吧。宁愿错过，不愿做错。

四、投资建议

大家不要一看某企业现在的 ROE 数据天下无敌，就认为它是武林至尊，这些都是暂时的。投资投的是未来，我们得学会透过现象看本质。腾腾爸跟在座的诸位一样，都是普通投资者。置身于企业之外，我们能得到的都是网上一些公开披露的信息。**最深刻的分析，就是通过公开的财务数据去倒推一下企业的商业模式和经营战略。**这种身份、地位、处境，注定了我们的投资必须时刻小心翼翼。

第五节　美亚光电：可以买了吗

本文写作于 2022 年 10 月 18 日。

前段时间，有朋友提到美亚光电这只股票如何如何好，一定要如何如何投资云云。我翻了下它的财报，并简单分析一下这家企业。

一、高效检验美亚光电

1. 看现金和现金类资产

截至 2022 年上半年，公司账上的货币资金为 11.44 亿元，其他流动资产（主要是银行理财）为 0.52 亿元，合计 11.96 亿元（见表 11-31）。其总资产为 29.48 亿元，现金与类现金资产对总资产占比为 40.57%。美亚光电的历年财报数据也显示出，其现金与类现金资产对总资产占比一直比较高。**这说明企业账上不差钱，公司账上现金多，有好处也有坏处。**这一点先放在这，下边我再具体分析。

表 11-31 美亚光电的现金与类现金资产数据

单位：亿元

年份	2012年	2013年	2014年	2015年	2016年	2017年	2018年	2019年	2020年	2021年	2022年上半年
总资产	15.17	16.78	18.82	21.73	23.34	27.43	27.12	27.69	28.59	32.53	29.48
货币资金	9.08	9.67	4.51	4.32	5.24	7.71	3.74	6.04	7.08	10.82	11.44
其他流动资产	2.30	2.60	9.23	10.54	11.04	13.52	16.24	13.71	0.43	0.28	0.52

2. 看固定资产和在建工程

截至 2022 年上半年，公司固定资产为 4.44 亿元，在建工程为 0，对总资产占比为 15.06%，资产不重。历年数据也显示，该公司固定资产对总资产的占比从来没超过 15%（见表 11-32）。以前一再强调过，我不喜欢重资产公司，我不喜欢公司把赚来的钱全都变成厂房和设备，可能会没钱维持公司的正常运转。**长期而言，这样的公司对股东并不友好，不是长期投资的好标的。**

表 11-32 美亚光电的固定资产和在建工程数据

单位：亿元

年份	2012年	2013年	2014年	2015年	2016年	2017年	2018年	2019年	2020年	2021年	2022年上半年
总资产	15.17	16.78	18.82	21.73	23.34	27.43	27.12	27.69	28.59	32.53	29.48
固定资产	2.11	2.34	2.29	2.27	2.17	2.21	2.12	2.00	3.48	3.64	4.44
在建工程	0.22	0	0	0	0	0	0.22	0.92	0.36	0.78	0

3. 看商誉

截至 2022 年上半年，公司的商誉为 0。这说明公司过去没有过并购之类的操作，公司的发展壮大全靠内生性增长。

4. 看应收款项

截至 2022 年上半年，公司应收款项（应收账款+应收票据+应收款项融资）约为 2.91 亿元，对总资产占比约近 10%。总体水平不高，因半年数据的新增量未经周期考验，可参考性较差。从历年数据看，近些年其应收款项对总资产的占比长期处于5%~15%的区间，且账龄结构稳定、合理（见表 11-33）。**这说明企业的经营还是非常稳健的。**

表 11-33　美亚光电的应收款项数据

单位：亿元

年份	2012年	2013年	2014年	2015年	2016年	2017年	2018年	2019年	2020年	2021年	2022年上半年
总资产	15.17	16.78	18.82	21.73	23.34	27.43	27.12	27.69	28.59	32.53	29.48
应收票据	0.03	0.19	0.06	0	0.13	0.01	0.16	0	0	0	0
应收账款	0.26	0.67	1.31	2.94	2.08	1.97	2.16	2.27	2.39	1.97	2.90
应收款项融资	0	0	0	0	0	0	0	0.01	0.01	0	0.01

注：数据不足 50 万元部分计为 0。

5. 看负债率

截至 2022 年上半年，公司负债合计 6.80 亿元，总负资产债率为 23.07%（见表 11-34）。**杠杆率很低。**更难得的是，短期借款、长期借款、一年内到期的非流动性负债、应付债券均为 0。也就是说，**有息负债为 0。**检查其历年负债率数据，其总的负债率一直很低，有息负债若有若无。**企业的财务健康，不是现在才有。**

表 11-34 美亚光电的负债率数据

年份	2012年	2013年	2014年	2015年	2016年	2017年	2018年	2019年	2020年	2021年	2022年上半年
总资产负债率	9.36%	9.16%	9.49%	11.37%	12.83%	19.91%	14.84%	13.92%	19.70%	22.98%	23.07%
有息负债	0	0	0	0	0	2.16	0.10	0	0	0	0
有息负债率	0	0	0	0	0	7.88%	0.39%	0	0	0	0

6. 看利润率

截至 2022 年上半年，公司营业收入为 9.04 亿元、营业成本为 4.39 亿元。毛利率为 51.44%、净利润为 3.24 亿元、净利率为 35.84%（见表 11-35）。

表 11-35 美亚光电的利润率数据

年份	2012年	2013年	2014年	2015年	2016年	2017年	2018年	2019年	2020年	2021年	2022年上半年
毛利率	51.95%	56.29%	57.64%	53.16%	52.67%	53.21%	54.94%	55.45%	51.81%	51.15%	51.44%
净利率	32.54%	36.65%	37.93%	34.15%	34.12%	33.21%	36.11%	36.28%	29.29%	28.19%	35.84%

历年数据显示，该公司的毛利率已经稳定在 50% 以上，而公司的净利率一直稳定在 30% 上下。**作为制造业企业，这样的毛利率和净利率水平，是非常对得起投资者的，这说明企业的产品具有很强**

的竞争力。

7. 看净利润与核心利润

截至 2022 年上半年，公司的核心利润=营收-成本-税金及附加-销售费用-管理费用-财务费用-研发费用=9.04 亿元-4.39 亿元-0.07 亿元-0.84 亿元-0.42 亿元-（-0.50 亿元）-0.43 亿元=3.39 亿元，核心利润（3.39 亿元）大于净利润（3.24 亿元）。**这说明企业的利润全部来自于主营业务收入。**

表 11-36 是该公司历年的核心利润与核心利润率数据，非常靓眼。跟公司历年的净利润和归母净利润等数据进行对比，我们可以轻松得出结论：**公司的利润来源，100%来自于主营业务。这是一家比较专心的公司。**

表 11-36　美亚光电的核心利润与核心利润率数据

单位：亿元

年份	2012年	2013年	2014年	2015年	2016年	2017年	2018年	2019年	2020年	2021年	2022年上半年
净利润	1.69	2.08	2.51	2.87	3.07	3.63	4.48	5.45	4.38	5.11	3.24
营业收入	5.18	5.68	6.61	8.41	9.01	10.94	12.40	15.01	14.96	18.13	9.04
核心利润	1.52	2.00	2.30	2.62	2.72	3.31	3.90	4.81	4.00	4.82	3.39
核心利润率	29.34%	35.21%	34.80%	31.15%	30.19%	30.26%	31.45%	32.05%	26.74%	26.59%	37.50%

8. 看资本开支与自由现金流

整体上，美亚光电的自由现金流状况也非常不错。自由现金流=经营性现金流净额-资本开支。因为 2022 年上半年经营性现金流净额是负数，所以这项数据失真，没有参考意义，我们可以看看其以往年度的数据。

如表 11-37 所示，该公司 2020 年的净利润为 4.38 亿元、自由现金流为 3.23 亿元。2021 年的净利润为 5.11 亿元、自由现金流为 4.78 亿元。历年自由现金流对利润占比，全都超过 70%。**这说明企业赚取的利润，大部分都是可以自由支配的现金，和上边得出的轻资产运行的结论相符。**

表 11-37　美亚光电的资本开支与自由现金流数据

单位：亿元

年份	2012 年	2013 年	2014 年	2015 年	2016 年	2017 年	2018 年	2019 年	2020 年	2021 年
净利润	1.69	2.08	2.51	2.87	3.07	6.63	4.48	5.45	4.38	5.11
资本开支	0.28	0.40	0.17	0.15	0.14	0.06	0.49	0.90	0.92	1.01
自由现金流	1.16	1.55	1.99	1.26	3.17	4.36	3.74	4.12	3.23	4.78

9. 看利润质量

我喜欢既赚钱又要赚真钱的公司。这方面考察企业历年收现比、净现比等数据比较有实际意义（见表 11-38）。**2016—2021 年，该公司的收现比和净现比都高于 0.9，说明该公司近几年在经营过程中的回款情况较好。不仅赚钱，赚的还都是真钱。**

表 11-38　美亚光电收现比和净现比数据

年份	2012 年	2013 年	2014 年	2015 年	2016 年	2017 年	2018 年	2019 年	2020 年	2021 年
收现比	1.08	1.05	1.04	0.92	1.21	1.14	1.09	1.01	1.06	1.09
净现比	0.86	0.94	0.86	0.49	1.08	1.22	0.95	0.92	0.95	1.13

10. 看净资产收益率

该公司的净资产收益率（ROE）较高。不仅如此，真实的

ROE 比账面上直接显示的还要高。公司历年 ROE 数据表现不错，2021 年达到 10%以上（见表 11-39）。单从表面数据看，该公司还是不错的。联系到上边提到的现金与类现金资产，我们可以说，**该公司真实的 ROE 应该更高。**

表 11-39　美亚光电的 ROE 数据

年份	2012 年	2013 年	2014 年	2015 年	2016 年	2017 年	2018 年	2019 年	2020 年	2021 年
ROE	19.01%	14.35%	15.54%	15.83%	15.53%	17.17%	19.87%	23.21%	18.73%	21.29%

在净利润确定之后，总资产大，会在数学计算上降低 ROE 水平。比如，公司账上现金过多，这部分不参与企业经营的资产，就会在账面上降低 ROE 水平。所以美亚光电账上对总资产占比高逾四成的现金与类现金资产，让公司的 ROE 数据降低了。**它真实参与经营的资产所获得的 ROE，应该远远超过 20%。**

从上边的分析我们可以看到，公司账上的现金并不是越多越好。像美亚光电前些年将现金主要用于投资银行理财，降低了资金的使用效率。

二、美亚光电的投资策略

1. 估值具有两面性

在我分析美亚光电时，其滚动 PE 估值大约在 40 倍上下。从绝对值上看，这不算低，但跟其历史估值相比，处于 20%上下的百分位，属于相对低位。在 2022 年四五月市场的第一波下跌时，公司估值最低触达 30 倍（见图 11-8），那时候可能是一个比较好的进场时机。

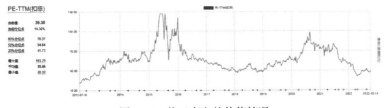

图 11-8　美亚光电的估值情况

2. 业务前景

美亚光电的主营业务主要分为三块：一是色选机，主要使用方向是农产品；二是医疗设备，主要产品是口腔 X 光机；三是工业检测，主要是 X 光机的外延。该公司最初的业务就是生产和销售色选机。随着研发的投入，从色选机延伸到了医疗设备，再往后又延伸到了工业检测。所以业务的发展，有承袭性。

2022 年上半年度，该公司的色选机在营收中占比为 59.23%、医疗设备占比为 33.08%、X 射线工业检测占比为 5.99%（见图 11-9）。

公司报告期利润构成或利润来源没有发生重大变动。

营业收入构成

单位：元

	本报告期		上年同期		同比增减
	金额	占营业收入比重	金额	占营业收入比重	
营业收入合计	904,261,180.34	100%	820,652,001.34	100%	10.19%
分行业					
工业	904,261,180.34	100.00%	820,652,001.34	100.00%	10.19%
分产品					
色选机	535,579,585.59	59.23%	469,571,582.62	57.22%	14.06%
X 射线工业检测机	54,155,062.67	5.99%	42,249,463.45	5.15%	28.18%
医疗设备	299,166,721.55	33.08%	299,815,150.50	36.53%	-0.22%
配件	15,359,810.53	1.70%	9,015,804.77	1.10%	70.37%
分地区					
北方地区	304,414,169.10	33.66%	302,205,798.68	36.83%	0.73%
南方地区	420,357,534.93	46.49%	381,872,713.20	46.53%	10.08%
境外	179,489,476.31	19.85%	136,573,489.46	16.64%	31.42%

占公司营业收入或营业利润 10%以上的行业、产品或地区情况

☑适用 □不适用

图 11-9　美亚光电的主营业务及相关数据截图

该公司的色选机已经做到亚洲市场老大，市占率也很高，天花板就在那，以后主营业务扩张速度应该不会太快。

该公司最有前途的业务是口腔医械和工业检测，目前国内市场主要被国外高端产品抢占。换句话说，这两个领域，有很大的国产替代空间。对美亚而言，相信后边这两块市场还有很大的发展空间。当然，空间归空间，空间只代表着某种可能性。该公司具体能否高速成长，还有很大的不确定性。

在这个问题上，我只能说，以前公司发展得很好，管理层表现得不错，相信以后也不会表现太差。

三、投资建议

综合以上分析，我个人对上述阶段的美亚光电保持谨慎乐观的态度。如果大家能做到超长期持股，美亚光电**大概率**就可以买入。如果做不到这一点，可能不是最好的时候。建议大家先将该公司放入关注池，耐心等待更好的投资机会出现。

第十二章

关于未来的新能源和智能时代

第一节　公牛集团：赚钱多，发展快，牛不牛

本文写作于 2020 年 6 月 9 日。

公牛集团是在 2020 年 2 月初完成 IPO，正式成为上市企业的。在它上市前，我曾经粗览过它的招股说明书。众所周知，2020 年之前我对打新的态度就是闭着眼打，无脑操作。

我之所以有兴趣翻翻公牛集团的招股说明书，完全是因为几年前的一件小事：当时因为工作关系，我到所在县的几个乡镇农村基层进行工作走访，无意中发现很多村超市的门头挂着公牛集团的广告。卖的就是墙壁开关插座之类的小物件。我跟超市的老板闲聊，得知这些超市的门头广告都是由公牛集团给免费统一制作的，条件就是展示公牛的品牌，卖公牛的产品。

走访回来后，我专门搜索了公牛集团的基本情况，发现它是一家浙江的民营企业。一家浙江的民营企业，居然可以把广告做到北方偏远农村的小超市，这自然引起了我的注意和兴趣。可惜，这家企业当时还没有上市。

没想到几年后，我在打新时意外发现了这家企业的名字。所以就特别浏览了它的招股说明书。下面我对公牛集团进行详细分析。

一、公牛集团主要是干什么的

当我们做财报分析时，先大致了解企业的基本情况就成了必要的功课。老规矩：看财报。因为公牛集团是新上市企业，除了招股说明书，公牛集团当时就完整地公布了 2019 年一年的年报，所以本文的数据来源，主要来自于公牛集团的招股说明书和 2019 年年报。在

年报中，企业会对主营业务进行例行性的、专题的介绍，这段介绍文字就是我们了解企业的最直接素材（见图 12-1）。

第三节　公司业务概要

一、报告期内公司所从事的主要业务、经营模式及行业情况说明

（一）报告期内公司所从事的主要业务、经营模式

1. 主要业务

报告期内，公司专注于以转换器、墙壁开关插座为核心的民用电工产品的研发、生产和销售，主要包括转换器、墙壁开关插座、LED 照明、数码配件等电源连接和用电延伸性产品，广泛应用于家庭、办公等用电场合。

自 1995 年创立以来，公司始终坚持以消费者需求为导向，以产品品质为根本，从"插座"这一细分领域开始，不断推动功能、技术与设计的创新，开发出了大批受消费者喜爱的新产品，并在多年的发展过程中逐步拓展、形成了"安全插座"、"装饰开关"、"爱眼 LED"、"数码精品"等品类定位鲜明的业务组合，"公牛"已成为一个家喻户晓的公众品牌。

同时，公司充分发挥在产品研发、营销、供应链及品牌方面形成的综合领先优势，逐步培育智能门锁、断路器、嵌入式产品、浴霸等新业务，公牛已围绕民用电工及照明领域形成了长期可持续发展的产业布局。

2. 经营模式

（1）采购模式： 公司的采购业务主要包括塑料、铜材等生产物料采购和 IT 物资、行政等非生产物料采购两大类。公司确立了以品质为核心的采购策略，通过严格的供应商准入、定期考核及审查机制优选主要供应商，并与主要供应商建立战略合作关系，确保品质与交付。公司在集团层面设立采购共享平台，配备专职人员，通过集中采购的方式提升议价能力、降低采购成本。此外，公司借助供应商管理系统、ERP 系统、制造执行及仓储管理等系统不断提升采购效率。

（2）生产模式： 公司采用"市场预测+安全库存"的模式组织生产，以自制为主，部分新品和配套类产品采取 OEM 生产方式。各工厂负责相应产品和部件的生产组织，在确保产品品质、有效管控成本的同时保证按时交货。同时，公司持续推进生产模式创新，通过不断提高的精益化、自动化水平来不断加强产品的品质保证、提高生产效率和降低成本。

（3）销售模式： 公司销售模式为经销为主、直销为辅。公司在民用电工领域内创新性地推行线下"配送访销"的销售方式，并持续开展渠道精细化管理，有效的组

13 / 204

图 12-1　公牛集团的主要业务及经营模式情况截图

通过阅读，我们可以大致了解，它的主要业务（产品）就四

项：转换器、墙壁开关插座、LED 照明和数码配件。用大白话说，这家企业主要是生产和销售插座、开关、灯具、手机（电脑）充电器这类"小物件"的企业，典型的民用电工领域。

生产的东西不大，但与我们的生活息息相关。从直观感受上，这些产品应该也属于一种消耗品——能用一段时间，但也需要经常换，使用寿命并不是特别长——称不上快消品，但更换的周期似乎也并不长。

为了进一步研究各产品生产和销售情况，我选取了其财报中的这张表格（见图 12-2）。2019 年公牛集团的总营收大约为 100.29 亿元，其中转换器贡献了 50.53 亿元的营收，对总营收占比超过 50%；墙壁开关插座贡献了 32.09 亿元的营收，占比超过 30%。

单位:元　币种:人民币

主营业务分行业情况						
分行业	营业收入	营业成本	毛利率（%）	营业收入比上年增减（%）	营业成本比上年增减（%）	毛利率比上年增减（%）
民用电工	10,029,005,310.84	5,879,605,117.35	41.37	10.87	2.56	增加 4.7 个百分点
主营业务分产品情况						
分产品	营业收入	营业成本	毛利率（%）	营业收入比上年增减（%）	营业成本比上年增减（%）	毛利率比上年增减（%）
转换器	5,052,907,651.54	3,118,158,850.55	38.29	4.24	-3.62	增加 5.0 个百分点
墙壁开关插座	3,208,601,887.21	1,551,487,210.22	51.65	14.72	4.16	增加 4.9 个百分点
LED 照明	983,613,753.39	638,759,978.26	35.06	32.82	22.01	增加 5.7 个百分点
数码配件	355,593,403.53	267,745,005.66	24.70	28.39	24.78	增加 2.2 个百分点
其他	428,288,615.17	303,454,072.66	29.15	11.50	12.42	增加 0.6 个百分点
主营业务分地区情况						
分地区	营业收入	营业成本	毛利率（%）	营业收入比上年增减（%）	营业成本比上年增减（%）	毛利率比上年增减（%）
境内	9,839,734,351.17	5,711,769,602.71	41.95	11.10	2.35	增加 5.0 个百分点
境外	189,270,959.67	167,835,514.64	11.33	-0.14	10.13	减少 8.3 个百分点

图 12-2　公牛集团的主营业务构成情况截图

也就是说，企业的四项业务中，仅转换器和墙壁开关插座，就占了业务总量的80%。LED照明和数码配件是2014年才新开发的业务，这几年增长较快，但在总业务量上，占比仅13.36%。

公牛集团产品的毛利率情况还不错，主要产品转换器为38.29%，墙壁开关插座为51.65%。这两项产品是主体，所以毛估企业总的毛利率应该在40%上下。**企业的毛利率越高越好，低于30%我就没兴趣往下继续关注了。**40%算是不错的数据。

该企业产品的普及度如何呢？据2019年报披露，其转换器和墙壁开关插座，在天猫线上的销售排名都是第一，其中转换器线上市占率为65.27%，墙壁开关插座市占率为28.06%（见图12-3）。**市占率高，好的一面说明产品受欢迎，坏的一面可能意味着增长空间有限。**

2. 公司所处的行业地位

公司深耕民用电工领域，品牌知名度、美誉度及销量领先，2018年11月，公司转换器产品（移动插座）被工信部和中国工业经济联合会确定为制造业单项冠军产品。

报告期内，公司转换器产品、墙壁开关插座产品在天猫市场线上销售排名均为第一。

产品类别	本公司产品天猫线上销售排名	本公司产品天猫市场占有率
转换器	1	65.27%
墙壁开关插座	1	28.06%

图12-3 公牛集团的主要产品天猫线上市占率情况截图

回过头再去看图12-2，我们可以发现，线上市占率最高的转换器，在2019年营收同比仅增长4.24%；而墙壁开关插座，2019年营收同比增长了14.72%。LED照明和数码配件是新开发业务，没有公布线上市占率数据，估计不高。所以，这两项业务在2019年的营收分别获得了35.06%和24.70%的同比增长。

通过对公牛集团的主业务及其产品的相关数据分析，我对该企业的总体印象有以下三点。

（1）该企业是民用电工领域里的龙头企业，产品属性具有一定的快消品性质。

（2）产品毛利率较高。

（3）老业务增长乏力，但新业务增长较快。

初识完这家企业，对它有了基本的印象，那么下一个更重要的问题就是，这家企业到底赚不赚钱？

二、高效检验公牛集团

我们看一家企业赚不赚钱，主要从以下三个层次进行分析和关注。

（1）**赚钱了吗**？即营收之中是否贡献了利润？也就是说，要追求"有利润的营收"。

（2）**真赚钱了吗**？即赚取的利润真实质量如何？也就是说，要追求"有现金的利润"。

（3）**到底赚了多少钱**？说一千道一万，这是企业经营的根本目标，也是投资者购买企业股票的根本目标。

总结成一句话就是：**不但要赚钱，还要真赚钱；不但要真赚钱，还得多赚钱。**

循着这个原则，我们逐一盘点下公牛集团的财报数据。我再强调一下，本节内容的相关财务数据，主要来源于公牛集团的招股说明书与 2019 年财报。

1. 赚钱了吗

如表 12-1 所示，我们可以得出如下两点基本分析结论。

表 12-1　公牛集团的主要经营数据

单位：亿元

年　　份	2016 年	2017 年	2018 年	2019 年	总　　计
营业收入	53.66	72.40	90.65	100.40	317.11

（续）

年　　份	2016 年	2017 年	2018 年	2019 年	总　　计
净利润	14.07	12.85	16.77	23.04	66.73
经营性现金流净额	17.79	11.64	19.10	22.97	71.50

（1）企业赚钱了。从 2016 年至 2019 年，每年净利润都是正值。有利润的营收，实现了。

（2）不仅赚了，而且增长还相当好。营业收入从 2016 年 53.66亿元，增长到 2019 年的 100.40 亿元，增长 87.10%，年化复合增长23.22%。净利润从 2016 年的 14.07 亿元，增长到 2019 年的 23.04 亿元，增长 63.75%，年化复合增长 17.87%。

2. 真赚钱了吗

公牛集团四年总的净现比超过了 1，说明企业整体上的回款情况还是不错的。这初步意味着，企业是真赚到钱了。为了更好地考察企业的赚钱能力和赚钱质量，我又统计制作了下面这张表格。从表 12-2 中，我们能得到以下两个分析结论。

表 12-2　公牛集团的资本开支及自由现金流数据

单位：亿元

年　　份	2016 年	2017 年	2018 年	2019 年	总　　计
净利润	14.07	12.85	16.77	23.04	66.73
经营性现金流净额	17.79	11.64	19.10	22.97	71.50
资本开支	3.63	4.14	4.85	4.49	17.11
自由现金流	14.16	7.50	14.25	18.48	54.39

（1）从 2016 年到 2019 年，该企业共获得 66.73 亿元的净利润，但同期资本开支总计 17.11 亿元，资本开支对净利润占比为25.64%。也就是说，企业的每 1 元钱资本开支，可带动大约 4 元钱的净利润。这是一个相当不错的成绩了。

（2）经营现金流充沛，而资本开支少，这就意味着企业的自由现金流好。在四年中，公牛集团总共为企业创造了54.39亿元的可以自由支配的现金。

基本上，公牛集团赚到的净利润都是自由现金，这样的企业是不缺钱的。这一点可以从表12-3的数据中得到体现。公牛集团在四年中，经营性现金流净额总计高达71.5亿元、投资性现金流净额为−35.58亿元（即对外净投资35.58亿元）、筹资性现金流净额为−29.40亿元（即完全没有对外融资，反而因为支付股利等原因，实现了对外输出）。**这组数据说明，企业仅靠自身的内生性增长，就完全能够满足经营和发展的需要。**一句话总结：**公牛集团的现金流是非常充沛的。**

表 12-3　公牛集团的现金流数据

单位：亿元

年　　份	2016 年	2017 年	2018 年	2019 年	总　　计
经营性现金流净额	17.79	11.64	19.10	22.97	71.50
投资性现金流净额	−10.62	5.77	−12.81	−17.92	−35.58
筹资性现金流净额	−6.74	−17.77	−4.84	−0.05	−29.40

3. 到底赚了多少钱

公牛集团是在 2020 年 2 月上的市，上市就会融资，融资就会在短时间内迅速增大股东方的出资。所以正确的分析方法，还是检索上市前的所有者权益数据（见表12-4）。

表 12-4　公牛集团的合并资产负债表之所有者权益数据

单位：元

所有者权益（或股东权益）	附注	2019 年 12 月 31 日	2018 年 12 月 31 日
实收资本（或股本）		540,000,000.00	540,000,000.00
其他权益工具			

（续）

所有者权益(或股东权益)	附注	2019 年 12 月 31 日	2018 年 12 月 31 日
其中：优先股			
永续债			
资本公积		310,256,119.20	310,256,119.20
减:库存股			
其他综合收益		9,811.86	3,308.33
专项储备			
盈余公积		302,797,998.73	87,679,628.28
一般风险准备			
未分配利润		4,398,239,912.17	2,309,635,606.18
归属于母公司所有者权益(或股东权益)合计		5,551,303,841.96	3,247,574,661.99
少数股东权益			
所有者权益(或股东权益)合计		5,551,303,841.96	3,247,574,661.99

截至 2019 年底，股东出的钱＝实收资本＋资本公积＝5.4 亿元＋3.1 亿元＝8.5 亿元。企业为股东赚的钱（扣除现金分红）＝盈余公积＋未分配利润＝3.02 亿＋43.98 亿＝47（亿元）。也就是说，企业从创立以来，不算现金分红，为股东创造了超过 5 倍于出资额的利润。算上现金分红的话，其数据应该更为可观。

4. 赚钱的企业财务数据如何表现

对于这种能赚钱的企业，它的财务数据通常在各方面都会表现优秀。比如它的 ROE 数据，居然可以高达 50% 以上（见表 12-5）！2020 年因为 IPO 融资，再加上新冠肺炎疫情对业绩的影响，公牛的 ROE 数据肯定会大幅下降。投资者密切关注这项数据在未来几年的变化。真正优秀的企业，会很快把新融资金转化为产能，形成效益，从而促进 ROE 迅速回升。

表 12-5　公牛集团的 ROE 数据

年　　份	2016 年	2017 年	2018 年	2019 年
ROE	71.72%	59.75%	69.60%	52.36%

公牛集团不仅能赚钱、净资产回报高，更重要的是，其资产质量还不错。整体上，该企业的总资产负债率不高，而且还从 2017 年后一路下降，2019 年仅 25.14%（见表 12-6）。我查看了下企业 2019 年的资产负债表中的负债部分：短期借款、长期借款、应付债券和一年内到期的非流动负债均为 0，公牛集团 2019 年底的有息负债率也是 0。25.14% 的总负债率，主要是来自应付款项的贡献。公牛集团的资产状况非常让人放心。

表 12-6　公牛集团的总资产负债率数据

单位：亿元

年　　份	2016 年	2017 年	2018 年	2019 年
总资产	39.19	39.57	51.64	74.17
总负债	14.71	23.86	19.17	18.65
总资产负债率	37.53%	60.30%	37.12%	25.14%

注：总资产负债率的计算结果以该表中的总资产和总负债数据得出。

总体分析结论：

（1）公牛集团很能赚钱，至少过去几年是这样。

（2）公牛集团的资产状况也非常让人放心。

三、公牛集团的投资风险在哪里

公牛集团这样好，难道就没有什么不足吗？这一部分的内容主要是挑挑公牛集团的毛病。投资者分析和筛选企业，就像家长给自己挑女婿：男孩工作好，长得帅，家境也不错，这就一定是好女婿吗？未必！身体不行呢？有心脏病，你会不会犹豫一下？当然，潜疾最难诊断。尤其像我们这样的二级市场上的普通投资者，能看到的最权威数据，可能就是财报。

没办法，这就是普通投资者的劣势所在。但即便如此，聪明的投资者也总能从蛛丝马迹中发现问题。至少我就从一名普通投资者的角度出发，发现了公牛集团的两个可能是问题的问题：

1. 主业增长有可能遭遇天花板，未来有可能增长乏力

从上边的主营业务分析中，我们也可以看到，公牛集团的产品，实际上具有很强的房地产周期依赖性，而且生产的产品原材料主要是塑料、铜等大宗商品，材料价格极容易受到市场大环境的影响。这些都是企业天生具有的不利因素。

更让我担心的是，企业的主打产品——占总营收超 80% 的转换器和墙壁开关插座业务，最近两年增长乏力，而新兴业务 LED 照明与数码配件业务虽然增长较快，但毛利率低，且在总营收的占比还较低，仅 13.36%。

从财务数据上看（见表 12-2），2019 年企业的净利润同比增长了 37.39%，数据很惊艳，但同期的营收增长仅 10.76%。营收增长不多，但净利润却增长很快，而且这种状况至少已经延续了两年（2018 年也是这样）。这本身就是一件容易让人怀疑的事情，于是我仔细分析了下它的利润表（见表 12-7）。

表 12-7　公牛集团的核心利润生成数据

单位：元

项　　目	附注	2019 年度	2018 年度
一、营业总收入		10,040,439,724.07	9,064,998,017.37
其中：营业收入		10,040,439,724.07	9,064,998,017.37
利息收入			

（续）

项　　目	附注	2019 年度	2018 年度
已赚保费			
手续费及佣金收入			
二、营业总成本		7,438,628,526.63	7,258,316,677.28
其中：营业成本		5,882,487,287.73	5,744,738,438.07
税金及附加		75,412,224.81	69,099,590.10
销售费用		725,481,678.94	746,568,120.61
管理费用		379,413,972.35	341,875,226.37
研发费用		393,094,962.55	350,811,909.41
财务费用		−17,261,599.75	5,223,392.72
其中：利息费用			7,173,973.95
利息收入		16,864,657.40	2,603,193.63

2019 年，公牛集团营业收入同比增长了 10.76%，而营业成本仅增长了 2.40%，何也？因为 2018 年原材料价格下降了。营收增长了 10.76%，而企业的销售费用却不增反降了 2.82%。说明企业的销售成本控制更成功吗？营收增长了，财务费用反而对企业正向贡献了 1700 多万元。

营业成本、销售费用、财务费用，这三项是支撑净利润增速远远高于营收增速的核心因素。请问，这样的核心因素未来能持续吗？以后的原材料价格还会继续大降吗？销售费用还能继续下降吗？财务费用还能继续每年正向贡献利润吗？我认为答案可能都是否！因为这些几乎都是一次因素。

通过上述分析，我们可以看到，公牛集团 2018 年和 2019 年净利润高增长，有很明显的财务调节嫌疑！营收的增长水平，可能更接近事实的真相！

2. 估值较高，股票价格已经预支了未来数年的业绩增长

股票投资的两大核心："品质+估值"。成功的股票投资，总是

"好品质+好估值"的典范。也就是我们常说的，好股票还得需要有好价格才行。

公牛集团以 2018 年的业绩为基础，20 余倍市盈率发行，上市后股价噌噌上涨，翻了将近两倍。哪怕是 2019 年业绩增长了 37%多，当时的静态市盈率估值也有 50 倍上下了。市场上有人说它 PE估值已经 150 余倍了，我计算了下，这是以新型冠状病毒感染影响下的 2020 年一季度业绩为基础推导出的动态市盈率估值，很明显，夸大股票的泡沫了。如果未来 37%的业绩增长能够持续，当时的价格和估值是不能算高的。但正如上文所言：目前 37%的业绩增速有美化之嫌，并且未来也是很难持续的。

这里，我给大家提供一个分析和思考公牛集团业绩（估值）的角度。表 12-8 是公牛集团 2019 年各业务板块的产量及销量数据。2019 年，转换器生产 3.74 亿件，销售 3.45 亿件；墙壁开关插座生产 4.81 亿件，销售 4.50 亿件；LED 照明生产 0.97 亿件，销售0.94 亿件。

表 12-8　2019 年公牛集团的产销量数据

主要产品	单位	生产量	销售量	库存量	生产量比上年增减（%）	销售量比上年增减（%）	库存量比上年增减（%）
转换器	万件	37,354.20	34,486.60	3,870.50	16.23	2.81	40.35
墙壁开关插座	万件	48,062.64	44,968.38	4,547.72	24.92	15.68	34.41
LED 照明	万件	9,697.62	9,431.41	809.27	25.62	21.46	31.21
数码配件	万件	3,171.49	3,121.15	344.21	38.52	50.13	-6.25

2020 年，公牛集团 IPO 所筹资金扩增的项目产能如表 12-9 所示。融资投入后，满负荷生产，可以增加转换器 4 亿件，墙壁开关插座 4.1 亿件，LED 灯 1.8 亿件。相比于 2019 年，基本上就是再

造一个公牛集团的意思。**产能并不代表产量，更不代表销量。**

表 12-9　公牛集团的新增产能计划

单位：万元

项 目 名 称	项目总投资	募集资金投资金额
年产 4.1 亿件墙壁开关插座生产基地建设项目	120,452.86	75,452.86
年产 4 亿件转换器自动化升级建设项目	99,903.63	59,903.63
年产 1.8 亿件 LED 灯生产基地建设项目	74,381.05	44,381.05
研发中心及总部基地建设项目	70,822.56	70,822.56
信息化建设项目	24,035.00	16,035.00
渠道终端建设及品牌推广项目	99,065.00	84,745.75
合计	488,660.10	351,340.85

数据来源：公牛集团的招股说明书。

以公牛集团的转换器产品为例，市占率已经很高了（天猫线上为 65.27%），产能哪怕真能如期翻一倍，将来的销量还能提高多少呢，销售同样产品的成本还能有同样的支出吗？客观地说，这些是都需要打个问号的。那么，我们就以最乐观的预期来进行估算：产能扩大一倍，销量也扩大一倍，业绩也扩大一倍，那么现在千亿元市值下的公牛集团，市盈率也在 25 倍上下。

上述预期中的产能扩大，也不是 IPO 后马上就能实现的。建设、调试和生产，都需要一定的时间周期。这意味着彼时的股价，显然已经透支了未来数年的增长。

四、公牛集团的投资策略

1. 总体判断

（1）这是一家特别赚钱的企业，"营收有利润，利润有现金"，资本开支少，自由现金流充沛，有息负债少（为 0），资产质量特别高。

（2）企业所处的行业是一个成熟发展的领域，企业的主营业务遇到了发展瓶颈问题，未来的业绩增长有赖于新业务的扩展，企业的发展具有不确定性。

（3）结合以上两点，公牛集团有望成为一家姜家鸡汤式的企业，即增长虽缓，但特别能赚钱，因此股东的现金回报值得期待。

简单地说，企业很能赚钱，但发展又不需要太多的资本开支，而且又新进行了 IPO 融资，账上有大把现金，没有任何有息负债。那赚来的钱，拿来进行现金分红就是最有可能的选项。

2. 看分红

2019 年年报中，公牛集团公布了 2019 年的分红方案，以上市后的 6 亿总股本为基数，每 10 股派发现金股利 38 元，总股利为 22.80 亿元。而当年的净利润才 23.04 亿元，意味着拿出了当年利润的 98.96% 进行了现金分红。也就是我们俗语上讲的"赚多少分多少"。

很多朋友认为这样的分红率有可能是一次性的。我不这样认为，原因有两个：一是上边提到的企业现金流充沛，没有必要留存过多现金；二是公牛集团特殊的股权结构。

企业的实控人阮立平、阮学平是弟兄俩，通过直接和间接持股的方式，每人持有企业近 50% 的股份（见图 12-4）。当然，这是企业上市前的股份水平。上市后虽有稀释，兄弟二人每人也持有公司 45% 以上的股份。公牛集团维持大比例的现金分红，对这兄弟二人也是有利的。这一点上，大家可以想想有类似股权结构的企业。提醒一下：比如，卖纽扣的伟星股份。

当然，因为 IPO 融资金额与计划扩增产能所需要的资金还有近 10 亿元的差距，这可能会影响企业管理层近年来的分红决策。但

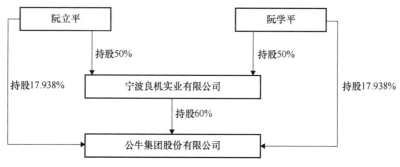

图 12-4　公牛集团产权控制关系图

企业完全可以通过适当的增加有息负债来解决问题扩产资金问题。扩产一旦完成，企业新产生的自由现金流还是有更大可能以分红的方式发放给股东。

3. 看发展

写到这里，再顺嘴评论一下：向我推荐公牛集团的朋友，认为公牛集团有可能成为下一个欧普康视，我认为这个推论恐怕很难实现，原因有二。

（1）企业的赛道不同。 欧普康视面临的是一片未经开发的蓝海市场，而且有相当高度的市场准入壁垒，这两点公牛集团都不具备。

（2）企业的发展阶段不同。 欧普康视还在起步阶段，而公牛集团已经处于成熟稳定期了。

当然，我们不用担心"低估值、高股息、稳定经营、适当成长"，这样的投资标的一样能够成为好的投资标的，为投资者带来不错的投资回报。大家不要一听到企业有某项的不足，就匆忙从关注的组合中划掉。

五、投资建议

公牛集团是家好企业，很能赚钱，亦有一定的成长性（根据融资后的投资计划），极有可能成为高分红的投资标的。这些特征都决定了这家企业值得我们持续重点关注。未来重点还要看其估值再做决定。

激进点的朋友，可以拿出**不超过自己 5% 的仓位**提前介入。保守如腾腾爸的朋友，应该再耐心等待一下。我个人认为，等到企业的**静态估值在 20~25 倍**，可以考虑出手。或者再简单粗暴一点，**待股息率超过 5%** 了，再考虑买入。

第二节 宁德时代：暴涨的真相与隐忧

本文写作于 2021 年 8 月 24 日。

宁德时代于 2018 年 6 月在 A 股上市，首日开盘价 30 元。在 30~40 元的价格上，上下波动了一年半。从 2019 年 11 月起，其股价开始起涨，股价最高冲到 692.00 元。在两年多的时间里涨了 22 倍（见图 12-5）。

图 12-5 宁德时代的周 K 线图

它当时为什么这么热，引无数英雄竞折腰？原因就在于：涨得多，而且还是短期！股价在两年多的时间里上涨这么多，为什么呢？

一、高效检验宁德时代

我们先来看看宁德时代的营收数据（见表12-10）。营业收入从2018年的296.11亿元，增长到2020年的503.19亿元。两年时间内，涨幅大约为70%。净利润从2018年的37.36亿元，上升到2020年的61.04亿元。两年时间，增幅大约65%。利润和营收增幅相近，说明产品量价齐升。至少没有出现明显的增收不增利现象。

表12-10　宁德时代的主要营收数据

单位：亿元

年　　份	2016年	2017年	2018年	2019年	2020年
营业收入	148.79	199.97	296.11	457.88	503.19
同比增速	160.90%	34.40%	48.08%	54.63%	9.90%
净利润	29.18	41.94	37.36	50.13	61.04
同比增速	207.02%	43.71%	-10.92%	34.18%	21.77%

企业的营收和净利润双升，这是好事情。可是一想到经营业绩上升不到1倍，而股价却上升超过22倍，内心多少还是感到有点不太好受。根源在哪？当然是在估值（见图12-6）。

在宁德时代的股价启动前，也就是2019年11月之前，其估值一直在30多倍徘徊。在2019年11月股价启动后，估值水平最高上涨到210余倍。最大涨幅约近6倍。看明白了吗？宁德时代那两年股价涨得好，经营业绩增长固然好，但更大的功劳还是因为估值的提升！

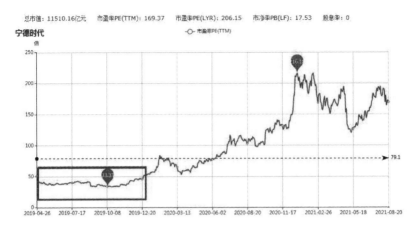

图 12-6 宁德时代的估值情况

经常有朋友质疑：腾腾爸，你为什么这么讨厌，甚至仇视这些新能源和硬科技企业呢？我告诉你：**我从来没有讨厌，更没有仇视过新能源和硬科技企业，我只是警惕它们热炒后的高估值而已！** 比如，茅台便宜了，我就喜欢；茅台贵了，我就不喜欢。再比如，腾讯便宜了，我就喜欢；腾讯贵了，我也不喜欢。

二、我对宁德时代的看法

除了高估值，我对宁德时代不太感兴趣的原因还有两个。

1. 商业模式不是我喜欢的类型

宁德时代属于高资本开支消耗的典型。2020 年其营收为 503.19 亿元、毛利润为 69.83 亿元、净利润为 61.04 亿元，资本开支居然高达 133.02 亿元（见表 12-11）。你可以理解成，它是高成长前提下必然的高资本消耗。

表 12-11　宁德时代的资本开支和自由现金流数据

单位：亿元

年　　份	2016 年	2017 年	2018 年	2019 年	2020 年
净利润	29.18	41.94	37.36	50.13	61.04
资本开支	28.01	71.80	66.29	96.27	133.02
自由现金流	-6.92	-48.40	46.87	38.45	51.28

盈利能力可不会骗人，数据就摆在这（见表 12-12）。宁德时代 2019 年和 2020 年毛利率不到 30%，与上市前相比，连年下降。同期的净利率在 10% 以上，ROE 数据目前在 10% 以上。

表 12-12　宁德时代的盈利能力数据

年　　份	2016 年	2017 年	2018 年	2019 年	2020 年
毛利率	43.70%	36.29%	32.79%	29.06%	27.76%
净利率	19.61%	20.97%	12.62%	10.95%	12.13%
ROE	33.76%	19.85%	11.75%	12.12%	10.96%

这些数据都是客观和真实的，它是由企业背后的商业模式决定的。这是新兴的行业不假，赛道的前景似乎也很广阔，但它天生不是太好赚钱——这个也是事实。

2. 定增计划让我比较疑惑

我当时选择的是 2021 年一季度财报上披露的数据。截至 2021 年一季度末，宁德时代账上光货币资金就 716.77 亿元，加上其他流动资产 17.77 亿元，现金及现金等价物就高达 734.54 亿元。而它当时的资产总计，也不过 1700 多亿元（见图 12-7）。也就是说，宁德时代 40% 以上的资产是现金！

截至 2021 年一季度末，宁德时代的有息负债不过 290.72 亿元（短期借款 62.14 亿元+一年内到期的非流动负债 14.73 亿元+长期借款 70.46 亿元+应付债券 143.39 亿元）。这样算下来，宁德时代的净现金头寸高达 420 多亿元（货币资金–有息负债）。

单位：元

项目	2021 年 3 月 31 日	2020 年 12 月 31 日
流动资产：		
货币资金	71,677,310,067.00	68,424,116,053.67
结算备付金		
拆出资金		
交易性金融资产	1,774,375,580.91	3,288,071,512.61
衍生金融资产	727,619,072.06	1,330,347,108.86
应收票据	9,447,306,209.10	9,877,156,349.23
应收账款	12,260,857,992.64	11,293,523,722.88
应收款项融资		
预付款项	1,983,836,972.02	997,118,630.25
应收保费		
应收分保账款		
应收分保合同准备金		
其他应收款	3,656,541,108.09	3,303,956,813.15
其中：应收利息		
应收股利		
买入返售金融资产		
存货	17,194,779,915.91	13,224,640,950.39
合同资产	75,269,024.76	75,269,024.76
持有待售资产		
一年内到期的非流动资产	46,920,942.02	81,548,616.67
其他流动资产	1,777,499,958.73	969,240,539.21
流动资产合计	120,622,316,843.24	112,864,989,321.68
非流动资产：		

图 12-7　2021 年宁德时代的一季度财报截图

一家现金流这么充裕的企业，为什么还需要这么快地在资本市场上大手笔地搞再融资呢？这是我不太理解它的地方。

以上只是我的个人观点和看法，仅供参考。

第三节　同花顺：太有钱了

本文写作于 2021 年 9 月 22 日。

我 10 年前就看好两家企业，但因为种种原因，一直没有买入，以致错失了这两只 10 年 10 倍的大牛股。其中有一家企业，就是同花顺。

现在平均每天使用同花顺网上行情免费客户端的人数约为 1437 万人。所以，知道同花顺，使用同花顺，并且投资同花顺的朋友，一定很多。这家企业到底怎么样？想必这是很多朋友关心的话题。

一、这家企业具体都是干什么的

同花顺的主要经营业务，大家可以通过看其财报中的"公司业务概要"了解一下（见图 12-8）。

我之前已经对该企业的业务情况有基本的认识，所以更关心它的营业收入来源，主要有四项：增值电信服务、软件销售及维护、广告及互联网业务推广服务、基金销售及其他交易手续费等其他业务。这四项主营业务在营收中的具体占比，如图 12-9 所示。

所以，同花顺绝对不是大家印象中的炒股软件那么简单。它是一家互联网金融信息服务商，**销软件，卖信息，做广告**，而且还给基金公司**代售基金**。它既为自己的客户做免费服务，又顺手承接流量。**同花顺是一家网络公司，而且还是一家平台型公司。**

"平台型互联网公司"这个概念这几年很吃香，同花顺所处的行业，还是一片前景广阔的蓝海市场。为了论证这一点，我们可以

第三节 公司业务概要

一、报告期内公司从事的主要业务

公司需遵守《深圳证券交易所行业信息披露指引第 12 号——上市公司从事软件与信息技术服务业务》的披露要求。

1、公司主营业务及经营情况

公司是国内领先的互联网金融信息服务提供商，产品及服务覆盖产业链上下游的各层次参与主体，包括证券公司、公募基金、私募基金、银行、保险、政府、研究机构、上市公司等机构客户，以及广大个人投资者。公司主要业务是为各类机构客户提供软件产品和系统维护服务、金融数据服务、智能推广服务，为个人投资者提供金融资讯、投资理财分析工具、理财产品投资交易服务等。同时公司已构建同花顺AI开放平台，可面向客户提供智能语音、智能客服、智能金融问答、智能投顾、智能质检机、会议转写系统、智能医疗辅助系统等多项AI产品及服务，可为银行、证券、保险、基金、私募、高校、政府等行业提供智能化解决方案。当前同花顺AI产品及服务正在积极拓展至生活、医疗、教育等更多领域。

公司主要收入来源为增值电信服务、软件销售及维护服务、广告及互联网业务推广服务、基金销售及其他交易服务等的收入。

报告期内，国内证券市场交投活跃，投资者对金融信息服务、基金投资需求增大；此外公司努力克服新冠疫情给市场和经营带来的影响，抓住市场机遇，聚焦互联网金融信息服务领域，紧紧围绕整体战略目标，积极推进、全面落实年度工作计划；坚持以客户需求为中心，继续加强技术应用研究与产品研发创新，加快产品和服务的迭代更新，丰富产品和服务内容，以满足用户对互联网金融信息、数据、投资工具、投资理财的需求；公司持续推进各项资源整合，推动各项业务协同发展，使得公司各项业务均获得较好的增长。

图 12-8　同花顺的主要业务介绍截图

用很多组数据佐证，腾腾爸就简单粗暴地给大家看其中我认为最重要的一组数据。

美国有 3 亿人口，注册股民高达 1 亿；中国有 14 亿人口，截至 2021 年 6 月注册股民只有 1.9 亿上下（见图 12-10）。如果中国股市将来也能达到美国这样的普及度，则意味着大约还有 1.5 倍的增长空间。考虑到目前 1.9 亿股民账户中，还有很多为打新设置的重合账户，这就意味着真实的增长潜力更大。

营业收入整体情况

单位：元

	2020 年		2019 年		同比增减
	金额	占营业收入比重	金额	占营业收入比重	
营业收入合计	2,843,697,937.51	100.00%	1,742,093,893.20	100.00%	63.23%
分行业					
互联网金融信息服务	2,843,697,937.51	100.00%	1,742,093,893.20	100.00%	63.23%
分产品					
增值电信服务	1,284,856,971.19	45.18%	885,258,938.85	50.82%	45.14%
软件销售及维护	241,445,689.55	8.49%	159,652,181.37	9.16%	51.23%
广告及互联网业务推广服务	835,735,457.59	29.39%	462,015,761.90	26.52%	80.89%
基金销售及其他交易手续费等其他业务	481,659,819.18	16.94%	235,167,011.08	13.50%	104.82%
分地区					
国内	2,837,301,003.37	99.78%	1,734,708,524.94	99.58%	63.56%
国外	6,396,934.14	0.22%	7,385,368.26	0.42%	-13.38%

注：1.报告期内增值电信业务较去年增加 45.14%，主要是由于证券市场活跃度增加，投资者对金融资讯需求增加所致；2.报告期内软件销售及维护业务较去年增加 51.23%，主要是由于证券市场回暖，券商对行情系统需求增加所致；3.报告期内广告及互联网业务推广服务较去年增加 80.89%，主要是由于公司用户活跃度增加，相应广告及推广业务增加所致；4.报告期内基金销售及其他交易手续费较去年增加104.82%，主要是由于公司加大基金、黄金等代销业务投入，相应手续费收入增长。

图 12-9 同花顺的营业收入构成截图

中国证券登记结算有限责任公司发布的统计月报显示，截至2021年6月底，证券投资者数达到 188,614,800户，较2020年6月底增长12.44%，其中自然人投资者188,176,500户。

图 12-10 我国 A 股注册股民数量

股民多，用软件的就多，需要金融服务的人就多。所以说同花顺身处蓝海市场，这点应该好理解。

二、同花顺财务指标反馈的特点

了解完企业和行业基本现状后，我们还是把重点放在企业的财报分析上。会计语言是这个世界上最简洁优美的语言，企业的过去和未来，很多都贮藏在看似枯燥的数字里。我阅读和分析同花顺的财务报表时，第一感受就是：**这家企业太能赚钱啦！**

1. 高利润，低负债

同花顺具有超高的利润率（见表 12-13）——毛利率和净利率的水平可以与茅台不相上下。这个市场上，毛利率和净利率数据能比肩茅台的企业能有几家？记住，同花顺就是其中一家！

表 12-13　同花顺的利润率数据

财务比率	2020年	2019年	2018年	2017年	2016年	2015年	2014年	2013年	2012年	2011年	近5年平均	近10年平均
销售毛利率(%)	91.66	89.62	89.47	90.00	91.80	88.26	83.90	79.20	77.72	81.14	90.51	86.28
销售净利率(%)	60.62	51.53	45.71	51.48	69.89	66.38	22.76	11.92	15.08	28.68	55.85	42.41

同花顺同时具备超低的负债率（见表 12-14），2011—2020 年整体的资产负债率水平，没超过 25%。考虑到预收款项、合同负债等经营性负债，其真实的负债率应该还会更低。

表 12-14　同花顺的负债率数据

财务比率	2020年	2019年	2018年	2017年	2016年	2015年	2014年	2013年	2012年	2011年	近5年平均	近10年平均
流动比率	3.47	3.72	4.58	3.61	3.19	2.21	3.35	6.20	9.02	8.86	3.71	4.82

（续）

财务比率	2020年	2019年	2018年	2017年	2016年	2015年	2014年	2013年	2012年	2011年	近5年平均	近10年平均
速动比率	3.46	3.33	4.42	3.44	3.06	2.21	3.34	6.18	8.98	8.35	3.54	4.68
资产负债率（%）	26.99	23.80	19.15	24.74	27.60	40.22	24.64	13.62	9.67	10.44	24.46	22.09

2. 有意思的资产周转率

同花顺的资产周转率很有意思（见表12-15）。应收账款周转，一年可以高达上百次，说明企业应收账款非常少。存货周转率为0，说明公司压根就没有存货。这一点好理解，公司卖的是服务，高雅的称呼是"脑力科技"，都是无形却值钱的东西，而且只要有，还永不会过时。但它10年间的总资产周转率却只有0.3上下。

表12-15　同花顺的资产周转率数据

财务比率	2020年	2019年	2018年	2017年	2016年	2015年	2014年	2013年	2012年	2011年	近5年平均	近10年平均
应收账款周转率（次）	89.70	107.51	112.75	128.75	152.85	145.19	43.81	26.48	18.29	20.85	118.31	84.62
存货周转率（次）	0.00	0.00	0.00	0.00	0.00	0.00	0.00	0.00	0.00	0.00	0.00	0.00
总资产周转率（次）	0.46	0.37	0.33	0.34	0.45	0.56	0.18	0.14	0.14	0.17	0.39	0.31

同花顺的应收账款周转率和存货周转率是典型的轻资产企业特征，而总资产周转率又呈现出了典型的重资产企业特征，那么公司的资产"重"在何处呢？这就是我说它的资产周转率很有意思的地方。这里先卖个关子，下文我再解读。

3. 让人艳美的净资产收益率

同花顺超高的利润率、超低的负债率、有意思的资产周转率，共同打造了公司让人艳羡的净资产收益率。其 ROE 长期保持在 20% 以上的企业都是好企业。同花顺在 2014 年之后，ROE 高时近 60%，低时也有 20%（见表 12-16）。优秀企业的坯子，好像天生的。我在上文专门分析了，同花顺的高 ROE，主要来自超高利润率的贡献。所以，它是一家典型的效益驱动型企业。

表 12-16 同花顺的 ROE 数据

财务比率	2020年	2019年	2018年	2017年	2016年	2015年	2014年	2013年	2012年	2011年	近5年平均	近10年平均
ROE（平均）（%）	38.37	24.93	20.23	24.68	49.61	57.81	5.19	1.94	2.32	5.63	31.56	23.07
ROE（摊薄）（%）	33.00	22.50	18.98	22.90	41.03	45.00	5.07	1.92	2.31	5.52	27.68	19.82

4. 赚钱能力强

这样的企业，通常**资本开支少而现金流充沛**。如表 12-17 所示，同花顺 2017 年有 7.26 亿元净利润，而资本开支只有 0.28 亿元，自由现金流高达 5.55 亿元。2018 年有 6.34 亿元净利润，而资本开支只有 1.05 亿元，自由现金流高达 4.23 亿元。2019 年，这三项数据分别是：8.98 亿元、1.29 亿元和 10.90 亿元。2020 年，这三项数据分别是：17.24 亿元、3.70 亿元和 16.96 亿元。应该说，这几年，同花顺赚得盆满钵满。感叹它"太能赚钱了"，一点都不过分。

表 12-17　同花顺的资本开支和自由现金流数据

单位：亿元

财务比率	2020年	2019年	2018年	2017年	2016年	2015年	2014年	2013年	2012年	2011年	近5年平均	近10年平均
净利润	17.24	8.98	6.34	7.26	12.12	9.57	0.6	0.22	0.27	0.66	10.39	6.33
经营性现金流净额	20.66	12.19	5.28	5.83	8.48	16.15	2.05	0.82	0.08	0.28	10.49	7.18
资本开支	3.7	1.29	1.05	0.28	1.09	1.06	0.57	0.59	0.36	1.42	1.48	1.14
自由现金流	16.96	10.9	4.23	5.55	7.39	15.09	1.48	0.23	-0.28	-1.14	9	6.04

　　如果一家企业太能赚钱了，就会造成账上的钱太多了！图 12-11 是同花顺 2021 年中报披露的数据，其账上的货币资金高达 75.86 亿元。

2021 年 06 月 30 日

单位：元

项目	2021 年 6 月 30 日	2020 年 12 月 31 日
流动资产：		
货币资金	7,585,600,357.01	6,125,380,545.74
结算备付金		
拆出资金		
交易性金融资产		
衍生金融资产		

图 12-11　同花顺财报的货币资金部分截图

　　这一数据跟美的和格力这些动辄几百亿、上千亿元货币资金规模的大企业相比，还是太小儿科了。但跟同花顺自己的总资产一比，那就太惊人了。截至 2021 年 6 月底，同花顺的资产总计为 86.63 亿元，而仅货币资金一项就高达 75.86 亿元（见图 12-12）。货币资金对总资产的占比高达 87.57%，你说厉不厉害？

此时，大家明白同花顺为什么应收账款周转率很高，存货周转率为 0，而总资产周转率反而很低了吗？因为它的资产重就重在货币资金太多了。

非流动资产合计	982,624,054.61	946,520,852.60
资产总计	8,662,791,888.75	7,155,697,274.87
流动负债:		

图 12-12　同花顺财报的资产总计部分截图

三、高效检验同花顺

钱太多，也不一定是好事。公司跟人是一样的——有的看起来钱很多，实际上并不是真的多；有的钱是很多，但来路又不正；有的钱多了之后，就去大手大脚不干正事儿。正因为同花顺的钱太多，所以我们才得好好对它检验一下。

1. 货币资金的结构

我们刚才是从同花顺的盈利能力，推测它账上钱很多。要想确定钱确实很多，我们还是得从报表上详细分析和研判一下它的真实性。如何研判呢？先审查一下货币资金的结构。

在同花顺 75.86 亿元的货币资金中，主要有 54.39 亿元的银行存款和 21.46 亿元的其他货币资金（见图 12-13）。银行存款好理解，其他货币资金有点多，我们先放在这，过会再寻找原因。

审查完公司货币资金的结构，我们再来审查一下它这么多钱的来源——钱确实多，但都是怎么来的呢？钱多且来源正，这才是好企业应有的。我主要按以下四个步骤完成。

（1）看借款，也就是所谓的"有息负债"。以同花顺 2021 年

单位：元

项目	期末余额	期初余额
库存现金	33,699.51	35,709.91
银行存款	5,439,245,453.37	5,480,515,852.54
其他货币资金	2,146,321,204.13	644,828,983.29
合计	7,585,600,357.01	6,125,380,545.74
其中：存放在境外的款项总额	482,587,974.75	485,323,892.08

其他说明

期末银行存款中包含基于实际利率法计提的定期存款利息48,345,821.89元，期初银行存款中包含基于实际利率法计提的定期存款利息10,387,877.93元。

图 12-13　同花顺财报的货币资金明细部分截图

中报为例，在资产负债表里检索到以下信息：短期借款、长期借款、应付债券和一年内到期的非流动负债均为0。所以，其有息负债是0。**也就是说，企业里的钱虽多，但没有一分钱是从金融机构借来的。**

　　（2）看其他应付款和合同负债。 如图12-14所示，我在检索中发现，同花顺的其他应付款特别多，有20.48亿元。其他应付款通常是企业从外部非金融机构拆借资金的主要渠道，比如向关联企业

应付账款	45,332,212.11	43,834,453.07
预收款项		
合同负债	1,077,977,914.22	947,839,042.59
卖出回购金融资产款		
吸收存款及同业存放		
代理买卖证券款		
代理承销证券款		
应付职工薪酬	86,395,914.64	147,046,803.27
应交税费	102,117,987.35	131,009,967.66
其他应付款	2,047,633,712.90	520,084,320.71
其中：应付利息		
应付股利		
应付手续费及佣金		

图 12-14　同花顺财报的其他应付款和合同负债部分截图

借钱应急等。有些坏企业就专等财会结算日这样搞，从关联方拆借来大笔资金，让账上现金（货币资金）看起来有很多，以欺骗不明真相的群众。合同负债是企业向客户预收的款项，高达 10.78 亿元。**这项负债是企业占压客户的款项，是健康的经营性负债。**

（3）看附注中的明细。面对同花顺 20 多亿元的其他应付款，我们必须搞清楚其来龙去脉，怎么做？好办，查看它附注中的明细。在这 20 多亿元的其他应付款中，有 19.75 亿元是公司收取的代理买卖基金款（见图 12-15）。**别忘了，同花顺很主要的一项业务是代卖基金。**

单位：元

项目	期末余额	期初余额
代理买卖基金款	1,974,895,180.53	500,755,212.61
押金保证金	4,446,242.79	5,950,663.72
应付未付款	4,805,502.71	4,426,918.05
应付股利	61,169,554.80	
其他	2,317,232.07	8,951,526.33
合计	2,047,633,712.90	520,084,320.71

图 12-15　同花顺财报的其他应付款明细部分截图

这样查下来我们就会明白，这 20 多亿元的其他应付款是正常业务往来款，不是为壮门面临时抓来的"拆借款"。而这 19.75 亿元的"代理买卖基金款"，也让我大致明白了上边提到"货币资金"明细下的高逾 21 亿元的"其他货币资金"是怎么来的了。

同花顺收到客户的代理买卖基金款后，会存入证券公司，在没有进行投资前，这部分货币资金就叫"存出投资款"，这是"其他货币资金"中的重要一项。19.75 亿元的代理买卖基金款，对应 21.46 亿元的其他货币资金，结果显然比较匹配。

总结一下，截至 2021 年 6 月 30 日，同花顺财报中共有 75.86 亿元的货币资金。其中有 19.75 亿元的代理买卖基金款，这是经营中代持客户的钱。还有 10.78 亿元是合同负债，这是经营中占压客户的钱。有息负债为 0。也就是说，同花顺大约有 45 亿元是公司通过经营赚来的利润积存。同花顺的钱很多，又不是借的，这下我们可以放心了。

（4）看其他应收款。资产负债表中的其他应收款科目通常暗藏玄机，有时候企业钱多了，大股东会占用。大股东占用的钱，就藏在其他应收款这个科目里。**所以，大家面对其他应收款多的企业时，一定要警惕**。好在同花顺的其他应收款不多，不到 3000 万元（见图 12-16），跟 75.86 亿元的货币资金比起来，不算太大的事。

应收分保合同准备金		
其他应收款	29,495,407.16	29,919,475.15
其中：应收利息		
应收股利		

图 12-16　同花顺财报的其他应收款部分截图

2. 货币资金的利息收益率

检验货币资金真实性，还有最简单高效的一招——**计算货币资金的利息收益率**。货币资金如果是真实的，存在银行里是应该能为企业带来利息收入的。通过计算利率，我们可以大致评判出货币资金的真实性。

我们从利润表中，可以找到公司上半年的利息收入（见图 12-17）。截至 2021 年上半年，同花顺共收到 0.83 亿元的利息收入。年初货币资金为 61.25 亿元，6 月底为 75.86 亿元，平均值为 68.56 亿元。经过半年时间，68.56 亿元的货币资金带来了 0.83 亿元的利息收入，所以公司货币资金的利息收益率大约为 1.21%。

一般情况下，货币资金的收益率不会太高，与定期存款和活期

财务费用		-83,309,417.31	-68,135,915.75
其中：利息费用			
利息收入		83,273,754.01	70,100,740.47
加：其他收益		18,119,473.33	14,194,378.12

图 12-17　同花顺财报的利息收入部分截图

存款相比，货币资金的收益率通常会高于活期存款，低于定期存款。通常会约等于七天通知存款利率，银行同期七天通知活期存款利率大约为 1.1%。同花顺 2021 年上半年的货币资金收益率高于 1.1%，收益率不低，这可以反推资金的真实性是可以信赖的。

在阅读同花顺的财务报表时，我还发现它还保持着较高的研发投入。研发费用是从 2018 年开始在财务报表中单列科目展示的，此前一直并入在管理费用中列示。

如表 12-18 所示，同花顺除了 2016 年和 2017 年两个年度研发费用较少之外，其他年份的研发费用都比较高。尤其在 2018 年之后，研发费用始终占到总营收的 20% 以上。**作为一家科技型企业，保持较高的研发投入是好事情。**

表 12-18　同花顺三项费用及研发费用数据

单位：亿元

年份	2011年	2012年	2013年	2014年	2015年	2016年	2017年	2018年	2019年	2020年	2021年上半年
营业收入	2.15	1.72	1.84	2.66	14.42	17.34	14.10	13.87	17.42	28.44	13.27
销售费用	0.25	0.29	0.36	0.55	0.90	0.97	1.24	1.48	1.99	2.88	1.70
管理费用	1.12	1.13	1.22	1.64	3.48	4.09	4.59	1.05	1.05	1.17	0.67
财务费用	-0.27	-0.29	-0.30	-0.30	-0.49	-0.53	-0.61	-0.71	-1.05	-1.39	-0.83
三项总和	1.10	1.13	1.28	1.89	3.89	4.53	5.22	1.82	1.99	2.66	1.54
三项营收占比	51.16%	65.70%	69.57%	71.05%	26.98%	4.50%	7.73%	13.12%	11.42%	9.35%	11.61%
研发费用	/	/	/	/	/	/	/	3.96	4.65	5.85	3.69
研发营收占比	/	/	/	/	/	/	/	28.55%	26.69%	20.57%	27.81%

四、同花顺的投资策略

1. 投资同花顺的优势

投资同花顺的优势主要有以下四个。

（1）企业特别能赚钱（高利润率、高 ROE）。

（2）企业也特别有钱（货币资金多且质量高，有息负债少，现金流清晰）。

（3）研发投入高，后劲足。

（4）身处蓝海市场，前景广阔。

2. 投资同花顺的风险

有长处就会有不足。那么投资同花顺的风险又在哪里呢？在阅读和分析同花顺财报的过程中，我对它的不足之处也感到越来越清晰和深刻。

（1）周期性太强。首先，公司业绩的周期性太强。2011—2020年，同花顺经历了两次经营周期转换，在每次经营周期的低谷处，都会出现营收和净利润双双下滑的情况。2011—2013 年是一次，2017—2018 年又是一次（见表 12-19）。

表 12-19　同花顺 10 年经营业绩增长率数据

财务比率	2020年	2019年	2018年	2017年	2016年	2015年	2014年	2013年	2012年	2011年
营业收入增长率（%）	63.23	25.61	-1.62	-18.69	20.23	442.91	44.44	6.89	-20.09	0.39
净利润增长率（%）	92.05	41.60	-12.64	-40.11	26.57	1483.35	175.78	-15.51	-57.97	-32.36
净资产增长率（%）	30.93	19.47	5.39	7.31	38.83	-10.73	-47.70	1.24	0.62	3.10

　　这点很好理解。因为同花顺是做金融信息服务的，所以业绩非常依赖于市场行情——市场行情好，市场情绪高，市场交投活跃，市场对金融信息服务的需求就会高涨，其业绩自然会好；反之，自然会差。**同花顺的两轮经营周期转换，与市场的两轮牛熊周期转换，完全贴合。**

　　其次，业绩的周期性自然也会带来股价的周期性。同花顺作为 10 年 10 倍的大牛股，在过去居然已经有两次连跌三年的经历（见图 12-18）。试问股价连跌三年，甚至四年，有几个人能坚守得住？投资这样的强周期股，真不是一般人能干得了的。

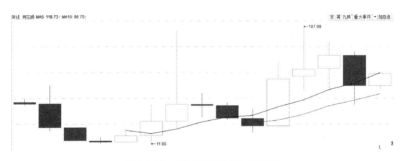

图 12-18　同花顺的年线走势图

　　（2）有可替代性风险。很多证券公司都在开发自己的交易软件。腾腾爸就亲身经历过：券商强制我下载并使用它自己开发的交易软件。

　　用惯了某一款交易软件，会形成一定的使用黏性。但对新入市的投资者来说，同花顺如何俘获其"芳心"，是值得研究的课题。这一块，我没有具体的数据。通过亲身经历，我隐约觉得可替代性也是同花顺的风险之处。券商都知道流量的好处！肉太肥，都想上来咬一口。

　　（3）中短期内，财报业绩有同比增长的压力。2020 年四季度是赛道股和抱团股的高潮期。市场沸腾，交投活跃，基金销售频繁上演"日光清"。同花顺在 2020 年全年净利润为 17.24 亿元,仅第四季度一个季度就贡献了其中的 9.52 亿元(见图 12-19)。这个季度的净利润同比增长,更是高达 100% 以上。未来还能出现这样的盛景吗?对此我深表怀疑。

单位:元

	2020 年度			
	第一季度	第二季度	第三季度	第四季度
营业收入	384,438,136.56	607,078,030.14	672,772,323.48	1,179,409,447.33
归属于上市公司股东的净利润	126,844,273.46	312,320,922.46	332,934,776.20	951,875,056.26

(续上表)

	2019 年度			
	第一季度	第二季度	第三季度	第四季度
营业收入	286,637,038.31	415,780,644.96	453,644,966.81	586,031,243.12
归属于上市公司股东的净利润	100,390,208.29	164,175,971.71	193,793,176.94	439,316,049.20

图 12-19　同花顺分季度经营数据截图

　　虽然在 2021 年上半年,同花顺无论营收还是利润,都获得了同比 30% 的增长,但因为 2020 年四季度的超高基数,我对其未来增长水平能否维持目前水平,不是太乐观。还记得 2018 年贵州茅台第三季度财报公布后的市场反应吗?我们要当心类似情景,在同花顺年报上上演。

五、投资建议

　　至此,关于同花顺可以给出我的投资建议了。同花顺的周期性太强,业绩起伏变动较大。在其业绩最好的时候,往往是股价表现最好的时候,反而不是投资的最好时机。

　　相反,在其业绩最差的时候,股价表现最差的时候,反而有可能是投资的最好时机。所以它的 PE 估值,参考性意义不大。甚至可以说,看它的 PE 估值,得反着来(见图 12-20)。

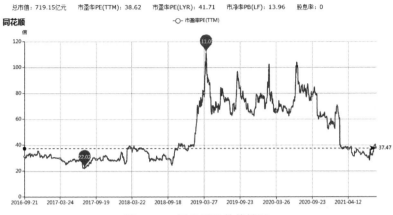

图 12-20　同花顺的估值情况

　　基于上述分析，对于同花顺这家企业来说，我是长期是看好的。如果大家是想长期投资，并且可以承担得起期间可能出现的大幅、长期向下波动，那么你现在就可以买入。**但我同时不得不提醒你，从交易的角度，现在可能不是最好的买点。**

　　我不知道它未来的股价如何表现，因为我不知道此后的市场行情到底会怎样。**但可以确定的是，它最好的买点，应该是在熊市。也就是说，在企业业绩大幅下滑，滚动 PE 高涨，而同时股价深跌之时。**

　　作为股票，同花顺具有明显的"反身性"特质。牛市来了，戴维斯双击；熊市来了，戴维斯双杀。而对牛市或熊市什么时候会来，正如上边所言：天注定，人难料。

　　作为投资者，我们在很多事情上只能等。等到熊市来了，等到同花顺的业绩和股价都跌得很惨了，再大胆地去弯腰捡拾地上廉价带血的筹码。可是，真到那个时候，你敢买吗？腾腾爸目前不持有同花顺，暂时也没有买入计划⊖。但我会持续关注这家企业，很多

⊖　2022 年中，同花顺的股价出现大幅下跌，我对其建仓并不断加仓，最高时其仓位占比超 5%。2023 年上半年，其股价涨 2 倍后，我开始对其大幅减仓。

时候，投资就是等待。

第四节　歌尔股份：跌了这么多，还能买吗

本文写作于 2022 年 6 月 24 日。

歌尔股份算是一只大牛股。从 2018 年底最低的 214 亿元市值，最高冲击到 2021 年底的 1960 亿元市值。大约 3 年时间，最高获得了 8 倍多的增值。隐形熊市发生后，歌尔股份也下跌惨重，市值最低回探到 940 亿元。下面我来深度分析一下这家备受关注的企业。

一、高效检验歌尔股份

歌尔股份的利润率数据并不算好看。如表 12-20 所示，2021 年销售毛利率只有 14.13%。最近几年也没有超过 20% 过。作为制造业企业，这是一个极低的毛利率水平了。净利率和核心利润率更是只有 5% 左右，太低了，这跟它的市场地位严重不符。

表 12-20　歌尔股份的利润率数据

年　　份	2017 年	2018 年	2019 年	2020 年	2021 年
毛利率	22.01%	18.82%	15.43%	16.03%	14.13%
净利率	8.25%	3.56%	3.64%	4.94%	5.51%
核心利润率	9.25%	4.49%	4.70%	5.26%	5.24%

歌尔股份依靠较高的杠杆倍数和不低的资产周转率（见表 12-21），这两年获得了勉强说得过去的 ROE 数据。2020 年和 2021 年的 ROE 数据保持在 17% 左右的水平（见表 12-22），不算多高。

表 12-21　歌尔股份的杠杆率和资产周转率数据

年　　份	2017 年	2018 年	2019 年	2020 年	2021 年
杠杆倍数（倍）	1.78	1.96	2.15	2.49	2.19
资产周转率（次）	103.21%	84.35%	109.15%	137.85%	141.97%

表 12-22　歌尔股份的 ROE 数据

年　　份	2017 年	2018 年	2019 年	2020 年	2021 年
ROE	16.35%	5.61%	8.17%	15.90%	18.07%

从上边这些分析中，我们可以对歌尔股份得出如下两点判断。

（1）它并不是太好赚钱，商业模式有某种天生的不足。

（2）它是效益驱动型企业，但又不是典型的杠杆驱动型或效率驱动型企业，顶多算是“杠杆+效率”混合驱动型的吧。

我们再看看歌尔股份这些年的增长率，却又让人大吃一惊，不得不对其刮目相看。从 5 年或 10 年的时间周期看，无论营收还是净利润，平均增长率都超过了 30%（见表 12-23）。虽然这种增长不是线性的，在某些年份甚至会出现负增长，但整体上增长幅度可观！这就是妥妥的成长股代表吧。

表 12-23　歌尔股份的业绩增长率数据

年份	2012 年	2013 年	2014 年	2015 年	2016 年	2017 年	2018 年	2019 年	2020 年	2021 年
营收增长率	77.91%	38.64%	26.37%	7.54%	41.24%	32.40%	-6.99%	47.99%	64.29%	35.47%
净利润增长率	72.10%	43.79%	26.84%	-24.51%	32.00%	29.53%	-59.44%	47.58%	122.41%	50.09%
净资产增长率	147.22%	22.83%	31.51%	12.89%	15.31%	37.34%	2.06%	5.96%	22.02%	39.05%

二、歌尔股份的投资策略

对这类企业，我们应该如何确定投资策略呢？一方面，企业天生的商业模式不足，企业并不算太好赚钱；另一方面，企业又处在行业高景气度区间，正在快速增长。

（1）这一类企业不太好赚钱，赚的钱都拿去摊大饼了。增长靠的就是摊大饼式做大规模。所以这类企业很难拿出多余的钱去给股东现金分红。投资这类企业，想赚钱不能靠股息，只能靠股票差价。

（2）在行业高景气度期间，企业规模不断发展壮大时，这类戴着"高成长"帽子的企业，经常比较容易地获得资本市场的追捧，从而获得较高的估值，膨大市值。

这样的摊大饼游戏，千万不能停止。一旦停止，股价就会下跌。因为大家都知道，它不好赚钱。**成长性没了，它就会变得一无是处**。还是以歌尔股份为例。2018 年底，歌尔股份的市值为什么能跌到 214 亿元，估值为什么能跌到 11 倍？

很多朋友可能认为是因为 2018 年的贸易摩擦、A 股整体都走熊。对，但不全对。更重要的是，歌尔股份那一年的营收居然是负增长的，净利润更是大降了近六成！一旦丧失了成长性，歌尔就陷入戴维斯双杀的困境。

那段时间，歌尔股份的市值从 740 亿元下杀到 214 亿元，跌幅深逾 70%（见图 12-21）。估值也从接近 40 倍下跌到 11 倍，跌幅同样深逾 70%（见图 12-22）！

大家都说：歌尔股份再不赚钱，人家的股价三年可是涨了 8 倍多啊。其实这是一种选择性漠视。腾腾爸看到的另一番景象是：从 2017 年中到 2022 年中，在将近 5 年的时间里，歌尔的市值从 740 亿元增长到了 1100 亿元，只增长了大约 50%，年化复合增长率为 10.42%，跟大家都看不起的银行股差不多。

怎么样，大家对此是不是感到有点意外？但这就是事实。歌尔股份可是高成长股啊，不是大烂臭的价值股之流！说这段话什么意思呢？**大家不是不能投资歌尔股份，但得投资在它们的高景气度和**

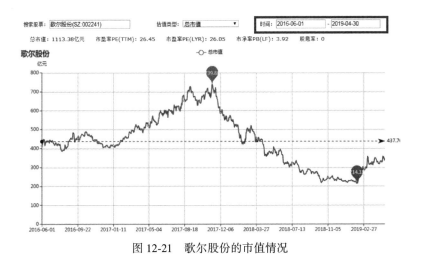

图 12-21　歌尔股份的市值情况

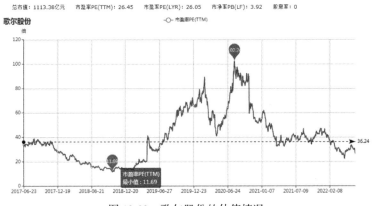

图 12-22　歌尔股份的估值情况

高成长区间。

如果丧失了高成长性，戴维斯双击就摇身一变而成戴维斯双杀。所以投资歌尔股份时，我们必须充分把握好行业发展脉搏，踩准企业发展节奏。说实话，**这对投资者的要求实在是太高了！**

在投资这类股票时，大家不妨先扪心自问，自己真的能对那个行业了如指掌吗？自己真的能像那个行业里的专家那样一眼洞穿行业老底吗？反正腾腾爸不行，我一向以普通投资者自居。以我的观察，那些所谓的行业精英，也经常有看走眼的时候，何况你我普通投资者乎？

通过分析我们可以发现，**现在最炙手可热的新能源行业中**，绝大多数的企业，类似于歌尔股份：利润率低，不太好赚钱，赚的钱又都拿去摊大饼了，有时候赚的钱不够，还得不断地大手笔地融资，但整个行业处于快速增长的高景气度区间，所以企业的增长速度整体上很快。

三、投资建议

1. 摆正位置

回归普通投资者的身份定位。我知道自己不是行业专家，所以我就避免做行业专家才能做的事。尤其是在面对新兴行业时，我基本上完全放弃对新兴行业前景的判断和分析。

2. 抓住根本

回归到投资最本质的方向上来。买股票就是买企业，买企业就是为了赚大钱。**企业好不好赚钱，赚的是不是真钱**，就成了我最关注的**核心要素**。这个问题相对好把握一些，我们通过看财报、看分红、看持续性，就能解决个大概。

在行业高景气度时都不好赚钱的企业，能寄希望它将来变得比今天更好赚钱吗？利润率低、ROE 不达标的企业，立刻会被我排除掉。这样做有可能错失大牛股，但它会让我在整体上获得一种安全感。

我要郑重声明一点：**我只是拿歌尔股份为案例说事，并没有猜**

测它的股价涨跌，也无意指导大家如何去操作它。根据我自己的投资原则，我肯定不会投资它，但我不反对任何人以任何理由去炒作它。

可以确定，歌尔股份不是垃圾股，它也有自己的生命周期，在它处于成长期和上升期时，投资它的人也一样可以通过股价涨跌获得丰厚的投资收益。

第五节　海康威视：该加仓了

本文写作于 2022 年 9 月 20 日。

2022 年 8 月，我买了点海康威视做观察仓。有朋友问：海康威视到底好在哪里？为什么这个时候买它呢？以下是我对海康威视的分析和解读。

一、高效检验海康威视

1. 资产质量好

根据海康威视最新公布的 2022 年上半年财报数据显示，截至 2022 年上半年末，其总资产为 1048.94 亿元、货币资金为 280.27 亿元、其他流动资产为 11.51 亿元。

"货币资金+其他流动资产"约等于现金及现金等价物。也就是说，海康威视账上的现金和类现金资产对总资产占比为 27.82%。其固定资产为 77.57 亿元，对总资产占比为 7.40%。哪怕是加上 28.45 亿元的在建工程，对总占比也不过 10% 多一点点。我比较喜欢这类账上现金充沛和资产不重的企业。

海康威视历年的资产负债率都不高，长期维持在 40% 以下（见图 12-23)，这说明企业杠杆不高。

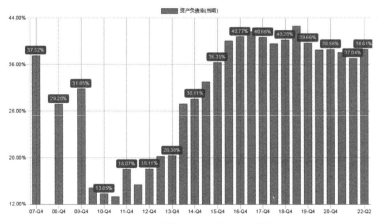

图 12-23 海康威视的资产负债率

海康威视的有息负债率更低。有息负债在资产负债表中，包含短期借款、长期借款、一年内到期的非流动负债和应付债券四个项目。截至 2022 年上半年，其有息负债对总资产占比为 9.97%，还不到 10%（见图 12-24）。海康威视的资产质量表现优秀，资产质量没有任何问题。

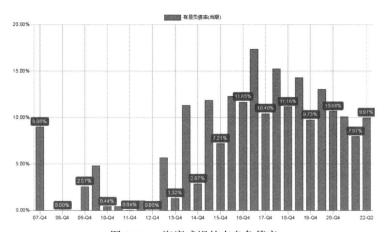

图 12-24 海康威视的有息负债率

2. 盈利能力强

从报表上看，海康威视不仅资产质量好，盈利能力还强，主要表现在以下三个重要指标上。

（1）毛利润率高。上市以来，海康威视的毛利率从来没有低于40%过（见图12-25）。本质上讲，海康属于制造业，这样的毛利率水平跟白酒、医药没法比，但跟普通制造业相比，已经很不错了。

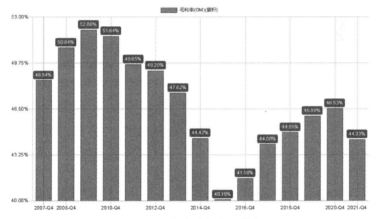

图 12-25 海康威视的毛利率

（2）净利润率也高。海康威视的净利率没有低于 20% 过（见图 12-26）。说明海康威视的三费支出控制得当，否则不会有这么高的净利率。

（3）ROE 高。海康威视的归母扣非净资产 ROE，从来没有低于过 20%（见图 12-27）。海康威视在 2010 年上市，上市前两年 ROE 超高，估计是为冲上市，会计上做过"修饰"。上市之后的 2011 年，ROE 只有 20% 多一点，应该是上市筹资造成总资产剧增的短期现象。去掉上述非正常因素影响，其 ROE 处在 25%~30% 应该是正常真实水平。

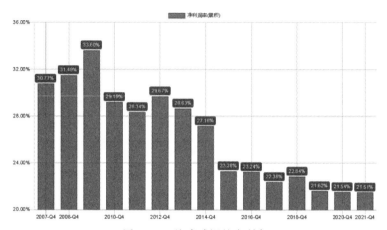

图 12-26　海康威视的净利率

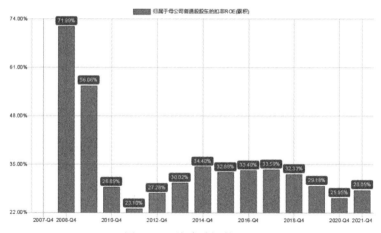

图 12-27　海康威视的 ROE

　　杠杆率不高、利润率高、ROE 高，这是我喜欢的效益驱动型企业。

3. 赚的是真钱

营收之中有利润，利润之中有现金。这是经营企业之要，也是我们择股之要。 看财报、学分析，核心就是围绕着这句话进行的。

表 12-24 所示的是海康威视 2012—2021 年的净利润、资本开支和自由现金流数据。2021 年资本开支只有 30.98 亿元，而同期的净利润为 175.11 亿元，资本开支对净利润的占比为 17.69%。不仅这一年，历年的资本开支对净利润的占比都非常低。资本开支少，所以自由现金流就好。2021 年海康威视共创造 96.11 亿元的自由现金，自由现金对净利润的占比为 54.89%。

表 12-24　海康威视的资本开支与自由现金流数据

单位：亿元

年份	2012 年	2013 年	2014 年	2015 年	2016 年	2017 年	2018 年	2019 年	2020 年	2021 年
归母净利润	21.40	30.77	46.81	58.82	74.24	93.78	113.80	124.65	136.78	175.11
资本开支	4.79	3.91	6.11	13.30	9.11	16.92	20.56	19.27	20.04	30.98
自由现金流	9.58	14.72	30.95	18.87	53.05	56.81	70.57	58.41	140.84	96.11

海康威视不仅赚钱，赚的还是真钱。看到这里，可能会有熟悉该企业的朋友进行发难式疑问：海康威视的净现比并不好啊。从数据上看，确实不太好（见表 12-25）。

表 12-25　海康威视的净现比和收现比数据

年份	2012 年	2013 年	2014 年	2015 年	2016 年	2017 年	2018 年	2019 年	2020 年	2021 年
净现比	0.67	0.61	0.79	0.55	0.84	0.79	0.80	0.62	1.18	0.73
收现比	0.70	0.98	0.98	0.90	1.02	1.01	1.04	1.03	1.07	1.03

海康威视的净现比只有 2020 年达到了 1，平常年份只有 0.7~0.9 的样子。为什么会这样呢？该企业这些年一直在大跨步地发展，赚的钱多，因为业务扩张，往外支出的钱也多，所以造成其净现比数据稍差一些。**但这不能说明该企业现金回款情况不好，也不能说明企业现金紧张。**

从收现比（销售商品、提供劳务收到的现金÷营业收入）数据看，该企业在 2016—2021 年的收现比一直高于 1。**也就是说，所有的营收，都是真金白银收回来的，这说明该企业的回款情况并不差。**另外，考虑到具有 40% 以上的毛利率水平，支出 10 元钱净利，能收回 6 元钱，企业就能经营下去，这说明其财务也是安全的。

单看净现比一个数据，无法完全反映企业的现金流状况。综合分析下来，海康威视赚的钱，不是假钱，是真钱。

二、海康威视的投资策略

1. 现在很便宜

赛道股崩盘后，白马股们泥沙俱下。海康威视在此背景下，也未能幸免。加上海外市场的打击制裁压力，海康的股价更是一跌再跌。截至 2022 年 6 月，其滚动 PE 只有 17 倍上下，为上市 10 年以来最低。2020 年赛道股牛时，这项数据曾创下最高 50 倍的纪录（见图 12-28）。

2020 年 6 月海康威视的股息率又基本上处于上市以来最高，目前大约为 3% 以上（见图 12-29）。如果未来企业能够稳定经营，哪怕是维持住目前的业绩水平，现价下的海康威视都是值得投资的。但这些都不是最重要的，最重要的是，未来公司如果还能有适当的成长，那就更好了。

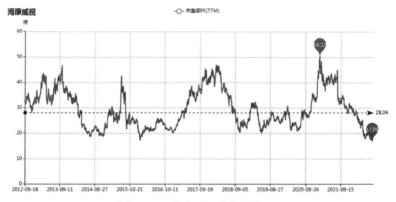

图 12-28　海康威视的估值情况

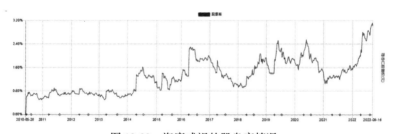

图 12-29　海康威视的股息率情况

2. 新业务前景可期

前文所述，都还是静态的计算和分析。连投机者都知道，炒股炒的是未来。所以我关注和分析海康威视的更根本原因，是基于对它未来业务发展的思考。

以前海康的主业营收，叫视频产品及视频服务，其实就是安防产品及服务。现在叫智能物联产品及服务。名字不同，体现的是企业业务发展方向性的转型。企业的创新业务包含着智能家居、机器人、热成像、汽车电子等板块。

2022 年上半年，这块业务的营收已经达到 70 亿元，对总营收的占比接近 20%。2022 上半年，创新业务在新冠肺炎疫情和贸易摩擦双重不利因素的冲击下，海康威视依然实现了 25.6% 的正增长。

创新业务中，至少有两家子公司拟分拆上市。应该说，企业的创新业务所涉足的板块，无论智能家居、机器人，还是热成像、汽车电子，都是未来产业升级的方向。在万物互联的时代，海康威视无论现有的主业，还是正在大干快上的创新业务，都还有广阔的发展开拓空间。对此可以用一句话总结：**旧业务不倒，新业务兴起；老白马的未来，依然可期。**

三、投资建议

基于上述分析，我还是相对比较乐观地看待海康威视未来发展的，所以我自己先建了一点观察仓。未来计划继续增持，最终拿出 3%~5% 的仓位进行投资。

仓位不敢更高，是因为我没有更多的钱，对它只有分析财报那一点粗浅认识，还不能称之为能力圈内的投资。本着"**谨慎+进取**"的原则，我暂时把投资仓位最高界定在 5% 的水平上。